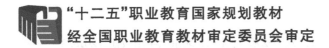

"十二五"职业教育国家规划教材
经全国职业教育教材审定委员会审定

会展与节事旅游管理概论

（第二版）

主　编　傅广海
副主编　汪　颖　张　颖

图书在版编目(CIP)数据

会展与节事旅游管理概论/傅广海主编.—2版.—北京:北京大学出版社,2015.3
ISBN 978-7-301-25280-2

Ⅰ.①会… Ⅱ.①傅… Ⅲ.①展览会–旅游–经济管理–高等学校–教材 ②节日–旅游–经济管理–高等学校–教材 Ⅳ.①F590.7

中国版本图书馆 CIP 数据核字(2014)第 305089 号

书　　　名	会展与节事旅游管理概论(第二版)
著作责任者	傅广海　主编
责 任 编 辑	李　玥
标 准 书 号	ISBN 978-7-301-25280-2
出 版 发 行	北京大学出版社
地　　　址	北京市海淀区成府路 205 号　100871
网　　　址	http://www.pup.cn　新浪微博:@北京大学出版社
电 子 信 箱	编辑部 zyjy@pup.cn　总编室 zpup@pup.cn
电　　　话	邮购部 010-62752015　发行部 010-62750672　编辑部 010-62704142
印 刷 者	北京中科印刷有限公司
经 销 者	新华书店
	787 毫米×1092 毫米　16 开本　18.25 印张　376 千字
	2007 年 4 月第 1 版
	2015 年 3 月第 2 版　2024 年 8 月第 6 次印刷(总第 11 次印刷)
定　　　价	38.00 元

未经许可,不得以任何方式复制或抄袭本书之部分或全部内容。
版权所有,侵权必究
举报电话: 010-62752024　电子信箱: fd@pup.cn
图书如有印装质量问题,请与出版部联系,电话: 010-62756370

第二版前言

《会展与节事旅游管理概论》以国内外会展及节事旅游的丰富实践为基础，借鉴国内外同类教材的先进理念，揭示了发达国家会展及节事旅游的成功经验，探索了适合我国国情的会展及节事旅游策划与管理的原则、流程、方法和基本内容。自2007年正式出版以来，被我国各地许多院校用作会展专业、旅游专业的教材或教学参考书，有的院校将其作为大学生必读的100本图书之一。但是，随着我国会展业和会展旅游的迅速发展，第一版教材中许多数据已经显得陈旧，滞后于会展旅游策划及管理的发展，而策划理论弱化的缺点则有损于会展旅游教育的系统性和完整性。因此，迫切需要对其修编，增加会展策划的理论阐述。

《会展与节事旅游管理概论》（第二版）的编者长期活跃于旅游和会展领域的教学科研第一线，有着较深的学术造诣和丰富的实战经验。这部教材是经过长期酝酿和准备的结果，凝聚着编者的心血与智慧。

《会展与节事旅游管理概论》（第二版）是在我国会展业蓬勃发展的时代背景下修编完成的，具有以下特点：

第一，本教材的体系结构比较完备。编者根据会展旅游的内涵，即会展旅游（MICE）包括会议（meeting）旅游、奖励（incentive）旅游、大会（convention）旅游、展览（exhibition）旅游和节事（event）旅游，将教材架构划分为两大板块。前五章为概论部分，包括会议旅游、展览旅游、节事旅游、奖励旅游以及策划概述；后三章为实务（策划及管理）部分，包括会议旅游与展览策划与管理、节事旅游策划与管理、奖励旅游策划与管理。这样划分便于读者能够从整体上把握会展旅游的基本体系，能够方便地掌握各个部分的相关内容。

第二，本教材所涉及的学科范围较广，利用相关学科理论来丰富本书内容是本书的一大特色。例如，利用经济学的相关知识来分析会展旅游对国民经济的贡献；利用管理学的思想来规范会展旅游的运作流程；利用市场营销学的基本理论来阐述会展旅游的营销策略，等等。此外，全书还涉及旅游学、社会学、策划学、传播学等其他学科，体现了本书的研究广度和深度。

第三，本教材的编写始终坚持理论性与应用性相结合的原则，既具有一定的理论深度，又具有较强的可操作性。在写作过程中，凡涉及实务方面的内容，作者尽力与业界专家和业内人士共同探讨，以保证实务性的内容能够和实际运作尽量符合。这些做法避免了纯粹学院派的"空谈"弊端，大大提高了教材的实用价值。

第四，本教材的体系设计和内容撰写充分吸收国外最新研究成果，并根据国内教学实践的需要，一改传统教材通常所见的比较"严肃"的面孔，综合采用图形、表格、案例、文字等各种方式来丰富本书的内容，可读性较强。

成都理工大学傅广海教授担任本教材主编，负责编写大纲，规范体例，搜集案例，撰写第一、二、六章，以及全书的统稿和修改工作。山东枣庄盛世龙腾广告策划工作室汪颖策划师、成都理工大学乐山工程技术学院张颖讲师、成都信息工程学院银杏酒店管理学院王海讲师、山东交通学院陈晓红讲师参与了本书的编写。汪颖负责第三、五、七章的编写；王海负责第四章的编写；张颖负责第八章的编写；陈晓红参与了第五章和第七章部分内容的编写。

在《会展与节事旅游管理概论》（第二版）的编写中，我们参考、引用了有关著作、教材、学术论文的相关内容，在此特向有关著述者致以衷心的谢意。成都理工大学的陈兴副教授、唐勇副教授为本书提供了部分中英文资料，在此一并表示感谢。这里还要特别感谢第一版的参编者——四川大学的邓玲教授、曾武佳博士、叶京京硕士、史欣雨硕士、高崇惠硕士和陈旖硕士，他们的工作为本教材奠定了基础。我的夫人戈莹女士为本教材的最后完成提供了默默无闻的后勤支持，让我能够全身心投入写作和编纂工作，在此向她表示感谢。

由于作者水平有限，不妥之处在所难免，恳请业内专家、学者和广大读者指正。

傅广海

2014年12月于成都

目 录

第1章　会议旅游　1
1.1　会议旅游的概念　4
1.2　会议旅游的类型和特点　13
1.3　国内外会议旅游的发展趋势　17
1.4　会议旅游成功的条件　20

第2章　展览旅游　25
2.1　展览旅游概述　28
2.2　展览旅游的参与主体　39
2.3　国内外的展览旅游及其发展趋势　42
2.4　展览旅游发展的趋势　53

第3章　节事旅游　65
3.1　节事活动与节事旅游　68
3.2　节事旅游的特点及意义　71
3.3　国内外节事旅游概览　83

第4章　奖励旅游　91
4.1　奖励旅游的概念、类型和特点　94
4.2　国内外奖励旅游概览　106

第5章　策划概述　135
5.1　策划的含义和基本特征　138
5.2　策划的重要意义　142

  5.3 策划的基本要素 145
  5.4 策划的基本原则 148
  5.5 策划的一般程序 154
  5.6 策划的一般方法 158

第6章 会议与展览旅游的策划与管理 167
  6.1 会议与展览旅游的策划 169
  6.2 会议与展览旅游的管理 179

第7章 节事旅游策划与管理 201
  7.1 节事旅游策划的基本特征 206
  7.2 节事旅游策划的基本要素 211
  7.3 节事旅游策划的基本原则 212
  7.4 节事旅游策划的一般程序 214
  7.5 节事旅游策划的一般方法 228
  7.6 节事旅游的管理 231

第8章 奖励旅游策划与管理 243
  8.1 奖励旅游策划的特征及要素 246
  8.2 奖励旅游策划的基本要素 248
  8.3 奖励旅游策划的基本原则 251
  8.4 奖励旅游策划的一般程序 253
  8.5 奖励旅游策划的一般方法 267
  8.6 奖励旅游的管理 268

参考文献 284

第1章

会议旅游

知识目标

- 掌握会议和会议旅游的基本概念；
- 理解并熟悉会议旅游的类型和特点；
- 了解会议旅游成功的基本条件；
- 了解会议旅游的作用和意义。

技能目标

- 能够按照ICCA标准识别和确认国际会议；
- 能够正确区分会议旅游的类型；
- 能够为会议旅游目的地选择提供参考性建议。

关 键 词

- 会议、会议旅游、会议旅游类型、会议旅游目的地

案例导入[1]

一位美国某市市长曾说过:"如果在我这个城市召开一个国际会议,就好比有一架飞机在我们头顶上撒美元。"

海南省博鳌定期、定址举行的博鳌亚洲论坛年会,在提升海南知名度和美誉度的同时,也使海南会展行业直接受益,会展经济得到快速发展。海南省会展协会会长杨学功说:"博鳌亚洲论坛品牌效应强,与会人员层次高、范围广"。10年来,博鳌亚洲论坛的成功举办带动海南省会展业迅速发展,举办的大型展览和会议明显增多,会议运作水平快速提升。

目前,除了影响力最大的博鳌亚洲论坛,在海南举办的国际热带农产品冬季交易会、国际汽车工业展览会、旅游房地产博览会、海洋渔业博览会、高尔夫博览会、旅游商品交易会、国际兰花博览会等,已成为国内外具有重要地位和广泛影响力的品牌展会。海南已经具备承办各种大型国际会议及展览的能力。海南省贸促会发布的《海南会展经济调查报告》显示,2007年以来,海南会议接待人数及收入年增长幅度都保持在30%以上。我国国务院提出了"加速海南发展会展产业,完善博鳌会展服务设施,积极招揽承办各种专题会议展览"的愿景。国际旅游岛开局之年,海口、三亚和博鳌等地的会展活动此起彼落。据统计,2010年,仅海口国际会展中心举办的商业展览、赛事活动就有61个,总使用面积169万平方公尺,成交金额541亿元人民币。

借"博鳌"品牌举办的博鳌国际旅游论坛也办得非常成功。海南省"十二五"规划纲要明确提出,要以博鳌亚洲论坛为龙头,以海口、三亚为重要基地,培育国际会展品牌,把会展业发展成为国际旅游岛,聚人气、展形象、扩影响、增效益的重要产业。海南省会展协会会长杨学功说:"海南会展业将围绕旅游资源、气候资源、高尔夫资源、农业资源等特色资源,发展旅游、热带农业、海洋、航天、药业、游艇和高尔夫等为主题的会展,推动海南会展业向法制化、市场化、专业化和国际化方向发展。"

---

[1] 资料来源:http://www.danzhoudc.com/n/20110410/7949.html。

1.1 会议旅游的概念

1.1.1 会议的含义及类型

凡一群人在特定的时间、地点聚集,共同研商或进行的某种特定活动均称为会议。换句话说,所谓会议,是指人们怀着各自相同或不同的目的,围绕一个共同的主题,进行信息交流或聚会、商讨的活动。一次会议的利益主体主要有主办者、承办者和与会者(许多时候还有演讲人),其主要内容是与会者之间进行思想或信息的交流。在现代社会,会议往往伴随着经济活动,并产生经济效益。有专门的机构,如会议饭店或会议中心,专门承接各类国内、国际会议,并以此作为营利手段。

会议的英文名称很多,使用频率最高的有"meeting""convention""conference""congress"等。具体如表1.1所示。

表1.1 不同英文会议名称释义

名称	含义
Meeting	会议的统称,泛指一般性的会议,可用于任何场合
Convention	年会、例会,以工商业人士为主的大会、研讨会等,常与展览同时进行。例如学术团体的年会
Conference	专门会议,科技业使用较多,工商业也常用,规模可大可小。例如各个领域的专业会议
Congress	代表会议,一般规模较大,通常是由政府或非政府组织的代表或委员参加。例如我国各级政府的人民代表大会

由于会议的内涵极其丰富,为便于研究,往往要对其进行分类,以便掌握不同会议的特点和运作规律。

1. 以会议的主体是否为企业进行划分

会议大致可分为企业界会议与非企业界会议。企业界会议包括产品发布会、奖励类会议或表彰类会议、展览中的会议、业务会议、教育培训及行销会议;非企业界会议包括国内外政府组织的会议与非政府组织(如民间社团组织)的会议两种。

2. 以会议的规模进行划分

据美国会议联络委员会（CLC）的调查研究，会议大体可细分为如下几类。

（1）一般会议：公司或协会举办的会议，与会者一般要留宿过夜。其中，公司会议（Corporate Meeting）包括销售会、股东会、新产品发布会、培训研讨会、管理会议等；协会会议（Associate Meeting）包括教育与技术研讨会、董事与委员会会议、各大组织的分会等。一般会议的规模往往在100人以下。

（2）大型会议（Congress）：主办机构或协会的全体成员（许多国家的代表）参加的专题会议，如国际性会议，由国际性协会组织，规模在800～1000人之间。

（3）展览会（Fair）：某一行业的服务和商品展示，向普通公众和专业人员开放。行业展览往往定期举行，众多公司代表前往参展、洽谈、交易。会议规模没有固定的标准，须视不同行业特点而定。

另外，业内人士也有将大型文体活动、比赛等列入广义的会议之中，如电影奥斯卡奖评选活动、足球世界杯赛等。

图1.1　2005年联想集团在博鳌召开的合作伙伴年会

第十四届西博会2013年10月在成都举行①

当地国际在线消息（记者　王竹）：第十四届中国西部国际博览会（"西博会"）日前在京举行推介会宣布，本届西博会将于10月23日至27日在四川成都举行。

本次推介会由中国西部国际博览会组委会主办，商务部外贸发展局、中国外商投资企业协会、四川博览事务局承办，旨在增进国内外企业对西部地区的了解和认识，促

---

① 资料来源：http：//biz.xinmin.cn/2013/03/25/19392995.html，作者有删节。

进更多中外企业到西部投资，推动东西部产业互动和西部地区经济发展。本届西博会以"构建区域合作新格局 激发西部发展新活力"为主题，更加突出国际化、专业化、市场化，更加强化区域交流合作，坚持立足泛亚，面向全球，全面开展国际合作。

据透露，本届西博会展览展示将以工业类产品为重点，突出西部优势产业，突出大集团大企业，突出电子信息、装备制造、新能源新材料和高新技术成果转化产品等。展览总面积18万平方米。主展场设西部合作馆、电子信息馆、国际合作馆、高新技术馆、装备制造馆、农业产业馆等6大类展馆和室外展区。

本届西博会将精心策划举办多项重大活动和系列专项活动，包括开幕式暨第六届中国西部国际合作论坛、第七届中国西部投资说明会暨经济合作项目签约仪式、第六届中国西部国际采购商大会、第八届中国—欧盟投资贸易合作洽谈会、第四届中国西部国际金融论坛、第一届国际贸易促进机构联席会议、2013海外高新科技暨高端人才洽谈会、2013中国民营经济西部论坛等。

3. 以会议的性质进行分类

（1）政府会议

政府会议包含不同级别、不同层次、不同规模、不同影响范围的会议。这类会议的特点是：第一，客人是政府首脑和高级官员，具有极大的公众影响力和号召力；第二，政府会议数量多、人员多、举办时间相对固定。

（2）协会会议

协会会议又可分为国际性协会会议和国内协会会议。

国际性协会会议是指由联合国所属机构等在固定地区或地点举办的会议或由各类国际性学术机构、行业协会举办的会议。前者，其他地区争办会议的可能性较小；后者，举办地不固定，每年举行的会议总量相当大，举办地点很灵活。如图1.2所示。

国内协会会议是指由国内相关的学会、协会、学术机构举办的会议。具有参会人员构成多样、行业广泛的特点。

图1.2 ICCA中国委员会2012年年会在北京召开

（3）公司会议

公司会议是指由各公司举办的全部由公司内部人员参与或有外部人员参与的会议。这类会议往往同时兼具业务培训、商务活动、奖励旅游的作用，所以经常选定具有良好旅游条件和会议设施的地方举行会议。

由于展览、奖励旅游和包括大型文体活动在内的节庆活动的特殊性，本教材将在后续章节对它们进行专门论述，本章仅限于讨论会议及会议旅游。下面我们来看一组国际会议的数据。

以国际会议为例，国际大会及会议协会（International Congress & Convention Association，通常，缩写为ICCA）提供的资料显示，2012年全世界各国举办的国际会议数量总共11156场次，分布不均衡。举办国际会议最多的地区为欧洲，数量为6036场次；其次为南、北美洲，数量为2461场次；第三为亚太和中东地区，数量为2357场次；第四为非洲，数量为302场次。

会议市场的巨大潜能和会议产业的高额回报，使得越来越多的国家和地区的政府及民间组织加入到了国际会议市场竞争的行列，力求在丰厚的世界会议资源中抢得一杯羹，以至于如今任何一个有利可图的国际会议的主办权往往都是在经过10个以上的国家或地区在近乎白热化的激烈竞争之后才水落石出。表1.2列出了2008—2012年举办国际会议数量最多的前10个国家，会议数量均呈现逐年增加的趋势。

表1.2 2008—2012年举办国际会议最多的前10个国家

国家名称	2008年	2009年	2010年	2011年	2012年
美国（U.S.A）	507	595	623	759	833
德国（Germany）	402	458	542	577	649
西班牙（Spain）	347	360	451	463	550
英国（U.K.）	322	345	399	434	477
法国（France）	334	341	371	428	469
意大利（Italy）	296	350	341	363	390
巴西（Brazil）	254	293	275	304	360
日本（Japan）	247	257	305	233	341
荷兰（Netherlands）	227	236	219	291	315
中国（China）	223	245	282	302	311

http：//www.iccaword.com

表1.3　2012年举办国际会议最多的前10个城市

国家名称	2008年	2009年	2010年	2011年	2012年
维也纳（Vienna）	139	160	154	181	195
巴黎（Paris）	139	131	147	174	181
柏林（Berlin）	100	129	138	147	172
马德里（Madrid）	65	87	114	130	164
巴塞罗那（Barcelona）	136	135	148	150	154
伦敦（London）	68	83	97	115	150
新加坡（Singapore）	118	119	136	142	150
哥本哈根（Copenhagen）	82	103	92	98	137
伊斯坦布尔（Istanbul）	72	80	109	113	128
阿姆斯特丹（Amsterdam）	89	98	104	114	122

资料来源：ICCA。

1.1.2　会议旅游

1. 会议旅游的含义

通俗地说，会议旅游就是指由各种类型的会议所派生的旅游。与传统观光旅游相比，会议旅游具有内容主题专、旅游方式新、停留时间长、团队规模大、人员花费多、经济效益高、带动作用强的特点。从旅游需求来看，会议旅游是指特定群体到特定地方去参加各类会议活动，并附带相关的参观、游览及考察内容的一种旅游活动形式；从旅游供给来看，会议旅游是指特定机构或企业以营利为目的而组织参与各类会议的一种专项旅游产品。

关于什么是会议旅游，业内存在不少争论，有人借鉴旅游的概念性定义对会议旅游进行了如下界定：会议旅游是指人们由于会议的原因离开自己的常住地前往会议举办地的旅行和短暂逗留活动，以及这一活动引起的各种现象和关系的总和。该定义反映了会议旅游的异地性、暂时性、综合性、目的多样性等特征。

（1）异地性和暂时性

这是包括会议旅游在内的一切旅游形式共同的特点。

由于会议参加者的分散性，因此对绝大多数与会者来说，会议举办地和自己的常住地距离动辄几十上百千米，国际会议更是数百千米甚至数千千米。因此，异地性是会议旅游的一个显著特征。异地性为航空公司和饭店业带来了可观的营业收入。据ICCA统计，美国作为世界最大的国际会议主办国，其航空客运量的22.4%、饭店入住率的33.8%，均来自国际会议及奖励旅游。

暂时性是指会议的会期是有限的和短暂的。据ICCA统计，国际会议的开会时间有明显的缩减趋势，每次会议的平均长度逐渐从1963—1967年期间的6.3天缩短到2008—2012年期间的3.8天。

（2）综合性

会议旅游不仅指会议旅游者的活动，如在常住地与会议举办地之间往返的旅行，在会议举办地出席会议、参加文娱联谊活动、参观考察、游览观光、休闲购物、探亲访友等；而且还指由会议旅游者的活动引起的各种现象和关系，其中最主要的是会议旅游者与当地会议旅游企业进行会议旅游产品交换这一经济现象及其反映的经济关系。即使会议旅游只含会议活动，实际上对会议旅游者而言至少包括旅行的经历、新环境的体验、会议期间与他人的交流、享受各种会议服务和旅游接待服务等，总之是其旅行和逗留期间的所有活动（亦即经历）。

（3）目的多样性

会议旅游是以"会议"来界定的，其核心是"由会议的原因引发的旅游活动"，这是会议旅游与其他旅游形式相区别之处。由会议这一根本原因引发的旅游活动，在目的上具有广泛性的特点。例如参加会议、对会议活动进行采访和报道、陪伴和协助会议代表利用会议之机进行观光游览和娱乐活动、结交新朋友、暂时远离日常工作环境、满足对会议举办地的好奇心、赢得同事的尊重等。这些目的的产生都是基于会议这个会议旅游最根本的引发原因（或吸引力因素）。因为会议代表是最主要的会议旅游者，其主要旅游目的是参加会议，所以参加会议也是会议旅游活动的主要目的，但绝非唯一的目的。

会议旅游是会展旅游的重要组成部分，国际上通常将会展业概括为"MICE"（Meetings, Incentives, Conventions, Exhibitions 的简称）而其中的M和C所对应的旅游活动就属于会议旅游。

2. 会议旅游的构成要素

会议旅游由会议旅游者、会议旅游资源和会议旅游访问者三个基本要素构成，它们分别称为会议旅游主体、客体和媒体。

（1）会议旅游者

一次会议所涉及的直接和间接参会的人员有以下几类：

① 与会者。与会者即会议代表和其他参加会议者。这是会议旅游者中最主要的组成部分，也是会议旅游业的主要服务对象。与会者又可以因其身份不同分为会员代表和非会员代表、一般代表和贵宾（VIP）等。

② 与会者的陪同人员。与会者的陪同人员是指跟随和陪护会议代表参加会议并协助会议代表完成与会事务的人员，如会议代表的秘书、助理和保安人员等。一些高级别的会

议代表，如国家领导人、社会名流等往往有众多的陪同人员。

③ 与会者的家属。相当多的会议代表参加会议时携带家人一同前往，尤其是经常与配偶偕伴而行。与会者的家属不仅扩大了会议旅游者的队伍，而且他们前往会议举办地主要是为了娱乐和消遣，因此会使当地各类会议旅游企业的收入显著增加。如今许多会议都主动邀请与会代表的配偶同往参加，以提高会议旅游的经济效益。

④ 会议附属活动的参与者。会议附属活动是指为了扩大会议的影响、配合会议的内容而举行的活动，如新闻发布会、展览活动、商品交易和文艺表演等。前来参与这些活动的旅游者，如参加新闻发布会的记者、展览的参观者、进行交易活动的客商、文艺表演的观众等构成了会议旅游者的重要部分。

（2）会议旅游资源

会议旅游资源是指吸引会议旅游者前往会议举办地的各种因素的总和，主要包括会议本身和举办地旅游资源两大因素。

① 会议因素。会议本身是引发会议旅游活动的最根本的吸引力因素，是所有会议旅游者产生的根本原因，是会议旅游资源的核心部分。因此，会议旅游产生的前提是会议的存在。一个地方要发展会议旅游，首先就是要争取成为会议的举办地，即获得会议的举办权。会议举办权并非旅游地固有的旅游资源，而是要通过系统的努力和激烈的竞争从会议主办者（如国际组织、跨国公司等）那里争取到（见图1.3），这是会议作为旅游资源与其他旅游资源的重要区别。会议吸引力的大小或其最终能够吸引的旅游者数量取决于会议的价值。决定会议价值的因素包括：

☆ 会议的性质、规模、等级和知名度；

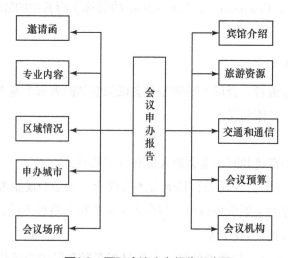

图1.3　国际会议申办报告示意图

☆ 会议的创意或特色；
☆ 会议内容对旅游者的效用；
☆ 会议主办者和组织者的权威性；
☆ 计划与会的知名人物等。

值得注意的是，会议价值对于会议旅游者而言实际上是一种主观判断，旅游者的兴趣爱好、价值观念等主观意识在很大程度上决定着会议在其心目中的价值大小。另外，尽管会议是一种客观存在的吸引力因素，但在会议真正开始举行以前，作为吸引力因素的会议实际上只是人们"拟议中"的会议，而非现实的会议，或者说这个会议还仅仅存在于人们的脑海里或观念中。同样，在会议旅游者到来以前，会议的价值也不可能真正体现出来。因此，会议举办地应该利用会议因素的"主观性"特点，着重研究会议旅游者的心理特征，加大会前的宣传促销力度，通过各种信息媒介来"塑造"会议的价值。

② 举办地旅游资源因素。举办地旅游资源因素是指会议举办地除会议因素以外的其他旅游资源。这些旅游资源是引发会议旅游活动的重要吸引力因素，对会议旅游者的数量、构成和会议旅游效益有着重大影响。不过，它们在会议旅游资源中处于从属地位，必须依附于会议因素才能发挥作用。举办地旅游资源因素主要包括自然景观、历史文物古迹、当地特色的民族文化活动、都市风貌、人文景观和游乐场所、旅游购物条件和风味美食等。这些因素尽管不是会议旅游产生的根本原因，但会议举办地如果具有这些因素，将大大增强潜在会议旅游者的旅游动机，促使其做出旅游的决定，并有利于会议旅游者范围的扩大，从而能够有效地增加会议旅游者数量。同时，受这些因素吸引的会议旅游者必然会进行会议活动之外的以消遣为目的的旅游活动，使当地的旅游经济效益得以全面提高。

（3）会议旅游服务者

会议旅游服务者是指直接为会议旅游者提供服务的企业和社会机构的总称，既包括专门为会议旅游者提供服务，市场对象主要是会议旅游者的会议公司、会议中心、目的地管理公司（DMC）等，也包括为会议旅游者提供服务，但会议旅游者不是其主要市场对象的相关企业，如旅行社、旅游饭店、旅游交通部门、旅游景点、娱乐业、餐饮业、旅游购物业等。前者是从事会议的策划、组织、协调、安排以及招徕和接待会议旅游者的专业公司，也称专业会议组织者（PCO）。在国际上，会议公司是最重要的会议旅游市场运作主体，一般由其直接从会议主办者手中承接会议旅游业务，并将部分接待业务分配给其他会议旅游企业。后者在会议旅游接待中发挥着重要作用。如旅游饭店不仅向会议旅游者提供必需的住宿服务，而且一直以来都是主要的会议场所，会议服务也是饭店的重要业务之一。其他会议旅游相关企业还可以提供丰富的服务项目，大大增加了会议举办地的旅游收入。

知识链接1.2

目的地管理公司[①]

新华社厦门6月29日专电（记者　卢志勇）为顺应国内外会展旅游专业化、细致化发展的需求，京闽东线目的地管理公司28日在厦门正式成立。据了解，这是目前国内第一家注册成立的目的地管理公司。

目的地管理公司（简称DMC）由英文Destination Management Company翻译而来。在国际会展旅游业界，DMC不同于传统意义上的会议公司、旅行社，它可以为客户提供目的地所需的一切服务：如策划组织安排国内外会议、展览、奖励旅游及其延伸的观光旅游；策划组织安排国内外专业学术论坛、峰会、培训等活动。

京闽东线目的地管理公司为您提供以下专业服务。

1. 为您量身定做、策划各种特色项目。
2. 专业人士，专业服务。
3. 进行供需双方的各种协调、沟通。
4. 策划、组织各种国际会议、会展、论坛等。
5. 安排各种研修团队。
6. 策划、组织各种奖励旅游活动。
7. 提供目的地旅游服务。
8. 策划、组织团体各种拓展培训项目。
9. 长期策划、举办各种国际俱乐部活动。
10. 策划团体各种商务及庆典活动。
11. 提供各种高档休闲、娱乐活动。

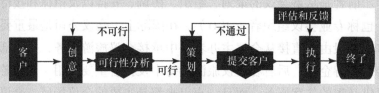

图1.4　会议策划流程

---

① 资料来源：http://www.ntscn.com，作者有修改。

1.2 会议旅游的类型和特点

会议的多样性决定了会议旅游的多样性。由于会议旅游活动需求的差异性,所以,为了使会议举办地及各类会议旅游企业能够有针对性地开展会议旅游促销和提供会议旅游服务,就需要对会议旅游的类型进行科学的划分。

1.2.1 会议旅游类型

划分会议旅游类型的标准有多种,但常见的是以下几种:

(1) 按照会议主办单位划分为公司类会议旅游、协会类会议旅游、其他组织会议旅游。

(2) 按照会议活动的特征划分为商务型会议旅游、文化交流型会议旅游、专业学术型会议旅游、政治型会议旅游、培训型会议旅游等。

(3) 按照会议的性质划分为论坛式会议旅游、研讨式会议旅游、报告式会议旅游等。

(4) 按照会议代表的范围划分为国内会议旅游、国际会议旅游。

(5) 按照会议举办时间的特点划分为固定性会议旅游、非固定性会议旅游。

(6) 按照会议的主题划分为医药类会议旅游、科学类会议旅游、工业类会议旅游、技术类会议旅游、教育类会议旅游、农业类会议旅游等。

对会议旅游类型划分的目的不是关心开什么会,而是如何为与会人员提供服务,从会议本身拓展到住宿、餐饮、娱乐方面,继而争取在游览、购物、旅行等方面创造需求。

1.2.2 会议旅游的特点

据统计,公司类会议旅游和协会类会议旅游占整个会议旅游市场的80%,因此,以下着重讨论按会议主办单位划分的三种类型会议旅游的特点。

1. 公司类会议旅游的特点

(1) 数量庞大,范围广泛

公司类会议旅游是会议旅游市场的主要组成部分,并且发展非常迅速。企业管理人员强调的是信息传递,而公司内部信息传递的最基本方式之一便是会议。由于与会议相关的费用,如交通、住宿、食品、客人的娱乐以及登记费等,可以作为企业的业务费纳入免税计算,因而公司举行会议旅游活动的积极性很高。统计数据显示,从会议数量和与会人数上看,公司类会议旅游均占会议旅游的大部分。公司类会议旅游涉及范围也很宽,具体可分为销售会议、新产品发布/分销商会议、专业/技术会议、管理层会议、培训会议、股东会议、公共会议、奖励会议等各种形式。

（2）旅游时间选择呈现出周期性与灵活性相结合的特点

调查表明，公司类会议旅游在全年各季分布均匀，且大多在每周的工作日时间举行。部分旅游形式具有明显的周期性，如销售会议、股东大会通常是每年举办一次，奖励会议也有一定周期。但大部分的公司类会议旅游是根据需要而非按固定的时间周期来举行，具有较强的灵活性。

（3）旅游筹备时间较短

公司类会议旅游的前期准备时间一般不超过一年，多数在3～6个月左右。年度销售会议一般在举行前8个月或一年开始计划；对于奖励会议，可能提前8～12个月考虑旅游目的地。此外，经常出现临时决定举行会议的情况，由于准备时间有限，会增加旅游接待业务的难度。但如果接待企业能够按照会议主办者的要求完成接待任务，将给其留下深刻的印象，为日后争取会议主办者的其他会议旅游业务奠定良好的基础。

（4）旅游地点选择具有重复性

公司类会议旅游对旅游地点（即会址）的选择主要考虑设施条件、服务质量、交通费用及便利程度等，一般不需要考虑变更地理位置的问题。如果上次会议旅游的举办地和接待企业提供的服务令其满意的话，会议主办者通常会继续选择相同的举办地和相同的接待企业。除非该公司的会议旅游决策者对原来的会址感到厌烦或不满，才会另行选择地点。所以，公司类会议旅游大都具有在固定地点重复举行的特点。不过，会议类型会影响旅游地点的选择，如当举行股东年会这样隆重的会议时，主办者也可能会每次选择不同的举办地。

（5）与会人数较少，具有可预测性

根据国际会议组织对2000年度公司会议旅游市场调查，大多数会议与会人数少于500人，只有7%的会议的代表人数达1000人以上。另外，公司类会议旅游往往带有指令性和强制性色彩，其参与人数完全可以预计到。无论会议代表是独自前来，还是与配偶一起前来，这都是由主办公司决定的，因而人数预测一般是可靠的。

（6）逗留时间较短

绝大多数的公司会议是短会。很多会议仅限制在一天的范围内，有些会议可能达到5天，但3天的会期最为常见。会期直接决定了会议旅游者在旅游目的地的逗留时间。

（7）会议主办者决策集中，多数会议旅游者缺乏自主性

公司类会议的主办单位往往由一两个高层管理人员或部门主管对会议的各项安排做出决定，因而会议决策具有集中性的特点。在公司类会议旅游中，想成为会议举办地或获得会议旅游业务，只需获得个别能够对会议做出决定的关键人物的支持便可。另外，由于大多数公司类会议旅游者是会议主办者的雇员或直接利益相关者（如股东、分销商等），因

此无论他们在主观上情愿与否,都必须参加会议旅游活动,即在旅游决策上缺乏自主性。

2. 协会类会议旅游的特点

(1) 效益巨大,形式多样

协会类会议旅游是指会议主办者为由具有共同兴趣和利益的专业人员或机构组成的社团组织的会议旅游活动,它向来是会议旅游业的主要客源市场。各类地方性协会、全国性协会乃至世界性协会每年都要举办各种会议。协会会员通过会议来交流、协商、研讨和解决本行业或领域的最新发展、市场策略及存在的问题等,其显著特点在于其经济效益巨大(见图1.5)。据统计,尽管协会类会议旅游在会议数量和与会人数上分别只相当于集团公司会议旅游的1/4和1/2强,但其旅游支出却是后者的2.5倍。因此,协会类会议旅游对于会议举办地来说是更具价值的市场。协会类会议旅游也表现为多种形式,主要有年度大会、地区性年会、专门会议、研讨会和专题讨论会等。

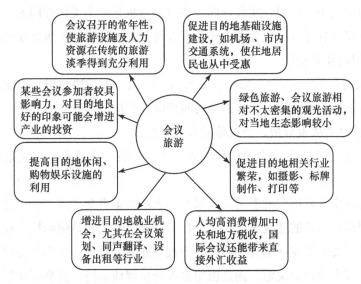

图1.5　会议旅游给目的地带来的主要益处①

(2) 旅游时间选择上周期性明显

由于协会类会议大多是例行会议,因此旅游时间选择上有着明显固定的周期。最常见的情况是每年一次的协会年会,也有一年召开两次大会或两年召开一次大会的情况。一些国际性或全国性协会除了举行以一年为周期的年度大会外,还有规模小一些的1~3次左右的地区性大会作为补充。另外,会议主办者考虑到让会议代表在会后进行一些观光游览和

---

① 资料来源:Swarbrooke and Horner (2001) Business Travel and Tourism; Rogers (2003) Conferences and Conventions, a Global Industry。

休闲娱乐活动，经常将会议安排在每周的下半周，这样会议结束后正好是周末，从而既方便会议代表自由活动，也有利于协会组织活动。从全年会议活动次数上看，协会类会议旅游最活跃的月份依次为10月、5月、4月、6月和9月。

（3）旅游筹备时间较长

协会会议旅游总是事先计划好的，一般对年度大会来说有2～5年的筹备时间，其他较小的协会会议也要8～12个月。会议规模越大，前期准备时间越长。会议主办者需要大量的时间来考察和决定会议举办地。有时即使最终决策提前两年做出，也是足足花费5年的时间进行调研和讨论的结果。会议举办地应充分利用会议筹备时间来展示自己的旅游形象和推销会议旅游产品。

（4）与会人数难以预测

由于协会类会议旅游都是靠旅游者自愿参加的，参加人数的多少并不被会议主办者所掌握，因此会议举办地难以准确预测协会类会议旅游者的人数。会议旅游人数首先取决于会议本身吸引力的大小。同时，实践证明，会议地点也是一个关键性因素。如果会议举办地有吸引力，不仅会有更多的与会者，还会带来与会者的配偶等其他会议旅游者。

（5）逗留时间相对较长

协会类会议的会期80%在3天以上，一般为3～5天，由于协会类会议旅游者更可能在会前和会后进行消遣旅游活动，所以逗留时间相应会更长。

（6）会议主办者决策分散，会议旅游者自主性强

协会类会议主办者的会议决策过程较为复杂，一般分为两步：首先是从各种建议中进行初期筛选，而后才做出最终决断。在初期筛选中，协会秘书长（执行总监）是关键性人物，对最终选择也具有很大的影响力。最终的决断由董事会（理事会）或委员会成员做出，他们一般根据秘书长的建议来做决定。在举办全国性尤其是国际性会议旅游活动时，会议主办者往往需要采取竞标的方式来决定会议举办地。可见，协会类会议主办者不是由个别人直接对会议事项做出决定，而是由很多人分步骤地进行，其会议决策具有分散性。另外，由于协会类主办单位与其会员之间不存在行政隶属关系，不能用命令或强制的方法让会员参加会议旅游活动，因而协会类会议旅游者对于是否出游有完全的选择权，即在旅游决策上具有很强的自主性。

3. 其他组织会议旅游

在会议旅游中，还有许多不属于公司或协会的会议主办者也经常开展会议旅游活动，我们将其统称为其他组织会议旅游。这类旅游在会议旅游市场中也占有相当重要的地位，主要包括政府会议旅游、工会和政治团体会议旅游、宗教团体会议旅游、慈善机构会议旅游等。其中，一个国家和地区的各级政府部门和机构每年都需要在异地召开内部员工会议或者公众会议，为会议举办地带来可观的会议旅游经济效益。这类会议旅游的共同特征

是：① 旅游费用具有公共性，主要来自行政拨款、成员缴纳的会费以及公众的资助、捐助或者募捐；② 对价格比较敏感。

1.3　国内外会议旅游的发展趋势

纵观国内外会议旅游的发展，随着世界经济一体化进程的加快、科学技术的进步，市场竞争的加剧等可以预测，会议旅游将会呈现出一些新的特点和趋势。

1.3.1　会议旅游活动向全球化发展

随着经济全球化和国际一体化进程的加快，越来越多的会议活动走向海外，并以前所未有的速度向世界各个角落扩展。会议旅游活动的主题更多地与全球化问题相关，并且国际会议旅游的参与国不断增多，全球参与的会议旅游活动进一步增加。

国家大会和会议协会（ICCA）统计了从1963—2012年50年间国际会议在全球的发展及分布情况。国际会议的总量及与会人员的直接花费呈快速增长趋势，发展中国家参与国际会议的数量持续增长，欧洲仍然占据着举办国际会议的龙头老大地位；北美洲的国际会议市场份额最近30年来持续减少；世界其他地区举办国际会议数量逐年增加，而亚洲和中东地区增速最快；中国在世界会议市场上异军突起，2008—2012年5年中累计举办国际会议1685个，世界排名第7位，见表1.4。

表1.4　1963—2012年全球国际会议数量（以5年为一个统计区间）[①]

年　　份	五年累计会议数量（个）
1963—1967	1795
1968—1972	2695
1973—1977	4057
1978—1982	5977
1983—1987	8585
1988—1992	12260
1993—1997	16861
1998—2002	25535
2003—2007	40823
2008—2012	54844
合计	173432

---

① 根据ICCA资料（A Modern History of International Association Meetings）整理而得。

1.3.2 会议旅游业的国际竞争日趋激烈

随着欧美以外的其他地区经济的迅速崛起，参与国际会议旅游市场竞争的国家越来越多。各国都十分重视会议旅游产品的开发，并极力开展会议旅游促销，从而加剧了会议旅游业的国际竞争。此外，越来越多的会议旅游企业进入国际市场，它们把眼光瞄准全球，参与全球市场的竞争，谋求更大的发展机会。会议旅游企业的国际化程度不断提高，甚至已经渗透到他国国内会议旅游市场。国外会议旅游企业加入一国内部的行业竞争，表明会议旅游业的竞争已经发展到一个新的高度。

1.3.3 会议旅游价格敏感度趋强

由于众多的国家、地区和企业纷纷加入到会议旅游产品供给的行列，使会议旅游市场成为竞争激烈的买方市场。在这样的市场格局中，价格往往是取得竞争优势的重要手段。可以预见，未来的会议主办者在选择会议举办地和会议旅游企业时，将更注重价格因素。

1.3.4 会议旅游消费逐步上升

据国际大会和会议协会（ICCA）统计，1993—1997年的国际会议人均注册费为4429美元，1998—2002年的国际会议人均注册费为452美元，2003—2007年的国际会议人均注册费为492美元，2008—2012年的国际会议人均注册费为533美元。同期参加国际会议的与会者的平均支出分别是1950美元、2057美元、2236美元和2424美元。随着世界各国社会经济的持续发展，与会代表将更加富有，其消费能力将稳步提高。

表1.5　每年国际会议直接花费情况统计[1]

年　份	会议直接花费（亿美元）
1993—1997	188
1998—2002	277
2003—2007	415
2008—2012	564

---

[1] 根据ICCA资料（A Modern History of International Association Meetings）整理而得。

1.3.5 与会者年轻化，女性与会者增多

在现今的会议旅游活动中，与会代表更趋年轻化，大约在25～40岁之间。他们参加会议不单是寻求人际交往和享乐，在更多的情况下会权衡花费时间和金钱离开办公室去参加会议是否值得。随着妇女在社会经济生活中地位的日益提高，女性与会者的数量不断增加。据最新统计数据，协会类会议参加者中有近39%是女性，而公司类会议与会者中35%为女性。由于女性与会者对会议旅游服务的需求有别于男性，因此会议旅游接待企业必须增加或改进服务项目和设施设备。另外，如今的会议代表中，单身者与已婚者的数量已无甚差别。

1.3.6 会议举办地逐渐转向中小城市

由于许多大城市的旅游费用上升、交通拥挤、环境嘈杂，更多的会议主办者把目光转向中小城市。这些被称为"二级城市"的会议举办地，尽管尚不具备接待超大型会议旅游活动的条件，但它们是中小规模会议旅游的极佳举办地。这些城市一般都具有优美的环境、独特的旅游资源、古朴的民风以及较好的地理位置等特点，在会议向休闲度假发展已变得越来越时髦的今天，更多的会议旅游者愿意前往这样的会议旅游目的地。

1.3.7 会议旅游与展览/奖励旅游相融合

越来越多的会议旅游活动中伴有展览活动，而许多展览旅游活动中也举办一次或一系列的相关会议，会中有展、展中有会的旅游形式越发常见，会议旅游与展览旅游的交融已成为一种趋势。同时，会议旅游与奖励旅游相结合的特点更为鲜明。一方面，会议主办者在筹备会议和选择会址时，往往兼顾奖励旅游的需要，以便会前或会后安排奖励旅游活动；另一方面，奖励旅游过程中大都穿插以激励、表彰员工为目的的会议活动，约有80%的奖励旅游包括会议。

1.3.8 会议旅游的技术含量日益增加

会议旅游活动对现代化技术的要求越来越高，网络技术、多媒体技术的最新成果将在会议旅游活动中得到广泛运用。由于电脑、通信设备等更新换代极快，会议旅游设施要随时紧跟最新的科技潮流，才能不断满足会议旅游者的需求。

1.3.9 会议旅游业内部合作趋势加强

会议旅游业内部合作主要表现在具有相同市场范围的各个会议旅游企业开展合作式

营销和服务。在会议旅游接待方面，饭店、会议中心、旅行社等各类企业将更多地联手协作，建立紧密的合作关系，利益均沾，并形成一条龙服务。

我国的会议旅游总体上仍处于起步阶段，与世界发达的会议旅游大国相比，无论是会议的举办数量、规模还是会议的收入，均存在较大差距。从表1.2和表1.3所示的2008—2012年世界举办国际会议最多的前10个国家和城市统计数据便可管窥一般。

但是，毋庸置疑，我国发展会议旅游有着巨大的潜力。表现在：① 我国经济将保持持续快速增长；② 我国的综合国力不断增强，在国际事务中的作用越来越显著；③ 我国拥有丰富的旅游资源和日臻完善的旅游设施，并逐步向世界旅游强国的目标迈进；④ 我国政府越来越重视会议旅游的发展，从国家到地方已经形成开发会议旅游产品的热潮；⑤ 我国所处的亚太地区将成为世界经济和国际贸易的中心，会议旅游活动将会更多地集中在这一地区进行。正如ICCA主席所说："中国有可能成为21世纪国际会议旅游的首选目的地。"

1.4　会议旅游成功的条件

会议旅游成功与否固然有许多可控因素和不可控因素，如会议的性质、规模、与会者情况、住宿条件、交通条件、接待条件等，但是实践证明，会议旅游目的地的选址、会议旅游时间的确定是两个最重要的因素。

1.4.1　会议旅游目的地的选址

不管会议的规模大小和重要程度如何，组织者都将选址放在了首要位置。

一个出色的会议举办地和会议旅游地需要许多必备的条件。第一，要形成发达的城市经济，城建完善、交通便捷、通讯发达、会议设施先进；第二，要有良好的区位条件，举办地辐射范围内的城市众多，经济文化发达；第三，要有出色的会议管理能力，具有举办大型会议的经验、实力；第四，要拥有优美的自然环境，气候宜人、风光秀美、景点丰富；第五，有独特的文化传统，具有浓郁的人文景观，城市独特、风情浓郁。

此外，无论是协会会议、公司会议、政府会议及其他内容的会议，还是大小有别、内外不同的会议，对多功能的会议中心，便捷的通信、交通服务，配套设施完好的视听设备，文书、同声传译等设备，以及干净、卫生和舒适的住宿、饮食和娱乐条件及比较专业化的服务均有较高要求。

据国际大会和会议协会（ICCA）连续多年的统计，国际会议旅游目的地前10个城市分别为巴黎、维也纳、巴塞罗那、柏林、新加坡、伦敦、阿姆斯特丹、马德里、伊斯坦布尔、北京（见表1.6）。

表1.6 2008—2012年举办国际会议最多的世界十大城市[①]

排序	城市名	五年累计举办国际会议数量（个）
1	巴黎	897
2	维也纳	875
3	巴塞罗那	822
4	柏林	772
5	新加坡	721
6	伦敦	666
7	阿姆斯特丹	612
8	马德里	611
9	伊斯坦布尔	601
10	北京	598

在国际会议目的地城市中，会议场地大多选择该城市的酒店、会议中心、展览中心、大学等。其中，酒店是会议场地的首选，其次是会议中心或展览中心。

1.4.2 会议旅游时间的确定

会议旅游时间一般应选在旅游淡季。以公司会议旅游为例，这样安排有以下较多的优势：

第一，避开了公众旅游高峰期，可以在提供交通服务和住房安排上有更大的把握，并确保会议以及旅游活动的圆满成功。

第二，企业在一个经营周期内一般都会对公司的状况进行总结，对公司内部先进集体和个人进行表彰，对公司客户开展公关活动，而年底恰好是最合适的时机，开展客户公关活动的理由也更加充分，同时可以为下一年度的经营制订行动方案，使其更具有目的性和针对性。

第三，对于旅游接待部门而言，公众旅游淡季时期是其经营的低谷期，这个时期往往需要在促销方面加大力度并投入更多资金，而效果却往往不尽人意。会议旅游活动可

---

① 资料来源：ICCA：A Modern History of International Association Meetings 1963—2012。

以填补酒店和旅行社等旅游企业在这一时期的获利真空。因此,把会展旅游的时间选在旅游淡季往往是明智的选择,对买卖双方均有利。

章前案例分析

会议旅游给会议举办地带来可观的外部资金流入并促进当地基础设施和服务设施的建设,带动旅游服务业及相关产业的发展。博鳌原本是一个不为世人所知的小渔村,因为博鳌亚洲论坛每年在此召开,其面貌发生了翻天覆地的变化,并带动了海南省旅游业的发展。

本章小结

本章根据国内外有关会议旅游的研究文献,阐述了会议旅游的基本概念、类型和特点,分析了国内外会议旅游的现状和发展趋势,总结、概括了会议旅游成功的基本条件。

 复习思考题

一、名词解释
会议　会议旅游

二、简述题
1. 简述会议的类型。
2. 简述会议旅游活动的构成要素。
3. 简述会议旅游的类型。
4. 简述公司类会议的特点。

5. 简述协会类会议的特点。
6. 简述会议旅游成功的基本条件。

三、案例分析

试结合以下案例阐述会议旅游的作用和意义，并通过文献研究等方法分析博鳌会议旅游目的地成功运作的原因。

博鳌——海南会展业的明珠

博鳌位于海南省琼海市东部海滨，地处北纬19.3度、东经110.5度。东临南海，西与琼海嘉积镇相距17千米，北距海口105千米，南距三亚200千米。总人口2.7万人，总面积86平方千米。博鳌水城开发区总面积约10平方千米，其间有博鳌金海岸温泉大酒店、博鳌蓝色海岸度假别墅、博鳌锦江温泉大酒店、博鳌索菲特大酒店4家酒店。

整个博鳌镇以博鳌索菲特大酒店的会议接待规模为最大，酒店有437间客房，拥有2592平方米、有可同时接纳2000人的BFA主会场，以及22个小会议厅，整个酒店会议接待规模可达3000人。酒店的管理方为世界著名的酒店管理集团雅高集团。一流的硬件设施加上先进的管理模式使博鳌索菲特大酒店成为博鳌会展和会议旅游的龙头，从而带动了整个博鳌及海南会展业的发展。

让我们来看看2004年关于海南举办会议的统计数据：全年海南岛接待国内外大中型会议5000余个（60人以上）、小型会务7000余个（60人以下）。会议类型按占会议数量大小排行如下：中外合资企业的代理商会议、企业组织的交流会、全国各系统（工业/农业）及协会的工作年会、科研机构研讨会、经销商会议、IT企业年会、产品发布会、颁奖大会、度假奖励会议等等。

2004年的统计显示：90%的会议为岛外单位主办；80%会议的参会代表来自全国各地，但集中在12大城市；46%的会议组织者来自非沿海地区；平均每个会

图1.6 博鳌亚洲论坛永久会址

务的客人在海南逗留时间为4天；20%的会议都设有旅游、观光活动；35%的旅游费用自理；36%的会议选择在海口举行（而2000年有73%的会议选择在海口举行，博鳌比例明显提升）。

第 2 章

展览旅游

知识目标

- 掌握展览和展览旅游的基本概念；
- 理解展览旅游的类型、特点、参与主体；
- 了解国内外展览旅游的现状、运作模式和发展趋势。

技能目标

- 能够识别展览旅游的类型；
- 能够根据实际情况选择适宜的展览旅游运作模式；
- 能够解释展览旅游与消遣型旅游的区别。

关 键 词

- 展览、展览旅游、运作模式

第2章 展览旅游

案例导入

成都成为全国春季糖酒会永久举办城市[①]

2011年3月28日,由中国糖业酒类集团公司主办、成都市政府承办的2011年春季全国糖酒商品交易会(第86届)在众人瞩目中圆满落下了帷幕。这是全国糖酒会第22次"花"开蓉城,也是享有"天下第一会"盛誉的春季全国糖酒会永久落户成都后的"开篇之作"。此次交易会参会企业超过3600家,成交总额197.6亿元。

阳春三月,糖酒飘香。成都的各大酒店,特别是新会展周围的酒店极为紧俏;餐饮行业在糖酒会期间人气爆棚,一些餐饮场所甚至实现30%的客流量增长;另外,成都各景区也从春节后的淡季回暖升温,尤其是锦里、宽窄巷子等极具地方特色和文化底蕴,既可旅游也可商务洽谈的地点备受青睐。

糖酒会让相关产业获益多多

而除了大量参展客商来蓉所带动的"吃住游"产业链外,成都本地的农副产品加工及机械制造企业也因此得到了在家门口展示形象、寻找商机的机会。温江海科机械厂依靠糖酒会成长壮大。这家企业没有参加糖酒会的时候,每年营业额只有几百万元,而2010年仅糖酒会带给他们的订单就达到了3000万元,2011年这个数字又增加了30%。

更专业化——四天成交额创新高

本届糖酒会规划了国际馆、酒类馆、食品饮料馆、调味品馆、食品机械馆、精装馆六个专业展馆,以及白酒、黄酒、啤酒饮料、乳制品、食品包装等多个专区。展品门类涉及酒类、饮料、乳制品、调味品、休闲食品、罐头以及食品包装与食品机械等多个领域。在几天的交易时间里,老牌名优企业与糖酒食品业新军共同营造热烈的洽谈、交易场面,交易会商品成交总额再创新高,达到197.6亿元,比去年的成交总额189.34亿元又有所增长。其中,糖及糖制品成交总额为57.76亿元,酒类成交总额为120.87亿元,罐头类成交总额为16.22亿元,食品机械类成交总额为2.75亿元。

[①] 资料来源:http://www.sc.xinhuanet.com/content/2011-03/30/content_22406897.htm,作者有修改和删减。

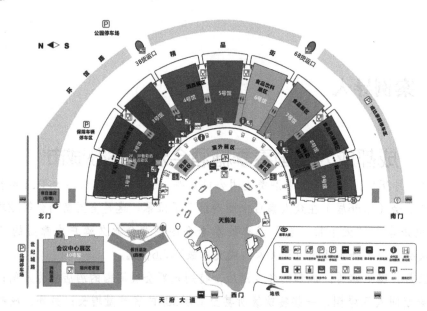

图2.1　2013年成都春季糖酒交易会展区功能分布

2.1　展览旅游概述

与传统旅游活动相比，展览旅游能够带来更大的经济效益，在增加经济收入及吸引高素质游客方面，均显示出巨大的市场潜力和宏观经济效益。本章开篇所导入的成都市2011年春季全国糖酒商品交易会的典型案例就是一个生动的证明。

2.1.1　展览与展览旅游

1. 展览

展览是指有固定或不固定场馆的展示陈列和一些定期、不定期的临时性展览会、博览会。其基本内容是：主办方为了一定的目的，提出一定的主题，按照主题要求选择相应的展品，在展厅里或其他场所，运用恰当的艺术手法，在一定的材料和设备上展示出来，以进行宣传、教育或交流、交易，既有认识、审美、娱乐作用，又有传递信息、沟通产销、指导消费、促进生产等多方面功能。①

展览是会展业的重要组成部分。在当前的会展市场中，展览会与博览会利润可观，发

---

① 刘宏伟主编. 中国会展经济报告，2002［M］. 上海：东方出版社，2003.

展迅猛，越来越多的公司已经在充分利用这一绝佳的商机，而一些展览会也已成为主要的国际盛事。

有个美国商人给贸易性质的展览会下了这样的定义：在最短的时间内，在最小的空间里，用最少的成本做最大的生意。还有人给展览会下的定义为：在固定或一系列的地点、特定的日期和期限里，通过展示达到产品、服务、信息交流的社会形式。其中信息所包含的内容最多，比如宣传成就、宣传政策、普及科技知识、建立公司形象、了解市场发展趋势，甚至以不正当手段获取情报等。

（1）展览会

从字面理解，展览会就是陈列、观看的聚会。从内容上看，展览会是在集市、庙会形式上发展起来的层次更高的展览形式，它不再局限于集市的贸易或庙会的贸易和娱乐，而是扩大到科学技术、文化艺术等人类活动的各个领域。从形式上看，展览会具有正规的展览场地、现代的组织管理等特点。在现代展览业中，展览会是使用最多、含义最广的展览名称。从广义上讲，它可以包括所有形式的展览会；从狭义上讲，展览会指贸易和宣传性质的展览，包括交易会、贸易洽谈会、展销会、看样定货会、成就展览等。展览会的内容一般限一个或几个相邻的行业，主要目的是宣传、看样订货、批发等。

表2.1　2012年我国30个省（市、自治区）会展业数据汇总[①]

序号	城市	展览会（场）	展出面积（万平方米）	会展场馆（座）	可供展览面积（万平方米）
1	北京	430	562.5	8	29
2	上海	806	1109.0	11	50
3	广东	618	1364.4	23	145
4	浙江	711	806.0	16	121
5	山东	609	787.2	32	174
6	江苏	550	520.0	23	122
7	重庆	521	441.4	8	50
8	辽宁	314	375.6	21	56
9	天津	203	282.0	4	18
10	四川	154	271.0	17	53
11	吉林	238	224.0	9	23

---

① 数据来源：商务部会展业典型企业调查统计、部分城市会展办和会展业行业协会、重点会展场馆，http://fms.mofcom.gov.cn/article/tongjiziliao/201307/20130700198063.shtml。

续表

序号	城市	展览会（场）	展出面积（万平方米）	会展场馆（座）	可供展览面积（万平方米）
12	河北	253	221.8	11	21
13	福建	206	215.4	12	51
14	陕西	160	182.0	9	29
15	湖南	183	155.7	13	26
16	安徽	234	176.0	11	30
17	河南	146	165.9	12	38
18	云南	50	142.4	5	15
19	江西	154	142.0	9	17
20	黑龙江	114	247.0	18	31
21	广西	73	127.1	7	21
22	湖北	109	102.8	14	38
23	内蒙古	99	77.9	6	17
24	山西	81	68.6	7	22
25	海南	53	56.3	2	12
26	新疆	43	55.0	2	8
27	青海	13	47.6	1	2
28	宁夏	16	26.5	1	3
29	甘肃	41	32.1	2	7
30	贵州	7	4.6	2	9
合计		7189	8989.6	316	1237

（2）博览会

博览会是指规模庞大、内容广泛、展出者和参观者众多的展览会。一般认为博览会是高档次的，对社会、文化以及经济的发展能产生影响并能起促进作用的展览会。在众多博览会中以世博会最为知名。世博会是一项由主办国政府组织或政府委托有关部门举办的有较大影响和悠久历史的国际性博览会，被誉为世界经济、科技、文化的"奥林匹克"盛会。

表2.2 历届世界博览会一览

年 份	举办国/城市	名 称
1851	英国/伦敦	万国工业博览会
1855	法国/巴黎	巴黎世界博览会
1862	英国/伦敦	伦敦世界博览会
1867	法国/巴黎	第2届巴黎世界博览会
1873	奥地利/维也纳	维也纳世界博览会
1876	美国/费城	费城美国独立百年博览会
1878	法国/巴黎	第3届巴黎世博会
1883	荷兰/阿姆斯特丹	阿姆斯特丹国际博览会
1889	法国/巴黎	世界博览会1889
1893	美国/芝加哥	芝加哥哥伦布纪念博览会
1900	法国/巴黎	第5届巴黎世博会
1904	美国/圣路易斯	圣路易斯百周年纪念博览会
1908	英国/伦敦	伦敦世界博览会
1915	美国/旧金山	旧金山巴拿马太平洋博览会
1925	法国/巴黎	巴黎国际装饰美术博览会
1926	美国/费城	费城建国150周年世博会
1933	美国/芝加哥	芝加哥世界博览会
1937	比利时/布鲁塞尔	布鲁塞尔世博会
1939	法国/巴黎	巴黎艺术世博会
1958	美国/纽约	纽约世博会
1962	美国/西雅图	西雅图二十一世纪博览会
1964	美国/纽约	纽约世界博览会
1967	加拿大/蒙特利尔	加拿大世界博览会
1970	日本/大阪	大阪世界博览会
1971	匈牙利/布达佩斯	世界狩猎博览会
1974	美国/斯波坎	世界博览会1974
1975	日本/冲绳	冲绳世界海洋博览会
1982	美国/诺克斯维尔	世界能源博览会
1984	美国/新奥尔良	路易斯安纳世博会

续表

年 份	举办国/城市	名 称
1985	日本/筑波	筑波世界博览会
1986	加拿大/温哥华	温哥华世界运输博览会
1988	澳大利亚/布里斯本	布里斯本世博会
1992	意大利/热那亚	热那亚世界博览会
1992	西班牙/塞维利亚	塞维利亚世界博览会
1993	韩国/大田	大田世界博览会
1998	葡萄牙/里斯本	里斯本博览会
2000	德国/汉诺威	汉诺威世界博览会
2005	日本/爱知	爱知地球博览会
2008	西班牙/萨拉戈萨	萨拉戈萨世博会
2010	中国/上海	上海世界博览会
2012	韩国/丽水	丽水世界博览会

2. 展览旅游的概念及特点

（1）展览旅游的概念界定

作为会展旅游的一部分，展览旅游是指为参与产品展示、信息交流和经贸洽谈等商务活动的专业人士和参观者而组织的一项专门的旅游和游览活动，包括面向特定群体、规模严格限制的专业展览和面向社会公众、力求最大社会影响的公众展览。[①] 这里的展览包括交易会（人群为了物质交流而聚集、洽谈，实现商品的贸易或买卖的活动）、展览会（现代意义的展览会是集中了展示、演示功能和物质交流功能的人群集会活动）、博览会（比交易会、展览会的规模更大，综合性更强的人群集会活动）等三类会展活动，是所有会展活动中以物质交流功能的实现为核心的活动。

对于展览旅游的需求者来说，展览旅游包括了参与和展览相关的活动以及除参展、观展外进行的其他旅游活动，如城市观光、风景游览、购物娱乐等。

对于展览旅游的供给者来说，展览旅游就是为参展、观展人员提供与展览相关的服务以及除展览外的食、住、行、游、购、娱等旅游服务。

（2）展览旅游的特点

展览旅游与会展旅游的其他形式相比有着自身的一些特点。

一是游客和潜在游客数量相当巨大。参加展览活动的人一般都达数百人、上千人，

---

① 张遵东.加快我国会展旅游业发展的思考[J].理论与改革，2005，1.

若是大、中型的展览或者博览会，吸引的参加者和参观者的人数就更加庞大，可能是一次会议人流总量的数十倍、数千倍甚至上万倍。1999年中国昆明世界园艺博览会（以下简称"世博会"）作为专业类世界博览会吸引了900万游客，创造了同类型展会的新纪录；2000年汉诺威世界博览会观众人数达到1800万；1970年大阪世博会吸引游客6420万，创造了发达国家举办世博会的最高纪录。

二是能够大幅提升城市的形象。展览旅游对城市的要求比较高，必须具备现代化的会展设施、便捷的交通，要求有不同档次的住宿、接待服务设施、购物娱乐场所等。一次大型的展览活动带来的人流、物流、资金流非常巨大，一方面，可以大大促进举办地城市基础设施建设的发展，极大地提高城市的综合接待能力，完善城市的功能。1996—1999年为了迎接昆明世博会的召开，云南共投入了183.6亿元用于全省的机场、公路等基础设施建设、环境治理和昆明城区的改造。其中昆明机场改建花费10亿元，滇池治理一期投入35亿元。世博会使昆明基础设施建设整整提前了10年，城市面貌焕然一新。另一方面，庞大的客流通过游览会对举办地产生直接认知和传播，迅速地、极大地提高了该地的知名度和美誉度。

1970年的大阪世博会不仅是亚洲地区最早举办的一次世博会，而且是当时国际上办得最出色、最成功，至今仍有影响力的盛会。当时日本政府不仅对建设世博会场馆及配套设施拨出巨额专款，还对交通、住宿、公园、城市下水道与河道等进行了大力改造。尤其是在交通方面，政府对东京至大阪的高速铁路线进行改建，扩大机场，从市中心到博览会之间建设了几十千米的铁路，大大方便了游客参观和疏散路线。

为了举办大阪世博会，日本用于会场建设、相关投资等总费用达到3.3万亿日元，远远超出了1964年东京奥运会时的费用（2.7万亿日元）。这届世博会大大推动了大阪的交通、高档住宅、商业设施、旅游及文化交流场所的建设，推动了以大阪为中心的关西地带城市群的形成，对日本全国的经济发展和布局有极大意义。

大阪世博会闭幕后，经过整整10年的努力，原来的场址被改建成一个占地广阔且绿草如茵的世博公园。园内散布着各类博物馆和科技馆，原来的停车场等附属设施，现在全部改造成了游艺场和温泉等设施。这里已成为大阪的主要景点。公园便捷的交通和配套设施的完善，带动了周边的房地产，当地成为大阪一片幽静的近郊住宅区。[1]

三是经济影响明显。一次成功的大型展览活动的贸易额或货物交易量，往往达到数亿至数十亿元人民币，其直接经济收入非常可观。再加上会展业巨大的产业带动性，一次展览活动的间接收入更加可观。2005年9月25日，以"自然的睿智"为主题、历时185天的日本爱知世博会落下帷幕。[2]该展会给日本中部地区带来了巨大的经济收益。扣除大量开

---

[1] 世博网http://www.expo.cn/#&c=home。
[2] 国际金融报.2005-09-27（1）.

支之外展会还盈利50亿日元，吉祥物销售额达800亿日元，相关收入超过4500亿日元。数据显示，会展期间，名古屋的百货商店销售额比2004年同期增长6.3%，旅店爆满。日本民间调查机构共立综合研究所推测，爱知世博会给爱知、三重等县带来的总体经济效益可达1.28万亿日元。由于交通等基础设施得到改善，世博会还给这一地区经济发展带来后劲。交通网络得到完善，很多企业都计划在这一地区发展，名古屋一些地段的地价开始上涨。①根据中国香港展览会议业协会公布的研究报告，展览业于2010年为香港本土经济带来358亿港元（相当于46亿美元）的收入，相当于香港本土生产总值2.1%，同时制造了69 150个就业机会。这项由香港展览会议业协会委托进行的研究显示，展览业继续为香港经济带来可观的经济效益，不仅仅带来可观的收入，还为展览业和其他服务及支援行业，包括饭店、餐饮、零售、展览摊位设计及搭建、物流及货运业创造了数以万计的商机。还有一个成功的案例就是上海世博会，在2010年上海世博会的184天会期内，营运收入累计为130.14亿元。审计结果显示，在上海世博会的营运收入中，门票收入占最大比例，共计73.55亿元，约占营运总收入的56.52%；其次是赞助收入，达39.73亿元；最后的收支结余为10.50亿元，其所带来的经济效益多出2008年北京奥运会2.49倍。

世界博览会的定义与起源②

　　世界博览会简称世博会，是一项世界性的、非贸易性的大规模的产品展示和技术交流活动。举办世博会必须由主办国申请，经负责协调管理世博会的国际组织同意。世博会被誉为世界经济、科学技术界的"奥林匹克盛会"。

　　负责协调管理世界博览会的国际组织是国际展览局，英文简称为"BIE"。国际展览局成立于1928年，总部设在法国巴黎，其章程为《国际展览公约》。该公约由31个国家和政府代表于1928年在巴黎签署，分别于1948年、1966年、1972年以及1988年5月31日作过修正。国际展览局（BIE）的宗旨，是通过协调和举办世界博览会，促进世界各国经济、文化和科学技术的交流和发展。国际展览局的常务办事机构为秘书处，秘书长为该处的最高领导。展览局下设执行委员会、行政与预算委员会、条法委员会、信息委员会4个专业委员会。国际展览局主席由全体大会选举产生，任期两年。国际展览

---

① 人民网：http://world.people.com.cn/GB/1029/3724532.html。
② 新浪网http://finance.sina.com.cn，作者有删减和修改。

局1993年5月接纳中国为正式成员国。中国国际贸易促进委员会一直代表中国政府参加国际展览局的各项工作。

任何国家都可以参加世博会，但是只有作为国际展览局的成员国，才能申请举办世博会。《国际展览公约》规定，凡联合国成员，或非联合国成员的国际法院章程成员国，或联合国各专业机构或国际原子能机构成员国，提出加入申请后，经国际展览局代表大会有表决权缔约国三分之二多数的通过，均可加入国际展览局。根据这一规定，加入国际展览局是一个国家的外交行为，BIE组织是国际公约性组织。申请加入的文件交由法兰西共和国政府保存，并于交存之日起生效。

与奥林匹克运动会不同的是，申请和举办世博会是一个国家的政府行为，许多事情需要政府通过外交途径解决。国际奥委会是民间机构，奥运会由城市出面申办。

第一届世界博览会于1851年5月1日在英国伦敦开幕。维多利亚女王通过外交途径邀请各国参展。世博会由国家举办，国家元首发出邀请，表明这是政府行为，使世博会的规格和意义都超出了一般意义上的国际贸易博览会。

《国际展览会公约》规定，世界博览会分为两种：一种是综合性主题的博览会，现称注册类世博会，这种大规模的博览会每5年举办一次，展期通常为6个月；另一种是专业性主题的博览会，现称认可类世博会，展期通常为3个月（由国际园艺生产者协会管理的A1类园艺世博会为6个月），在两届综合（注册类）世博会之间举办一次。可以作为认可类博览会的主题包括：生态学，原子能，气象学，化学工业，海洋，陆路运输，山脉，货运，森林，数据处理，狩猎，城市规划，捕鱼，居所，粮食，娱乐，畜牧业，考古，渔业，医药。

在确定某一博览会是注册类还是认可类博览会时，国际展览局（BIE）全体大会拥有唯一决策权，并考虑执行委员会的意见。

2.1.2 与展览旅游相关的行业

1. 展览业

人类的贸易起源于物物交换，这是一种原始的、偶然的交易，其形式包含了展览的基本原理即通过展示来达到交换的目的，这是展览的原始阶段，也是展览的原始形式。随着社会和经济的发展，交换的次数在增加，规模和范围也都在扩大，交换的形式也发展成为有固定时间和固定地点的集市。集市产生、发展的时期称为展览的古代阶段。17世纪至19世纪，在工业革命的推动下，欧洲出现了工业展览会，工业展览会有着工业社会的特征，这种新形式的展览会不仅有严密的组织体系，而且将展览的规模从地方扩大到国家，并最终扩大到世界，这一时期是展览的近代阶段。现代展览是在综合了集市和展示性的工业展览会的基础上产生的形式，现代展览一般通称为贸易展览会和博览会，这一时期起始于19世纪末。

1851年，英国举办了世界上第一个博览会。世界上第一个样品展览会是1890年在德国莱比锡举办的莱比锡样品展览会。可见，从世界范围来看，展览业称不上是一个新近诞生的行业。

尽管在所有的历史文献中对展览的起源都没有详实的记载，但欧洲展览界人士大多认为展览起源于集市。展览是因经济的需要而产生和发展的。几千年来，展览的原理基本未变，即通过"展"和"览"达到交换的目的，但其形式却一直在更新。当旧的展览形式不能适应经济发展的需要时，它就会被淘汰，被新的展览形式所代替。展览的发展取决于经济的发展，并反过来服务于经济。

图2.2　中国国际展览中心新馆（北京）

展览旅游被看作现代市场经济条件下新生的旅游形式，属于第三产业中的现代服务业。展览旅游与展览业息息相关，不可分割。根据展览旅游的定义，只有有了展览活动才有展览旅游这种特殊的旅游形式，而展览业的兴衰则关系到展览旅游的这种旅游形式的发展。

展览业作为"无烟工业"和服务贸易的主要组成部分，是促进技术进步和贸易交流的利器，发展十分迅猛。根据国际展览业权威人士估算，国际展览业的产值约占全世界各国GDP总和的1%。如果加上相关行业从展览中的获益，展览业对全球经济的贡献则达到8%的水平。

科技进步给展览业带来了发展的动力，展览业依靠科技的驱动得到巨大的发展。工业革命和产业革命扩大了世界的生产规模和市场规模，为展览业开辟了广阔的发展空间。20世纪第三次科技革命的"新兴技术"，即电子技术、通信技术、基因重组技术、新型材料技术、海洋工程技术和空间工程技术等的开发和广泛应用，加

图2.3　成都世纪城新国际会展中心

速了经济全球化的进程。展览会作为科技产品的销售前端,科技也毫无例外地被应用于展览业。而科技进步将进一步缩小通信和交通的距离,展览也将面临合作与竞争共存的选择。

2. 旅游业

展览旅游除了与展览密不可分外,作为一种旅游形式,它与旅游业的关系更为紧密。可以说展览旅游是展览业与旅游业相结合的产物,通过展览旅游将展览业和旅游业这两个行业有机联系了起来。展览旅游的开展需要以发达的旅游业为背景,旅游业的兴旺发达是办好展会的必备条件。发达的旅游业会提高城市展览活动的吸引力,世界上最著名的展览城市如汉诺威、法兰克福、米兰、巴黎、新加坡等都是相当著名的旅游城市。

旅游业是全球性的,它已成为世界上发展势头最强劲的产业。旅游业是指以旅游资源和服务设施为依托,为旅游者在旅行游览中提供各种服务性劳动而取得经济收益的经济部门。旅游业作为综合性的经济产业,其构成涉及社会经济中的许多部门。它的基础经济活动由旅行社、旅游饭店和旅游交通三大部门组成。此外,还有为旅游者服务的经营旅游商品的零售企业、旅游设施、文化娱乐产业和公用产业等。

旅游作为人类的一种活动在古代就已存在,它是伴随着宗教、游览、商业、探险以及文化交流等活动进行的。旅游作为一个行业是随着社会生产力的发展,人们生活水平的提高,旅行游览活动成为人们生活的一个部分,才比较迅速地发展起来的。交通工具的改善,更促进了旅游业的发展。1825年在英国出现了世界上第一条铁路,1841年英国人托马斯·库克同铁路公司签订合同,利用火车成功地组织了一次团体旅游。同时,由于社会劳动生产率的提高,经济发展,个人的支付能力有了提高,人们的消费构成发生了变化,旅游日益成为人们生活中的一种需要。第二次世界大战后,新科学技术的发展、大型喷气式客机的采用、高速公路的建设,不仅缩短了旅途时间,而且为旅游者提供了安全、舒适和愉快的旅途生活。同时,享受带薪假期的人数逐渐增多,使旅游活动日益大众化。旅游业在世界许多国家迅速发展起来,并成为一些国家和地区的重要经济支柱。如瑞士、奥地利、马耳他、新加坡等国和中国香港地区的旅游业在国民经济中都占有重要地位。

旅游业的发展以整个国民经济发展水平为基础并受其制约,同时又直接或间接地促进国民经济有关部门的发展。如推动商业、饮食服务业、旅馆业、运输业、邮电、日用轻工业、工艺美术业、园林等的发展,并促使这些部门不断改进和完善各种设施、增加服务项目、提高服务质量。随着社会的发展,旅游业日益显示它在国民经济中的重要地位。

传统旅游业以旅游资源作为吸引物招徕旅游者。旅游资源的丰富多彩以及开发、利用和保护,成为旅游业兴衰的关键。由于旅游业具有季节性强的特点,多受气候和假期的影响,淡旺季差异很大,虽然利用价格调节可以使供求矛盾在一定程度上得到缓解,但是这种影响却不能消除。展览旅游作为商务旅游的一种,一般不受旅游淡季制约,发展展览旅游可以使旅游业在淡季不受较大影响。可以说,展览旅游的兴起为旅游业注入了新的活力。

3. 酒店业

酒店业是旅游产业最重要的支柱之一，酒店业利润率的下降，会导致旅游产业整体经济效益下滑，这种状况在传统旅游城市中表现得尤为明显。因此，酒店也有必要寻找新的经济增长点。虽然休闲旅游者代表着饭店业的较大消费群体，但是那些旅行费用可以报销并且经常出差的展会代表才是为饭店业带来最大利润的客源群。因此，利润丰厚的展会市场正在变成酒店业越来越重要的争夺激烈的目标市场。

参与展览旅游的人一般具有以下特点。

（1）消费水平高。参加展览的人远比一般休闲旅游者的消费水平高（相当于后者的4～5倍），特别是购物能力强，从而给展览接待地带来可观的经济收入。在香港，参观展览的人平均每天在零售及娱乐方面的消费估计分别是普通游客及本地市民的2倍到13倍。

（2）逗留时间长。参加展览的人员，既要参加展览、会议，有时还要参观游览，因此，他们逗留的时间比一般旅游者要长得多。例如在香港参加展览的人平均在港逗留5天。

（3）淡季消费。会展旅游的计划性强，并且不受气候和旅游季节的影响，因此多在旅游淡季举行，这样可以有效地调节旺季与淡季客源的不平衡，可以提高各类旅馆的全年利用率。1999年，香港展览业为饭店带来93.8万个入住单元，占其总入住率的16.5%。

（4）综合性消费，其中饭店业受益最大。展览旅游消费是一种综合性消费。据麦肯锡统计，2000年全美参展人数为4122万人，而每个参展人员花在相关展览外活动上的费用平均为1200美元，其中住宿要占到46.8%。

由以上参加展览旅游的游客的特点可见，展览旅游已成为推动酒店业发展的新动力。据2013年浙江省会展业年度发展报告[①]，浙江省会展业2011年、2012年、2013年连续三年的会展业直接产值分别为327亿元、352亿元、371亿元。会展业的快速发展有力地带动了旅游、交通、运输、餐饮、住宿、翻译、广告、装潢等相关服务行业的全面发展。2011年、2012年、2013年浙江省会展业的拉动效应分别达到2943亿元、3168亿元、3339亿元。展览旅游越来越成为酒店业新的客源市场。随着客源市场的逐步调整，酒店业企业根据不同的市场定位，不断调整经营方向，市场更趋向细分化，商务酒店、会议酒店、度假酒店、经济型饭店等已经逐渐成为行业发展主流。

4. 旅行社

旅行社是指在旅游者和交通住宿及其他有关行业之间，通过办理各种签证、中间联络、代办手续以及为旅游者提供咨询、导游、组织安排等服务而获得收入的机构，是现代旅游业的一个重要组成部分。作为一个为旅游者提供食、住、行、游、购、娱等服务的综合型服务企业，它在不同国家、不同地区的旅游者与旅游经营企业之间架起了一座

---

① 资料来源：中华人民共和国商务部网站。

桥梁，在全球性旅游业的发展中起着重要的作用。

旅行社的产生是社会经济、技术以及社会分工发展到一定阶段的直接结果，同时，也是旅游业长期发展的必然产物。托马斯·库克是世界上第一个旅行社的创办者。1845年，库克正式成立了托马斯·库克旅行社，总部设在莱斯特，并开创了旅行社业务的基本模式。1855年，他以一次性包价的方式，组织了578人的大团去参观法国巴黎的博览会，在巴黎游览4天，包括住宿和往返旅费，总计为每人36先令，被当时的媒体称为"铁路旅游史上的创举"。实际上，这次旅游就是今天旅行社组织展览旅游的一种形式。

会展旅游的蓬勃发展客观需要专业的会展旅游企业为之服务。许多国家为此专门建立了会展旅行社，有条件的大型传统旅行社也积极开发会展旅游项目。

2.2 展览旅游的参与主体

展览旅游作为以参展和观展为主要内容的旅游方式，是商务旅游的一种，由于其对举办地的要求颇高，一般是在一些基础设施好、经济发展水平较高的地区，因此也可以作为都市旅游的一部分。展览旅游是由参展或观展为中心环节，以及参观考察、旅游、购物、娱乐等项目构成的。

从展览的主办者来说，虽然他们举办的是一次展览会，而不是展览旅游，但是客观上他们却为人们提供了一个进行展览旅游的实质性内容。从展览的参展者和参观者来说，其目的是为了参加展览，达到交流信息、宣传产品、贸易洽谈的目的；同时，他们可以在展览举办地进行其他旅游活动，他们参加展览的整个行程便构成了一次展览旅游。从展览旅游的全过程来看，可以包括以下参与主体：参展商或参观者、展览会主办者、交通运输供应商、展览服务供应商、住宿餐饮娱乐等供应商、展览场所供应商等。它们的关系可以用图2.4表示。

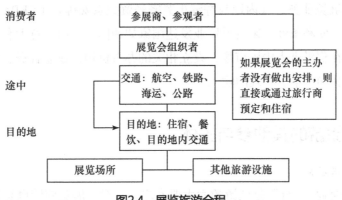

图2.4　展览旅游全程

2.2.1 展览旅游的消费者

展览的参展商和参观者是展览旅游的消费者。参展商出于商务的目的，把展览会视为一个展示其产品或服务、交流信息、促进贸易的机会。他们主要履行的是参展的程序，即得到展览信息→通过参展说明书与主办方接触→做出参展决定→向主办方预定场地→被介绍给展览服务承包商→按照展览服务手册的规定购买或租赁其他服务和材料，诸如展位标牌或装修等。与参展者不同的是，参观者不需要履行这一套程序，有的参观者是作为参展商的买家出现的，他们参观展览是为了获得信息或者获得与参展商洽谈贸易的机会即商机，有的参观者只是出于参观展览获取信息的目的。但是无论是哪种参观者，他们的展览旅游从他们离开出发地就开始了，直到他们回到出发地。

2.2.2 展览旅游的组织者

展览组织者是展览运作过程的主要参与者，负责展会的组织、策划、招展和招商等事宜，在展览事务中处于主导地位。我国的展览组织者一般分为主办者和承办者，同时还包括协办单位和支持单位等，它们在法律地位与职责上有明显区别。由于我国目前缺乏专门的展览法加以规定，也缺乏专业展览组织者资格的认证和展览市场准入条件的限制，展览组织者呈现较宽泛、复杂的多元化特征。我国展会的主办者主要包括各级政府及其部门、各类行业商会、协会组织、社会团体组织，而专业性的展览企业或事业单位一般是展览项目主要的承办者。

专业展览企业主要是指参与展览项目承办的各种性质和组织形式的展览公司、会展公司、展览服务公司等。一般不包含各种仅对展览项目提供设计、搭建、现场设备租赁等单一服务的设计公司、策划公司、服务公司。专业展览企业按照所有制可分为国有、民营和外资（港澳台地区展览公司和国外展览公司，以及它们的合资公司、办事机构等）三大类。国有展览公司主要集中在各地外经贸系统和贸促会系统，也包括其他一些政府部门或行业协会组建的展览公司、国有集团企业所属展览公司、国有展览中心所属展览公司等。民营展览公司近年来发展较快，数量众多但实力普遍弱小。外资展览企业中，香港展览公司最早参与内地展览业务，《内地与香港更紧密经贸关系安排》（CEPA）的签署更为其在内地办展提供了便利条件。来自展览业发达国家如德国、英国、意大利、荷兰、美国的大型展览公司也在积极进入中国市场，设立相关的办事机构，成立合资、独资公司，寻求转移知名展览品牌和资本、管理的输入。

2.2.3 展览旅游的其他参与主体

1. 交通服务供应商

旅游离不开交通。"行"是旅游的六大要素之一，对于展览旅游也是如此。在展览旅游中，参展商和参观者必定要发生位移，交通运输服务商就要为他们提供交通运输服务，促成这种位移的实现。在展览旅游中的交通运输服务商不包括为展览运送展览物品和展览器材等的运输服务提供者。交通运输服务商包括航空、铁路、公路、航运等企业和部门。一般来说，参加展览旅游的人在出发前都会事先安排好旅游中的交通事宜，特别是参展商，他们往往会由展览活动的组织者安排往返交通，甚至是展览前后或期间的旅游考察交通。若展览主办方没有为参展商安排交通，则要由参展商自己安排交通事宜或者通过旅游中介机构（如旅行社）来预定和安排交通事宜。

2. 餐饮服务供应商

展览旅游参与者除了需要"行"的服务外，还需要"食""住"方面的服务，这也是旅游六大元素的内容。"食""住"的提供商一般是酒店、饭店、旅店等住宿和餐饮单位。同为展览旅游提供交通服务的供应商一样，餐饮、住宿提供商可以是由展览主办者提供或者指定，也可以是由参展者和参观者自己通过中介预定和安排。同交通运输服务供应商不一样的是，只要是在展览旅游中涉及的一切餐饮和住宿提供商都是展览旅游中的主体，即它们包括了为展览本身服务的餐饮和住宿服务提供商。

3. 其他服务供应商

旅游最重要的要素就是"游"。在展览旅游中，对于一般参观展览的旅游者来说，他们的主要游览对象是展览会，而其他旅游设施只是辅助而已。这是因为，展览旅游是以展览为诱因的旅游形式，它作为商务旅游的一种，与其他休闲旅游最本质的区别在于，它是以参加或参观展览为最主要内容和目的的，其他旅游设施在展览旅游中可有可无。当然，一个展览旅游目的地对游客的吸引力也要依赖于除展览外的其他旅游设施，如知名的风景区、名胜古迹、特殊的文化等。

展览的举办地一般是经济比较发达的城市，他们具有发展展览旅游的各种条件，其中包括了发达的商业和服务业。在展览旅游中还有两个重要的要素就是"购"和"娱"。购物和娱乐作为旅游中重要的内容已经越来越得到旅游者的认同。特别是以都市旅游为主的旅游形式里，购物和娱乐尤为重要。展览旅游的特点表明，展览旅游有时也具备了都市旅游的特质，购物和娱乐在展览旅游者的旅游行程中也占有一席之地。

展览旅游作为一种旅游形势，它需要多方面的配合和合作才能顺利进行，其中除了很多可以作为展览旅游主体的部门外还包括了一些中介组织，如旅行社、票务办理等机构。而最重要的便是旅行社了。旅行社在组织旅游、代理票务、预定饭店等方面具有专业优势，因此，在一些展览的筹办中，主办方会寻求旅行社的支持，不论是提供票务还是酒店预订、交通运输，旅行社都比一般的展览筹办者更有优势。随着旅行社业务的多元化发展，旅行社也开始涉足展览业务，他们成了专门的会展部门或者分支机构承揽展览承办业务。就中国目前来说，旅行社从事展览业务还在起步阶段，更多的形式是旅行社组织旅游者组团参观某个展览活动。这种展览旅游一般是以大型的展览会为前提的，如各综合世界博览会或专业博览会。展览旅游的发展也使旅行社可以开发更多的旅游产品，丰富业务种类。

2.3 国内外的展览旅游及其发展趋势

展览旅游已成为世界各国瞩目的旅游形式，许多国家把展览旅游作为一种高产出的旅游项目给予大力扶持和发展，有的还利用开发展览旅游产品来抵消其他旅游产品的下滑给本国旅游业和经济所造成的影响。与此同时，各国对世界博览会的举办权的竞争也日趋激烈。为增强竞争力，各国都投入了大量的财力、人力、物力来完善各种展览会议设施，兴建大型会展中心。

2.3.1 国外的展览旅游

1. 欧洲的展览旅游

欧洲是世界会展业的发源地，是世界上展览业和旅游业均相当发达的地方。虽然近年来欧洲旅游业收入的增长速度不及亚洲，但是其总份额仍然遥遥领先。欧洲几个展览业及旅游业大国的现状反映了欧洲展览旅游的整体实力。

（1）德国

德国的展览业已拥有了800年的历史，并且称雄全球。目前德国是世界上最重要和最发达的展览举办国。世界五大展览中心有四个在德国，全世界重要的150个专业展览会，有近120个是在德国举办的，德国被称为世界展览王国。德国举办的那些权威性的展览会，深受参展商、专业观众的欢迎。作为世界展览业的代言人，德国之所以享有如此高的国际声誉，一是得益于它地处欧洲的中心位置，二是它拥有一个潜力非常大的消费市场，更重要的是德国能给参展商和参观者一个高质量的展览会效益。德国拥有众多的会展中心、展览公司，大量的服务机构以及规范严密的行业协会和组织。德国展览机构在全世界的办事机构达390个左右，如此系统而庞大的国际化营销网络，大大促进了德国展览业的发展。

德国展览业每年的营业额约25亿欧元，按营业额排序，世界十大知名展览公司中，有六个是德国的。国际性是这些展览会制胜的关键优势，约有将近50%的参展商来自国外，而其中有33%来自欧洲以外的国家。在参观者中，约有20%来自国外，他们之中又有20%是越洋客。不仅贸易展览本身能给展览的组织者、参展商和参观者带来巨大的商机，而且展览业对城市经济的带动也是极其明显的。据统计，在德国每年的参展商和参观者在贸易博览会中总花费约100亿欧元，而展览会对相关行业经济效益的带动则达230亿欧元。同时，贸易博览会还可以提供25万个就业岗位。可见，展览业在德国已经切实地表现出极其重要的作用。目前，德国各大展览公司已不仅限于在德国境内的发展，他们的业务触角也已遍布全球各地，尤其在亚洲发展特别迅速。

德国展览业具有以下先进特点[①]。

① 有全国性、统一性、权威性的行业协会。AUMA为德国贸易展览业协会，成立于1907年，是德国展览业的最高协会。它是由参展商、购买者和博览会组织者三方面力量组合而成的联合体，以伙伴的身份塑造博览会市场。为了确保德国博览会市场的透明化，AUMA制定了许多规章制度，尽量调整、改进以避免新举办的博览会与德国现有的国内或国际展览会之间出现太多的重复。因而尽管这几年德国举办的展览会数量剧增，但各博览会的目标非常明确，展会重复现象极少。同时，AUMA请相关人士在世界各地对展会进行考察，并写成报告，为德国政府赞助本国企业出国参展提供了很好的建议和非常重要的参考作用。

② 展览会拥有长期的计划。每个展览会的举办计划都是组织者与参展商、参观者、各个联合会、协会密切协商后制订出来的，而且根据各行业不断变化的市场条件进行调整，拒绝短期行为。

③ 非常注重宣传。为了树立自身品牌，展览会的组织者不断在世界各地进行宣传，吸引参展商和专业观众。对于参展潜力比较大的国家，都专门派代表前去做宣传，介绍相关展览，并向感兴趣者提供相关咨询。即使有些展览会很火爆，甚至展位已满，他们也会继续做宣传，以强化品牌。德国展览会的宣传资料相当完备，很多都是一本册子或一本书，内容不仅包括历年展会的情况回顾，而且介绍整个欧洲，甚至整个世界某一行业的发展趋势和动态，同时涉及参展费用、装修费用等信息。

④ 展览场地设施先进。德国展览会场的设施处于国际领先水平。德国现有25个大型展览中心，展览大厅总面积超过250万平方米，9个展览中心展览面积超过10万平方米。德国每年共投资约10亿德国马克，用于扩大展览场地并对其进行现代化的改造，现在德国几乎所有的展览中心都拥有先进的设施。据德国经济展览博览委员会的调查，德国各大展览中心还在不断投巨资扩大展览面积，改善展览设施（见表2.3）。

---

① 德国开元网www.kaiyuan.de，德国展览业的特点，2004.02.06。

表2.3 德国主要展览场馆面积[1]

展览场馆所在城市	展览场地面积（平方米）	
	室内面积	室外面积
汉诺威	496 973	58 070
法兰克福	320 551	89 436
科隆	286 000	52 000
杜塞尔多夫	234 298	32 500
慕尼黑	160 000	280 000
柏林	160 000	100 000
纽伦堡	150 000	
埃森	110 000	20 000
莱比锡	101 200	33 000
汉堡	64 900	8 500
腓特烈港	58 300	18 000
斯图加特	59 500	10 000
奥格斯堡	58 000	55 000

资料来源：德国贸易波兰和展览业联盟（AUMA），2002.1。

⑤ 展览工作人员专业素质高。据德国贸易展览业协会（AUMA）统计[2]。2013年德国的展览业收入达32亿欧元，注册的博览会有304个，参展商多达22万家，观众人数超过1600万。各个博览会都是既熟悉本专业又具有丰富经验的组织者承办的。

⑥ 国际领先的服务水平。德国在展览服务方面也做得非常到位。例如德国纽伦堡定期举办的"国际有机产品展"，作为一个非常专业的展览会，其服务非常周到。在展会宣传资料中，仅酒店介绍就有五六页篇幅，上百家不同档次的酒店供挑选，并详细注明优惠幅度、期限等情况。

（2）法国

法国举办展览会的历史悠久，是世界上展览业最为发达的国家之一，拥有160万平方米的展馆，分布于80个城市，首都巴黎是法国展览业的中心城市。每年法国有近一半的展览会在巴黎举办，而巴黎也因其举办巴黎博览会等众多大型的国际展会而成为了世界三大

---

[1] 程红等著.会展经济：现代城市"新的经济增长点"[M].北京：经济日报出版社，2003.
[2] 资料来源：German Trade Fair Industry Review 2013.

展览胜地之一。

与德国相比或在整个欧洲，法国展览业的优势是综合性展览会。法国每年举办1400个展览会和100个博览会。其中，全国性展会和国际展约为175个，而真正的专业展只有120个左右。据统计，这175个国内展和国际展1995年的总参观人数为621万，总参展企业数为5.77万个，展台净面积之和为212.6万平方米。国外参展商占总数的33%，国外参观者占总数的8%（其中有些世界著名的展会，其国外参展商超过总数的50%，国外参观者占总数的15%以上）。法国企业每年花费近百亿法郎参加各种展览会和博览会，各项开支约占广告业产值（包括所有媒介）的5%。在近百亿法郎的消费中，参加展览会的占2/3，其余为博览会的花费。参展商每花费1法郎，平均可带来35法郎至40法郎的合同。法国国内企业（占参展商的67%）因参展而带来的合同营业额可达1500亿法郎，同时可以创造20万个就业岗位。除直接经济效益外，企业还可以通过参展分析市场的变化，宣传企业形象，推出自己的新产品。展会不仅为展览公司、场馆公司和展览服务公司带来收益，也为展会所在城市引来大量的国内外参观者和参展商，从而为当地的旅馆业、餐饮业、零售业、公共交通、出租汽车行业带来收益。在巴黎地区，展会带来的其他收入约为150亿法郎，全职工作岗位约3.65万个。

（3）英国、意大利

英国举办过世界第一个博览会，但是其展览业的规模、水平、影响却落后于德国、法国和意大利。近年来，英国经济增长较快，展览市场进入了前所未有的高速发展阶段。据《英国展览报告》统计，1999年英国共举办了约900场展览活动，吸引观众近1200万人。在各类展览会中展业展览会所占比重最大，约占60%。与其他欧洲国家相比，英国的展览会国际性不强，展出规模一般比较小，多以中、小项目为主，绝大多数展览面积在1万平方米以内，仅有伯明翰的汽车展、建筑展等展览会的净面积达到4万平方米。英国国内展馆规模也不大，较有名的伦敦和伯明翰展场，总面积不过20万平方米。虽然如此，英国却拥有励展集团、蒙哥马利展览公司等享誉世界的跨国展览公司，在英国以外举行大规模的著名展览会。

意大利是一个以加工业为主的国家，一方面，其产品主要用于出口，因此促销工作十分重要。另一方面，众多的中小企业无力单独承担向国际市场促销的巨额广告费用，为了扩大出口，每年在全国各地举办无数次各种类型的展览会，各类展览会对宣传本国产品、加强技术交流与合作以及推动出口发挥了重要作用。意大利有40多个展场，每年办展达700多个，其中约40个国际交易会、700个全国和地方交易会，是欧洲办展最多的国家之一。意大利大型国际展览会主要集中在米兰、波诺尼亚、巴里和维罗纳四个城市。米兰是意大利主要的展览城市，米兰国际展览中心是世界第二大展场，展览面积达372215平方米，会议厅面积13554平方米。

2. 美洲的展览旅游

北美展览业起步较晚，20世纪初才开始发展起来，但是其发展从一开始就具有现代展览的特点。每年美国和加拿大举办的展览会达13000多个，净展出面积约4600万平方米，年均增长速度7%左右。

美国和加拿大的展会活动主要集中在奥兰多、拉斯维加斯、多伦多、芝加哥等16个城市。2000年这16个城市共举办了6020个展览会，约占美国和加拿大举办展览会总数的50%。其中，前10个城市（奥兰多、拉斯维加斯、多伦多、芝加哥、新奥尔良、亚特兰大、达拉斯、纽约、圣地亚哥、华盛顿）举办展览会数量就达4050个。拉斯维加斯是美国的会展之城，其旅游业相当发达，2001年美国拉斯维加斯冬季国际消费类电子产品展览会吸引了来自120多个国家和地区超过11万人前来参加，云集了世界上各大著名电子厂商，共1800多个展出单位。据美国展览业研究中心报道，2000年美国和加拿大举办的展览创造了104亿美元的收入，吸引了4440万专业买主。这些展会对美国和加拿大的经济贡献约为1200亿美元。从展览活动举办的场所来看，在展览/会议中心举办的占38%，宾馆占37%，会议中心占8%，其他占17%。展览业对美国和加拿大的住宿业、餐饮业、旅游业、广告业、运输业等相关产业的发展产生了巨大的带动作用。9·11以后，美国展览业遭受重创，据美国贸易展览周刊统计资料显示，2001年美国贸易展展出面积比2000年下降了1.5%，参展商数量下降了2.4%，专业观众减少了4.5%；与之相比，消费展却逆风而上，继续保持了增长，展出面积增加了3.2%，参展商增加了2.7%，专业观众增加了2.6%。

经济贸易展览会近年来在中美洲和南美洲逐步发展起来。据估计，整个拉美的会展经济总量约为20亿美元。其中，巴西位居第一，每年办展约500个，经营收入8亿美元；阿根廷紧随其后，每年约举办300个展览会，产值4亿美元；排在第三位的是墨西哥，每年举办的展览会近300个，营业额2.5亿美元。除这三个国家外，其他拉美国家的展览业规模很小，很多国家尚处于起步阶段。

3. 亚太地区的展览旅游

亚洲及太平洋地区（简称亚太地区）是世界展览业的后起之秀。虽然展览业的发展迟于欧洲和美洲，但是增长速度很快。据国际展览联盟统计，2018年亚太地区举办展览会的累计净展览面积为3380万平方米，展览会的参观者达到8150万人次，位居全球第三（欧洲第一，北美第二），占全球总量的26.9%；展览会的参展商达到121万人，位居全球第三（欧洲第一，北美第二），占全球总量的26.7%。从可供使用的展览场馆数量及空间看，亚太地区连续多年快速增长，虽然欧洲是大多数大型场馆的所在地，但亚太场馆的平均规模比任何其他地区都要大。表2.4给出了2017年亚太地区部分国家展览馆的数量、面积及占全球的份额。

表2.4 2017年亚太地区部分国家展览馆统计数据

国家	5000m²以上展馆数量/个	室内展厅总面积/m²	亚太地区占比/（%）	全球占比/（%）
日本	12	365575	4.4	1.1
印度	14	354945	4.3	1.0
韩国	10	301774	3.7	0.9
泰国	9	248263	3.0	0.7
新加坡	4	219970	2.7	0.6
澳大利亚	未获得数据	169277	2.1	未获得数据
俄罗斯（亚洲部分）	未获得数据	140413	1.7	未获得数据
马来西亚	未获得数据	119842	1.5	未获得数据
印度尼西亚	未获得数据	106619	1.3	未获得数据

以新加坡为例。新加坡的展览业起步于20世纪70年代中期，由于本身具有发达的交通、通信等基础设施，较高的服务业水准，较高的国际开放度和较高的英语普及率，新加坡的展览业发展迅速。1998年，新加坡被国际会议协会（ICCA）列为世界第六个重要的会议城市，在由国际博览会联盟认可的55个亚太项目中，有19个项目在新加坡举行。2000年，新加坡市被总部设在比利时的国际展览管理协会联合会评为世界第五大会展城市，并连续17年成为亚洲首选会展举办地城市。仅2000年在新加坡举行的各种国际会议、展览及奖励旅游就达5000次。

新加坡政府对展览业十分重视，不仅制订了一整套扶持、规范、协调和发展的计划。如特准国际贸易展览会资格计划（AIF），从国际贸易政策和发展目标出发，对符合政府产业发展方向的展览会，或评估符合标准的展览会，授予AIF资格证书，并给予最高达2万新币的政府资助。而且对场馆建设，给予巨大的支出。同时，新加坡有关机构还协助、配合会展公司开展工作。如新加坡会议展览局和新加坡贸易发展局专门负责对会展业进行推广，在国际上宣传了新加坡国际会展的优越条件，促进各种会展在新加坡的举办，而且不对新加坡会展公司收取任何费用。

2.3.2 国内的展览旅游

1. 展览旅游发展迅速

近年来，随着市场经济的发展及对外开放程度的扩大，我国展览业发展速度明显加

---

① http://www.exhibitions.org.hk/sc_chi/about_ass.php。

快，每年举办的展览会的数量持续增加。据有关资料统计，2001年全国举办的经贸领域展览会总数为2387个，2002年为3075个，2003年为3298个，范围涉及国民经济的各个行业和主要部门。据不完全统计，2003年全国展览观众近6000万人，其中专业观众人数达到1751万人次。随着展览专业化、市场化、国际化水平的提高，国内形成了"中国出口商品交易会""中国国际投资贸易洽谈会""中国国际高新技术产品交易会""中国国际机床展览会"等一批具有国际影响的知名品牌展会。参展企业和展业观众规模的不断扩大，越来越凸显出展览会在促进贸易交流和扩大出口方面的积极作用。展览业的发展带动了展览旅游收入的快速增长，带动了多方相关产业的发展，特别是现代服务业。

2. 我国展览业数量扩张明显

过去我国展览场馆规模偏小、设施落后、功能单一、低层次重复建设现象严重，难以满足目前日益发展的会展旅游的需要。许多城市看到了举办展览会对于地方经济发展具有明显的拉动作用，于是都在积极兴建和扩建展览场馆。从20世纪末开始，我国（不含港澳台地区）举办的国际和国内展览会数量逐年增加。据统计，2012年，我国（不含港澳台地区）全年举办展览会7083个，平均展位面积8466平方米，其中3万平方米以上的展览会约380个，10万平方米以上的超大型展览会约70个，超过了德国。同年，美国举办了9000多个展览会，位居世界第一，而我国位居世界第二。

图2.5　重庆悦来会展城鸟瞰图

与展览场馆的数量扩张相对应的是，我国新建的展览设施也注意吸收国外场馆建设的成功经验，注重场馆规划设计的专业性、智能化、功能的多样性。如重庆国际博览中心（见图2.5）就是一座集展览、会议、餐饮、住宿、演艺、赛事等多功能于一体的现代化智能化场馆，位于重庆两江新区的核心悦来会展城。从空中鸟瞰，其外观就像一只巨型的蝴蝶。占地面积1.3平方千米，总建筑面积达60万平方米，建筑总长1500米，宽约400米，最大高度有34米。使用面积20万平方米。重庆国际博览中心目前是西部最大、全国第二的会展中心，拥有16个场馆，单个展馆面积达1.1万平方米，可容纳2架空客A380飞机。多功能厅有3个足球场大，净空高度约20米，可容纳1.5万名观众，将成为西部最大的室内演出场地。此外，悦来国际会议中心内共设有面积为5200平方米超级宴会厅1个、1000平方米以上超大会议厅3个、50～350平方米精致多功能会议室27个，会议中心内高速宽带、WIFI全覆盖。

3. 全国形成了多个展览产业带

展览业的发展为展览旅游的开展奠定了良好的基础，一般来说，展览业最发达的地方就是展览旅游开展最活跃的地方。调查表明，目前中国会展业在区域分布上，基本上形成了以北京、上海、广州、大连、成都、西安、昆明等会展中心城市的环渤海会展经济带、长三角会展经济带、珠三角会展经济带、东北会展经济带及中西部会展城市经济带等5大会展经济产业带。

据不完全统计，2009—2011年，全国33个省市地区共举办了9800余个展会，其中上海、北京及广东三个地区举办的会展合计占全国的比例分别为45.53%、46.56%、47.69%。

从展览馆的地域分布来看，据京华展视际展览公司（www.orscape.com）统计，华东地区现有的展览馆数量最大，占全国总量的36%，中南地区和华北地区分别占23%和18%，东北、西南、西北地区的展览馆数量相对少一些。

（1）环渤海会展经济带

以北京为核心，国际经贸交流频繁，会展资源丰富。其区位优势和开放优势明显，集聚了国务院各部委机构的50%以上的全国性行业协会，所举办的展览带有很强的专业性和技术性，而且知名的国际性、专业性展会比较密集。

环渤海会展经济带2011年共举办了913个展会，较2010年增加173个。2012年已经确定会展期的展会共有559个，其中北京305个、山东137个。

在场馆建设方面，截至2011年年底，环渤海经济带7个省市地区共有会展场馆96个，其中北京33个、山东27个、辽宁16个、河北8个、天津和山西均为6个。

（2）长三角会展经济带

以上海为核心，上海、江苏、浙江等省市有一定展览基础的城市多达20个，由于有雄厚的经济基础和产业基础以及高素质的专业人才做铺垫，加之展览业发展起点高、专业性强、规划完善、布局合理。外资展览公司云集，所办展览国际化程度较高。

长江三角洲会展经济带2011年共举办了933个展会，较2010年增加了222个。2012年，已经确定会展期的展会共有552个，其中上海423个。

在场馆建设方面，截至2011年年底，长江三角洲会展经济带的会展场馆共76个，分别是上海20个、江苏33个、浙江23个。

上海是国内会展业发展程度最高的城市，2009—2011年举办的展会均超过370个，2011年为653个，较2010年增加了190个。

（3）珠三角会展经济带

以广州为核心，这一区域由于加工贸易发达，制造业基础雄厚，消费市场活跃，为本地区展览市场提供了丰富的项目资源，展览场馆、展览面积最为密集。

2011年广东共举办了524个展会，较2010年增加了130个。2012年，已经确定会展期的展会共有324个。

在场馆建设方面，截至2011年年底，广东共有大型会展场馆36个，分别是广州16个、深圳4个、中山4个、东莞4个、江门1个、佛山3个、汕头3个、珠海1个。

（4）东三省会展经济带

东北地区会展经济带以大连为核心，东北会展经济带在中央提出"振兴东老工业"的口号下有较快的发展。目前，由沈阳、长春、哈尔滨、大连、吉林五大城市会展管理部门共同发起的"中国东北中心城市会展联盟"正式成立。

东北会展经济带2011年共举办了192个展会，较2010年增加了36个。2012年，已经确定会展期的展会共有121个，其中辽宁、吉林及黑龙江分别有53个、38个和30个。

在场馆建设方面，东北会展经济带的会展场馆共有28个，其中辽宁16个、吉林5个、黑龙江7个。

（5）中西部会展经济带

华中地区以郑州和武汉为核心、西南地区以成都为核心、西北地区以西安为核心。相对而言，中西部尚缺品牌展会支撑。

中西部会展经济带2011年共举办了437个展会，较2010年增加了77个。2012年已经确定会展期的展会共有243个。

在场馆建设方面，截至2011年年底，中西部35个，其中，湖北12个、河南7个、四川5个、重庆5个、山西6个。

目前，西部地区举办的有影响力的展会数量仍然太少，许多展会虽然打出了国际化的招牌，但是规模仍然还没有跟上。

会展旅游业作为都市旅游的重要组成部分，其发展不仅需要良好的展览、会议场馆、完备的城市基础设施，而且要求较高的城市总体环境和国际交往的综合能力。北京、上海、广州等大城市的交通，如地铁、城市道路状况等比较好，接待国际、国内旅游者人数在我国名列前茅。

4. 各地政府积极参与主导会展业的发展

由于会展业本身的高速发展及其对经济的巨大带动作用，各地政府非常重视会展业的发展，形成了政府主导会展业发展的局面。在一些展览业比较发达的城市和地区，地方政府在展览业管理和政策扶持、市场体系建设方面进行了有益的探索和尝试。北京市组建了副市长牵头的领导小组对会展业进行全面研究，包括组建课题组，撰写《北京会展业发展研究报告》，责成北京市统计局会同有关单位制定一套会展业统计指标体系，等等。目前大连、宁波、厦门、广州、昆明、重庆、长春、吉林、北京、西安、上海等11个城市已经出台了针对展览业发展的专门的规范、规划、意见、规定等。早在2003年全国就有23个城市将发展会展业写入本地《政府工作报告》，一些城市还将展览提升到城市发展的高度予以重视，将会展业作为政府首要工作之一。

知识链接2.2

南京打造国际会展品牌 会展经济稳步增长[①]

2013年南京会展经济发展成效显著，以稳促进，稳步增长。据介绍，2013年，全市共举办大中型展览和会议2150个，同比增长了21.5%；规模以上展会展览总面积231万平方米，同比增长了14.4%；大型、特大型展览35个，同比增长了12.9%。预计全年拉动经济450亿元人民币。在业内权威机构组织的全国性评比中，南京先后被评为"2012—2013年度中国品牌会展城市""中国十佳品牌会展城市""中国十大影响力会展城市"。

2013年南京会展行业加紧落实促进会展业发展相关政策精神，按照市委、市政府提出的"打造南京国际会展品牌"、"进一步发挥会展对消费的拉动作用"等要求，先后出台了三大举措（《关于进一步促进展会品牌发展的举措》《服务企业、服务基层措施》《扶持会展龙头企业》），发挥资金、政策引导作用，加大对企业和品牌展会扶持力度，开展多形式、多层次对外会展经济交流合作，引进国际性品牌会展，培育高端专业性会展；鼓励引导已有品牌会展做大做强、提高品质；培育贴近市民生活的消费类会展，杠杆作用明显；成功举办了亚洲青年运动会、海峡两岸企业家紫金山峰会、台湾名品交易会等大型会展。

2013年，南京市落实《南京会展行业国际化建设行动计划（2013—2015）》成效显著。南京斯图加特联合展览有限公司，在成功移植"国际度假展""金属加工展"后，又成功移植引进"南京国际建筑装饰展览会"；南京宁菲展览有限公司与德国菲德列斯哈芬展览公司成功签署"亚洲户外用品展览会""亚洲自行车展览会"新的五年合作协议。南京宁菲国际展览有限公司正式成为国际展览业协会（UFI）注册会员，亚洲户外用品展览会成为UFI认证展会，实现零突破。"中国国际传播工业博览会""2013南京国际佛事文化用品展览会"等自主品牌展会的国际化程度进一步提升。市会展办成功加入国际大会及会议协会（ICCA）。

---

① 资料来源：http://www.expo-china.com/pages/news/201401/85029/index.shtml，有删节。

2013年南京市的会展工作呈现出六个特点：一是非政府主导型会议比重增加，二是国际性展会品质稳步提升，三是新办会展崭露头角，四是大会展融合发展，五是会展硬件设施有新突破，六是社会经济效益明显。会议还介绍了2014年的主要工作打算：着力服务青奥盛会、着力推进国际化建设、着力加大宣传力度、着力做好招展招商、着力扶持企业发展、着力推进南京国际博览中心二期工程建设、着力做好服务保障、着力大项活动创新、着力南京会展城规划。

5. 加快了与国际接轨的步伐

我国商务部重视培育会展龙头企业，鼓励大型龙头骨干会展企业通过收购、兼并、控股、参股、联合等形式组建国际会展集团，打造具有较强竞争力的会展领军企业，发挥示范和带动作用。

2012年，全球仍然笼罩在经济危机的阴霾下，但是，中国会展市场却成为全球会展业界的一大亮点，发生了一连串的并购现象。例如：励展博览集团与中百会展（北京）股份有限公司达成并购中国日用百货商品交易会暨中国现代家庭用品博览会的合作，并成立新的合资公司——励展华百展览（北京）有限公司；上海博华宣布向上海高登商业展览有限公司收购上海国际葡萄酒及烈酒展览会（Winexpo）；亚洲博闻有限公司和上海华展国际展览有限公司联合组建了合资企业。持续多年的中国会展业并购热浪表明，并购、优胜劣汰将成为会展行业的主旋律，会展行业仍处于并购活跃期。[1]

知识链接2.3

成都市博览局加入国际展览与项目协会[2]

2014年1月10日，在第十届中国会展经济国际合作论坛举行期间，成都市博览局与国际展览与项目协会（IAEE）签订合作协议。成都市博览局将从2014年开始成为国际展览与项目协会会员，成为中国首个以会展管理机构名义加入IAEE的城市。这是成都加入的首个国际展览组织，也是继国际大会及会议协会（ICCA）之后，成都加入的第二个

---

[1] 资料来源：2012年成都市会展业发展报告。
[2] 资料来源：成都市博览局网站http://www.cbe.gov.cn/article-detail-2-13-1014-1.html。

国际会展组织。

IAEE是全球规模最大的展览行业协会，会员达6000家。成都加入IAEE后可以借助其优质的行业资源和有效的国际渠道，进一步推动成都会展业的国际合作和发展水平。IAEE主席斯基普·考克斯先生表示，2013成都财富全球论坛和第十二届世界华商大会在成都的成功举办，说明成都办会办展环境良好、条件优越，IAEE对成都会展业发展前景充满信心。希望通过双方合作，能够增进成都与其会员企业的交流合作。

6. 我国在国际展览旅游中的地位还比较低

品牌是展览旅游发展的灵魂，也是中国展览旅游在21世纪实现可持续发展的关键。世界上会展旅游发达的国家，几乎都拥有自己的品牌展会和展会名城。如米兰国际博览会、巴黎博览会等。我国除了广交会等展会有一定的世界性影响之外，绝大多数都是国内的、临时性的。国内初步涌现出一批具有知名品牌的展会如深圳的高交会、珠海的航空站、北京国际汽车展等。这些品牌展会为我国其他城市发展展览旅游积累了宝贵的经验，然而，这些民族化的展会品牌与德国、意大利等国家的国际型展览会相比，无论在品牌的知名度上，还是在品牌的无形价值或扩张程度上，均存在着很大的差距，真正能与国际品牌展会竞争的寥寥无几。

2.4 展览旅游发展的趋势

2.4.1 国际展览旅游发展趋势

（1）展览旅游与会议旅游越来越融合成一个整体。近年来会议经济比展览经济增长速度更快，会议和展览互相融合。国际型的会议一般以会议为主，但是会议的同期总要结合一些商业化的展览活动；而国际性的展览虽然以展览为主，但展出期间研讨会、专题会等会议越来越多。因而，展览旅游、会议旅游已经不再单单是展览和会议，而更多的是二者的结合。

（2）展览经济的理念正在向全球迅速扩展。展览业正在被越来越多的国家重视，尤其是发展中国家。一些亚洲和非洲国家的展览业在国际展览业中的地位变得越来越重要，甚至将成为国际展览业今后几年继续保持高速发展的关键因素。展览旅游作为一种新型的旅游形式，对世界各国发展展览业、挖掘和发展本国的旅游资源具有重要的意义。

（3）合资、独资建设现代展览场馆，组建展览服务公司和旅游公司是展览业发达国家进入发展中国家最直接的方式，也是国际展览业最近几年的一个明显趋势。展览场所资源的竞争，参展商资源的争夺，以及展览器材和与展览相关的第三产业服务领域的竞争等进一步加剧。

（4）主办机构专业化。随着展览业竞争的激烈化，越来越多的展览已由专业会展公司主办，或者由行业协会与专业会展公司合资组成股份公司，把展览的经营全部或者部分交给会展公司。

（5）会展公司集团化。市场对展览的要求越来越高，在资金、人力资源、国际网络等方面，小型会展公司往往力不从心，被大型会展公司兼并收购。

（6）会展市场稳定化。国外会展经过市场的优胜劣汰，现在众多的重复展会已经减少，所剩下的"强者"越来越大，越办越好，并确立了自己的垄断地位。

（7）会展活动国际化。随着世界经济一体化的进程，国际性的专业会展业不断地提高国际化水平，增加国外参展商、参会者和参观客户的比例。

（8）国际性的展览组织机构在国际展览业发展过程中担当着重要的角色，只有努力融进国际大家庭，才能有利于参与国际竞争。

2.4.2　我国展览旅游的发展趋势

（1）有关展览的法律将进一步规范，并逐步向国际通行的登记制转化

目前，国家已经开始制定有关会展的法律、法规，今后几年有关会展业的法律、法规将相继出台，会展业的市场将进一步规范化。今后举办会展审批手续将会更为简便，并将按照国际惯例逐步过度到登记制惯例办法。这将促使会展业真正成为一个规范的市场。

（2）自律性的协会将进一步规范会展行业的行为

越来越多规范的行业协会可以制定规范的协会章程，旨在支持公平、平等的竞争，反对不正当竞争及欺诈行为，改善、优化展览业市场环境，更好地协调、管理、规范会展业的市场秩序。

（3）展览业将向几个大城市集中

通过对国际展览业发展的分析，展览业在特定城市的发展有"通吃"效应，即展览业的发展会自身加速，形成更大的规模，而不可能全国遍地开花。今后北京、上海、广州等重点城市将成为我国展览旅游最活跃的地方。

（4）大型旅游企业将大批进入展览旅游市场

目前我国的大型旅游集团如上海锦江、中青旅、春秋旅行社等已经加入了国际会展组

织,开发展览旅游市场,但更多的大型旅游集团,如首都旅游集团等还没有完全介入展览旅游市场,或仅仅从事了目的地管理公司(DMC)的接待服务工作。这些大型旅游集团已经普遍看好展览旅游市场,有的正在开始进行市场调研,有的已经开始参与场馆建设,有的正在申请加入国际会展协会等,可以预见,今后几年我国的大型旅游集团将以其规模大、服务全、无形资产高、资金雄厚等优势进入展览旅游市场。

(5)国际会展组织和会展中介公司将大批进入中国会展旅游市场

随着中国加入WTO,国际会展组织和经营会展的大型公司将大批涌进我国,展览旅游业将形成更加激烈的竞争局面。由于目前我国的管理体制还不允许国外公司单独经营会展业务,外国会展公司主要是通过与中方合资的形式进入中国市场。上海的国际会展中心就有德国的汉诺威展览公司、德国杜塞多夫展览公司、德国慕尼黑国际展览有限公司这样世界顶级会展公司加盟。ICCA2002年在上海开办了会展培训班,通过这种形式介入中国会展旅游市场。今后国际会展公司将从会议、展览,组织、接待等方面全方位地进入中国市场。

(6)中国正朝向展览大国挺进

中国展览的基础设施总体来讲发展很快,如上海、广州、成都、重庆已经出现20万~50万平方米的大型展览馆,具备了与展览大国竞争的必要条件。除场馆外,城市展览的配套设施、国际航班交通等等在未来10年都有可能配套起来。会展企业的并购潮此起彼伏,正朝着做大做强方向发展。

总体来看,中国在未来10年完全有可能成为展览大国。

知识链接2.4

2012年中国会展业发展报告[①]

一、会展业发展基本状况

2012年,中国会展业保持了持续健康发展的良好势头。会展业规模不断扩大,经济效益继续攀升,场馆及配套设施建设日趋完善,会展业已从规模化发展逐步转向专业化、品牌化、国际化,并显示出强大的关联效应和经济带动作用,为促进国民经济发展发挥了积极作用。据商务部会展业典型企业调查统计,结合部分城市会展办和会展业行

---

① 资料来源:商务部服务贸易和商贸服务业司http: //fms.mofcom.gov.cn/article/tongjiziliao/201307/20130700198063.shtml。

业协会、重点会展场馆上报数据，2012年中国会展业发展主要呈现出以下特点：

(一) 展览会数量稳步增长

2012年全国共举办展出面积5000平方米以上的展览会7189场，较2011年增长5.3%；展出总面积8990万平方米，较2011年增长10.7%（见图2.6）。

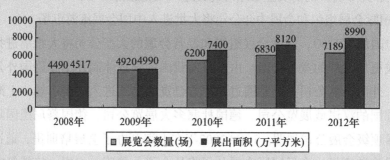

图2.6　2008—2012年全国展览会数量及展出面积

以展会类型来看，经贸类展会总面积约为6500万平方米，占全国展会总面积比重超过70%。以展会规模来看，规模展会持续增长，全国展出面积10万平方米以上的大型展会已经超过90个。此外，品牌展会发展迅速，截至目前，中国内地共有58个国际化专业展览会获得国际展览业协会（UFI）认证，数量位居世界第四。

(二) 展馆建设方兴未艾

2012年我国可供展览面积5000平方米以上会展场馆共计316个，同比增长17.6%，可供展览面积1237万平方米。其中，2012年年初，上海新国际博览中心全面落成，室内外展览面积共计30万平方米，2012年年底，重庆国际博览中心主体工程建设完工，建筑面积达60万平方米，并将于2013年年初投入使用。同时，商务部分别与上海市、天津市共同建设的大型国家会展中心项目也相继破土动工。

(三) 经济效益显著

2012年，我国会展业直接产值约3500亿人民币，较2011年增长16.1%（见图2.7），占全国国内生产总值的0.68%，占全国第三产业产值的1.53%。

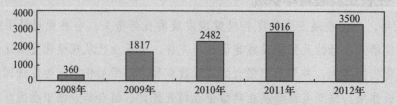

图2.7　2008—2012年全国会展业直接产值（亿人民币）

（四）社会贡献突出

2012年，我国会展业实现社会就业2125万人次，比2011年增长7.3%；拉动相关产业收入3.15万亿人民币，比2011年增长16.7%（见图2.8）。

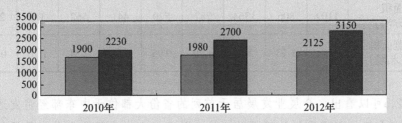

图2.8　2008—2012年全国会展业从业人数（万人次）及拉动效应（十亿）

（五）行业地域分布分析

目前，我国会展业地域分布较为集中。北京、上海、广州三大一线会展中心城市优势明显，2012年三个城市共举办展览会1613场，较2011年增长16.9%，占全国比重约为22.4%；展览面积合计2500万平方米，与2011年持平，占全国展览总面积的27.8%（见表2.5）。

表2.5　2012年北京、上海、广州等一线会展城市举办展览会情况

项目 \ 地区	北京	上海	广州
展览数量（场）	430	806	377
展览面积（万平方米）	562	1109	829

北京的优势在于集聚众多全国性行业商、协、学会和国有大中型企事业单位，有利于汇聚行业力量、整合产业资源发展会展业；上海的优势则体现在城市的国际化程度较高，优越的金融环境有利于引进世界知名国际性展会、吸引外资展览企业投资发展；广州则侧重于发展以广交会为核心的进出口贸易展和电子、礼品等具有地域产业特色的专业展。以北京、上海、广州三大会展中心为核心，向周边地区辐射，分别形成了环渤海、长三角和珠三角会展经济圈。这三大会展经济圈无论从展会数量、展馆数量，还是可供展览面积、展会展出面积，都占全国总量的一半左右，形成了我国会展经济发展的中坚力量。

按省（自治区、直辖市）分析，2012年全国展览活动按数量排列，前十位的依次是上海806场，浙江711场，广东618场，山东609场，江苏550场，重庆521场，北京430场，辽宁314场，河北253场，吉林238场（见表2.6）。这10个省（自治区、直辖市）的展览总数量占全国总量的70%，展出总面积占全国总面积的71%，集聚了全国主要的会展业资源。

表2.6　2012年展览数量前10位省（自治区、直辖市）

	上海	浙江	广东	山东	江苏	重庆	北京	辽宁	河北	吉林
展览数量（场）	806	711	618	609	550	521	430	314	253	238
展览面积（万平方米）	1109	806	1364	787	520	441	562	376	222	224
场均展览面积（万平方米/场）	1.38	1.13	2.21	1.29	0.95	0.85	1.31	1.20	0.88	0.94

从表2.5可以看出，会展业发展居于前列的省份大都位于中东部经济发达地区，显示出会展业与区域经济发展的强大关联性，其中，广东省展览会举办数量位居全国第三，展览面积位居全国第一，同时，在场均展览面积排名方面，广东以2.21万平方米/场位居全国第一，说明广东省无论从展览会整体规模，发展水平还是整体质量上，都处于全国领先地位。唯一入选前十位的中西部省份为重庆市，这与自2009年以来重庆市推动建立"会展之都"的城市发展战略目标，不断加大会展业的资金投入和政策扶持力度是密不可分的。但是，重庆市场均展览面积仅为0.85万平方米，尚不及广东省的一半，大量展会仍未形成规模化发展态势，影响力和品牌效应尚未显现。

二、行业存在问题分析

（一）行业发展缺乏总体规划

一些地方对会展市场调研不够充分，对发展会展业的定位不够准确，缺乏合乎地方经济社会发展实际的会展业发展规划和指引，导致展馆重复建设，展会同质化竞争的现象时有发生。同时，部分地区在建设展馆时缺乏科学、统一的规划，展馆设施功能落后，管理水平比较低，周边配套交通、餐饮、住宿等基础设施也不够完善，难以承接高质量国际展会，导致了展馆建成后利用率不高，展馆设施资源长期闲置浪费。

（二）市场秩序有待规范

近些年来，会展业的迅速发展吸引了一些缺乏资质、办展能力差的企事业单位蜂拥而至，会展业市场鱼龙混杂，低水平重复办展、无序竞争、恶意欺诈情况依然存在。同时，由于会展业相关的法律、法规滞后于市场发展实际，政府部门进行行业管理和市场监管无法可依，违规办展没有处罚整改依据，导致部分展会重招展轻招商、重创收轻服务，扰乱市场经营秩序，侵害展商观众的事件时有发生，严重损害了会展业在社会公众中的形象和中国会展业的长远健康发展。

（三）行业结构亟待优化，行业国际竞争力不强

改革开放以来，中国会展业取得了长足的进步，据UFI统计，2010年我国展馆室内

可展出面积达475.5万平方米,净展出面积超过1300万平方米,仅次于美国。但就整体而言,我国会展企业仍旧处于重数量、轻质量的小、散、乱粗放式发展阶段。一方面,部分登记注册从事展览业务的企业缺乏办展经验和办展能力,办展质量良莠不齐;另一方面,一些大型会展企业已经形成了一定的规模,但仍旧缺乏参与国际竞争的实力,与国际著名展览企业相比,还存在较大的差距。截至2012年年底,中国内地UFI认证会员超过80个,位居世界第一,约为德国的2倍,但经UFI认证的展会数量仅为58个,不足德国的一半。同时,据德国经济展览和博览会委员会统计,在2011年全球会展企业排名中,营业额超过1亿欧元的27家会展企业排行榜中国内地无一入选,而2012年全球展馆按可展出净面积的排名中,中国内地只有中国进出口商品交易会琶洲馆进入前十。

(四)行业发展环境有待优化

近些年来,我国会展业快速发展,已经在世界会展市场占有一席之地。与此同时,我国的会展业发展基础仍然比较薄弱,行业标准和统计制度不尽完善;会展教育滞后,高素质专业人才缺乏;公共服务体系尚未建立;等等,这些都在一定程度上影响着我国会展业的持续、快速、健康发展,也阻碍着我国由会展大国向会展强国迈进的步伐。

三、行业发展趋势

(一)国际化进程加快

中国加入WTO已有12年,世界经济一体化进程的不断推进深刻影响着中国经济的发展格局。中国的会展业作为新兴的服务产业经济,必将顺应历史潮流,不断加快自身的国际化发展步伐,积极应对经济全球化过程中所带来的激烈竞争。

一方面,中国作为新兴的发展中国家,有坚实的产业基础和极具潜力的消费市场,是国际会展企业深耕发展的重点区域之一。近些年来,以英国博闻、励德展览、德国法兰克福展览公司为代表的一批全球著名专业展览公司已经陆续进入中国,积极兼并收购在华项目,加速布局中国市场。以英国博闻公司为例,其子公司亚洲博闻公司在2012年收购兼并了中国国际口腔器材展览会、上海酒业博览会和上海品牌服饰展览会等一批知名国内展会。截至2012年年底,在中国共运营53个商贸类展会,其中规模最大的10个展会展览净面积达55万平方米,参观人数38.5万人。

另一方面,中国作为贸易大国,2012年外贸的依存度达47%,外贸在推动中国经济社会发展的过程中发挥着不可替代作用。为配合中国外经贸战略转型升级,进一步推动中国产品走出国门,越来越多的企业倾向于借助出国展览平台走出国门,向外直接推介产品、开辟市场。据中国国际贸易促进委员会统计,2012年我国出国展览数量为1536个,比2006年增长67%,同期展出面积也由31万平方米增长到69.3万平方米,增长超过120%。这些出国展览,不仅巩固了现有贸易合作伙伴关系,而且对开辟新兴市场,改善外经贸发展结构、推动多双边交流合作等方面都做出了重要贡献。

（二）各级政府更加重视，政策支持力度不断加大

会展业的发展，为拉动地区经济发展、促进人口就业、推动城市基础设施建设、塑造城市新形象，发挥了不可估量的作用，特别是在目前我国推进城镇化建设的国家战略大背景下，加速发展带有浓郁城市经济特色的会展经济显得尤为重要。为此，各级政府将继续加大统筹力度，给予会展业更多的倾斜和支持：一是组建会展管理机构。2012年，黑龙江会展事务局、海口会展局、厦门市会议展览事务局、沈阳会展办等一批地方会展业管理机构相继成立，由地方人民政府牵头组建会展业管理机构，将更为有效地发挥统筹协调管理作用，为各地的会展业发展扫清体制障碍。二是加强规划指导。2012年成都市、贵阳市等先后出台了会展业发展"十二五"规划，阜阳市更是将2012年定为"会展经济发展年"并出台《关于加快会展业发展的意见》，在宏观层面为会展业的发展提供了政策导向。三是出台支持政策，加强资金扶持力度。南京、桂林、郑州等城市先后出台了会展业发展专项资金使用管理办法。其中，天津滨海新区明确设立了每年2000万元会展业发展专项资金，利用小资金撬动大产业，将对会展业的产业扶持落到实处。四是主动参与宣传推介。为推介在办展会，同时通过宣传展示城市会展资源引入优质展会，各地政府纷纷主动出击，积极组织宣传推介活动。其中，在第二届中国（北京）国际服务贸易交易会上，无锡、贵阳作为会展城市代表，举办了专场推介会。

（三）会展综合体建设兴起，展馆竞争加剧

随着中国会展经济持续升温，全国正掀起新一轮的展馆建设热潮。在展馆的规划设计过程中，为充分发挥会展业特有的集聚、辐射带动效应，促进地方经济社会发展，各地不再以单纯展馆建设为目标，转而规划建设以会展场馆为核心、集酒店住宿、餐饮、购物、文化、旅游、休闲、娱乐等配套服务为一体的会展综合体。据不完全统计，国内已经启动及在建的大型会展综合体项目包括：天津国家会展项目（建筑面积120万平方米）、上海国家会展项目（建筑面积147万平方米）、杭州国际博览中心（建筑面积84万平方米）、杭州国际金融会展中心（建筑面积83万平方米）、长沙国际会展中心（一期建筑面积40万平方米）、昆明滇池国际会展中心（总建筑面积约420万平方米，其中会展中心70万平方米）、绿地南昌国际博览城（总建筑面积约400万平米，其中会展中心20万平方米）、中国西部国际博览城（总建筑面积265万平方米，其中展览面积50万平方米）。这些项目将陆续于2015年之前建成完工。届时，全国可供展览总面积预计将至少增加300万平方米，各展馆之间的竞争将进一步加剧。

（四）信息化技术广泛应用

信息技术是第三次工业革命中的重要组成部分。随着计算机、手机、平板电脑等个人消费电子产品的迅速普及和广泛应用，信息化服务的外延已经扩展到千家万户每一个角落。一方面,会展业的信息化,是当今信息化社会的时代要求和未来发展趋势,也是不断提升服务质量,满足日益发展的会展服务需求的必由之路。另一方面,会展业属于新兴的现代服务业的一部分,信息技术的广泛应用能使会展活动中复杂的资金、商品和信息流动更加顺畅合理,降低运营成本,改善管理结构,增强行业综合竞争力。例如,利用大数据技术,可以搜集展会期间展馆人流变化、观众参观路线、停留时间等多渠道数据,再进行加工分析,合理推导,可以挖掘出各方潜在实际需求,进而为改进服务质量、提升策划水平以及发现新商机提供强有力的数据支撑。

（五）行业融合共赢发展

会展业作为平台产业,产业关联度高,对其他行业的带动性强。大型国际会展活动,不仅能够通过展览活动促进供需对接,而且,通过同期举办一系列会议活动、权威发布活动,极大地推动了行业的交流互动,促进了行业合作发展。一些展览活动经过不断的演化发展,已经成为了"风向标"级行业品牌盛会,形成了行业发展不可分割的组成部分。同样,行业的自身发展也在推动会展企业不断提高办展水平,改进服务质量,积极探索适合各行业内在需求的会展业办展方式和服务模式。由商务部、北京市人民政府在北京联合举办的中国（北京）国际服务贸易交易会,作为全球唯一一个国家级、国际性、综合型的服务贸易交易平台,极大地推动了服务贸易领域的融合互通,引领着世界服务贸易的发展方向,已经成为服务贸易领域世界级的行业盛会。

（六）专业化程度不断推进

展会的专业化,是提高展会质量、发展品牌展会的关键。展会的专业化发展主要体现在专业的主办方,依托专业会展企业,借助专业的会展场馆,举办专业的展会。专业的主办方是指展会的主办方需要充分把握行业发展趋势,掌握行业信息动态,并了解行业发展的各类需求。近年来,各类行业商、协、学会及中介组织越来越多地参与组织各类展会,为展会的举办提供了专业的行业意见,大大提升了展会的专业化水平;专业会展企业,首先需要有专业的会展业人才做保障,同时要有专业的展会策划能力、招商招展、现场组织、紧急情况应对能力等。专业场馆,涵盖了软、硬件环境两个方面的内容:硬件环境包括完备的基础设施及配套交通、餐饮、住宿环境;软件环境则包括专业的展馆服务体系,提供包括场地布局、翻译、物流等方面的展会配套服务。可以预见,在未来的一段时间里,会展业的专业化发展将促进优胜劣汰,推动会展市场环境的自我净化,全面提升中国会展业的综合发展水平,为会展行业作为国民经济的一个独立、完整、健康的行业发展,创造有利条件。

四、对策措施及政策建议

（一）加强政府对展会的引导支持

会展业作为新兴现代服务产业,在促进经贸交流、扩大市场消费、带动产业升级和拉动地方经济发展等方面发挥着十分重要的作用，是"转方式、调结构、促发展"的重要手段。但是，各地发展会展业仍带有一定的盲目性和过热倾向，需要政府部门从宏观角度进行适当引导、支持发展：一是立足于地方产业特色和经济发展现状，合理分析国内外会展业发展结构及产业布局，因地制宜，制定既符合会展市场规律，又有利于地区经济发展、产业振兴的会展业发展规划；二是研究出台一批会展业扶持政策，制定完善会展业法规体系，进一步规范会展市场秩序和会展主体行为。以政策导向和市场服务相结合的方式，共同推进会展业发展。

（二）积极培育骨干企业，扶持品牌展会

要加强对行业领军企业的培育，研究从企业融资，税收减免，信息化建设等方面提供扶持政策，推动其发展壮大，形成一批有竞争力和影响力、能代表行业发展先进力量、积极参与国际竞争的骨干型领军企业，从实质上推动中国会展业的发展壮大。积极培育展会品牌将进一步提升展会的核心价值，加快形成展会的市场竞争力和品牌号召力。按照商务部《关于"十二五"期间促进会展业发展的指导意见》要求，扶持发展品牌展会就是要"通过市场筛选、专业评审，抓大放小、扶优选强，突出重点，做大做强几个综合性龙头展会，搞好搞活若干个区域性重点展会，做精做实一批专业品牌展会"。

（三）引进国际先进经验

主动把握国际会展中心向中国转移的历史机遇期，积极引进吸收国际知名会展企业的资本实力、会展业资源、服务理念和先进管理经验，并在消化、吸收的基础上充分结合中国会展业自身发展实际，形成具有中国特色的发展思路，以提升中国会展企业、中国展会自身实力，加快提升中国会展业整体水平。

（四）夯实行业发展基础

构建良好的发展环境，夯实行业发展基础，保障会展业持续健康发展。一是要加强会展专业人才队伍建设，推动建立社会化专业人才培养制度，制定从业人员资质及岗位规范等人才评价体系；二是要建立健全会展业标准体系和统计制度，进一步规范会展业行业标准；三是要构建各类保障措施，如加快构筑会展业诚信体系，完善展会知识产权保护有关措施，形成会展业服务标准规范等；四是要加快完成公共服务平台建设，进一步优化会展业的发展环境。

（五）推动加强行业自律

推动建立全国性展览业行业协会，充分发挥各类行业协会组织的"服务、协调、自律"作用，在政府部门职能转变的过程中，以社会化力量填补政府监管空白地带，积极引导行业提升自律水平，做好政府和企业的桥梁，为政府决策提供支持，为企业发展提供服务。

2013年，中国会展业将进入发展快车道，行业形势良好，国际形象和品牌知名度逐步提升，场馆和相关配套设施建设将进一步完善，全球化产业合作将进一步升级。政府部门将继续加强与企业、行业中介组织的沟通，共同完善会展业制度和政策体系，加强行业自律，为会展业的发展奠定坚实的基础，为促进国民经济的健康稳定发展做出更加积极的贡献。

章前案例分析

糖酒会落户成都并不使人感觉意外。成都尽管属于中国西部的内陆城市，然而却是一个历史悠久的文化名城和美食之都、美女之都、休闲之都。"天下四川、熊猫故乡"早已家喻户晓、闻名于世。神秘的三星堆文化、世界自然和文化遗产都江堰—青城山、三国文化、茶文化等均具有难以抵御的城市吸引力。成都对外航空交通、铁路交通和高速公路使蜀道不再"难于上青天"。成都的城市基础设施完善、旅游接待能力强，成都世纪城新国际会议中心展览场馆面积大（11万平方米）且现代化程度高。成都市会展场馆可使用展览面积约19万平方米，全市酒店会议室总面积达4.3万平方米。

2010年成都市会展办更名为成都市博览局，体制创新在全国副省级城市中走在前列。建立了涵盖公安、交通、工商、卫生等30多个政府部门和单位的会展"一站式"政务服务机制，以及会展活动项目库和会展服务招投标制度，体制机制不断优化。会展业的科学管理为外来展会落户成都发挥了保驾护航之功效。

而会展经济效应必然惠及成都市包括旅游业在内的众多服务业和其他会展相关行业的发展。

本章小结

本章根据国内外有关展览旅游的研究文献，阐述了展览活动和与其密切相关的展览旅游的基本概念，揭示了展览旅游的特点，并对国内外展览旅游的运作模式、现状和发展趋势进行了深入的分析。

复习思考题

一、名词解释
展览及展览旅游　展览业　展览旅游运作模式

二、简述题
1. 简述展览旅游的特点。
2. 简述展览旅游同传统旅游的区别。
3. 简述旅行社和旅游饭店为什么要重视展览旅游。
4. 试述国内外展览旅游的现状和发展趋势。
5. 调查你所在城市展览业和展览旅游的现状，分析其存在的问题。
6. 简述展览旅游的参与主体有哪些。

三、案例分析
结合以下材料分析，试论述展览会与酒店间的良性互动关系。

首先，客源方面。展览会具有人流量大的特征，这为当地酒店业提供丰富的客源基础。随着展览业水平的不断向前和提升，参加展览的人数正不断增加，从而为酒店提供了丰富的客源。例如国内著名的广州交易会就曾云集了来自100多个国家和地区的外商10多万人。这为酒店提供巨大的发展空间。

其次，收益方面。据专家预算，展览业对一国经济发展的直接带动系数为1：5，间接带动系数达到1：9。展览期间参展人员及相关人员在举办地的住宿、餐饮、娱乐等都为酒店带来收益。例如，1999年《财富论坛》在上海召开期间，就使当地酒店增收至百万美元。同时，酒店在为参展人员提供服务的同时也为展览产生间接效应提供支撑。

最后，质量方面，作为一种新型产业，展览业对酒店业提出了较高要求。一方面酒店业必须充分发挥自身优势，加强硬性及软性环境建设以满足会展需求；另一方面酒店业在与国际水平接轨的过程中必须提高质量适应展览业的新形势。两者在相互协调发展中实现良性互动发展。

第3章

节事旅游

知识目标

● 理解现代节事活动与旅游业的关系,掌握节事旅游的规律,了解节事旅游的特点和重大意义。

技能目标

● 能在数据和信息收集的基础上,对身边的节事旅游进行简单剖析。

关键词

● 节事旅游、节事旅游的特点、节事旅游的意义

案例导入

2013大连服装节①

大连国际服装节从1998年开始举办第一届,于每年9月初举办,已成功举办24届,是一个集经贸、文化、旅游于一体的服装盛会,与香港时装节并称姊妹节。大连国际服装节极具开放性、个性化和时尚化,是我国规模大、档次高、影响面广、效益好的国际服装节之一。

大连国际服装节的重要文化内涵是"生活服装舞台化,舞台服装生活化"。

第24届大连国际服装节暨国际狂欢节和2013中国(大连)国际服装纺织品博览会定于9月14日至17日举办。今年的"两节一会"将坚持节俭务实、创新发展的原则,通过举办各类经贸、文化活动,进一步促进大连市经济发展和文化繁荣,丰富和活跃市民文化生活。

主要呈现三个特色:

一是突出服装产业与文化相结合。为大力宣传和推广我市服装品牌,加大服装平台影响力和服务功能,服装节期间将举办大连2013秋季时装周、"大连杯"青年服装设计大赛、"大连杯"时装画大赛、大连地工服装展等活动。

二是专业性与国际性相结合。2013中国(大连)国际服装纺织品博览会由商务部、中国纺织工业协会和大连市政府共同主办,展会期间将举办开幕式和产品展示、明星展演、模特走秀、高峰论坛、品牌发布等24项活动,进一步彰显服博会专业品质和国际色彩。

三是节日狂欢与群众参与相结合。时尚购物嘉年华暨国际时尚周活动,以"时尚就在你身边"为主题,向市民普及时尚文化。本届巡游狂欢表演将有25辆彩车以及俄罗斯远东地区的艺术模特和演员、国内少数民族表演团体和我市文艺团体参演,在市区中山路上表演的同时,还将分别到金州新区、普湾新区和旅顺口区等地进行巡演。今年将继续举办"华丽霓裳——我要美起来"大连市民服装模特大赛专场、"乐声悠扬——我要弹起来"大连市民器乐大赛专场、"跃动旋律——我要舞起来"大连市民舞蹈表演大赛专场、"经典华章——我要唱起来"大连市民声乐大赛专场、"幸福家庭——我要秀起来"大连市民家庭文化展示活动等"五要"群众文化系列活动。

---

① 资料来源:中国新闻网,http://www.chinanews.com/sh/2013/06-06/4903880.shtml。

节事旅游活动早已有之，但在我国的兴盛却始于20世纪90年代，其典型代表是山东潍坊风筝节，它的成功举办，创出了一条通过举办节事活动来招商引资、发展旅游、促进经济发展的新路子。近年来，许多地方纷纷举办各种节事活动来推动当地旅游业的发展，其中不乏成功的例子，例如大连的服装节、青岛的啤酒节、哈尔滨的冰灯节等。节事旅游目前已日益成为各地发展旅游业、提升城市形象、促进地方经济发展的重要方式。

3.1 节事活动与节事旅游

3.1.1 节事旅游的基本概念

早在20世纪60年代初，西方学术界就对节事活动进行了研究，研究内容涉及节事活动的定义、概念体系与分类、节事活动对地方品牌化的作用、节事活动的经营和产品化、参与节事活动的旅游者、节事策划、节事管理、节事活动影响及评估等方面。据戴光全、保继刚对对剑桥科学文摘数据库（Cambridge Scientific Abstracts，CSA）所包括的教育文摘（ERIC，1966年以来）、社会服务文摘（SSA，1980年以来）、社会学文摘（SA，1963年以来）、世界政治科学文摘（WPSA，1975年以来）等4个数据库收录的2300多万条文献进行的网上检索研究，西方最早从旅游角度研究节日（festival）、特殊事件（special event）、体育（sports）和仪式（ritual）的文献分别出现在1961年、1963年、1966年和1972年（Catrice P，1961；Lindheim R. D.，1963；Petrak B.，1966；Jeu B.，1972）。

节事旅游属于节事活动的一个范畴。近年来，随着国内各种各样节事旅游的频频举行，节事旅游逐渐成为国内学界的研究热点。许多学者对我国的节事旅游进行了研究，包括节事旅游的功能、意义和作用以及现存的问题及对策等。总体上讲，举办节事活动对举办地具有优化旅游资源配制、完善旅游环境、塑造旅游整体形象、提升地方知名度、弥补淡季需求不足、弘扬传统文化、推进精神文明建设、带动旅游相关消费、推进招商引资、促进相关产业发展和创造就业机会等作用。

同其他学科的研究一样，节事旅游的理论也包括一系列相互关联的基本概念，分述如下。

1. 事件（event）

事件是指短时发生的、一系列活动项目的总和；同时，事件也是其发生时间内环境设施、管理和人员的独特组合。①

2. 特殊事件（special event）

特殊事件有两个方面的含义：一方面，与事件的赞助者或主办者（sponsoring or organizing body）的例行事务（routine）不同，特殊事件是指发生在赞助主体或举办主体日常进行的项目（program）或活动（activity）之外的事件，具有一次性或者非经常性（infrequently）的特点；另一方面，与消费者或顾客的日常俗事不同，特殊事件是发生在人们日常生活体验或日常选择范围之外的事件，它为事件的顾客提供了休闲、社交或文化体验的机会（give an opportunity for a leisure, social, or cultural experience）（Getz D., 1997）。"特殊事件经过事先策划，往往能够激发起人们强烈的庆贺期待"（Gold blatt J.J., 1990）。

3. 节事（FSE）

在事件及事件旅游的研究中，常常把节日（festival）和特殊事件（special event）作为一个整体来进行探讨，在英文中简称为FSE（Festival & Special Event），中文译为"节日和特殊事件"，简称"节事"。

4. 标志性事件（hallmark event）

标志性事件是指一种重复举办的事件（a recurring event），对于举办地来说，标志性事件具有传统（tradition）、吸引力（attractiveness）、形象（image）或名声（publicity）等方面的重要性。标志性事件使得举办事件的场所（the host venue）、社区（community）和目的地（destination）赢得市场竞争优势。随着时间的推移，标志性事件将与目的地融为一体。例如，在国内，一说到牡丹节，人们就会联想到河南洛阳；在国外，一说到斗牛节，人们就会联想到西班牙。

5. 重大事件（Mega-event）

从规模和重要性来看，重大事件是指能够使事件主办社区和目的地产生较高的旅游和媒体覆盖率（media coverage）、赢得良好名声（prestige）或产生经济影响的事件。在实际运作中，重大事件一般称为"大型活动"，如2008年北京举办的"奥运会"和2010年上海举办的"世博会"。

6. 事件（或节事）旅游

事件旅游专指以各种节日、盛事的庆祝和举办为核心吸引力的一种特殊旅游形式。也有学者称其为节事旅游或节庆事件旅游。若旅游者去一个地方旅游，主要是或仅仅是因为

---

① Getz D. Event management & event tourism [M]. New York: Cognizant Communication Corporation, 1997.

这一地方发生着什么事情，这种吸引就是"事件吸引"。这种由事件引起的旅游可称为事件旅游，而作为吸引物的事件则称为旅游事件。

关于事件（节事）旅游，国内外学者还有不同的表述，具有代表性的有以下三种：

1984年，Ritchie首次给出了节事旅游的定义——从长远或短期目的出发，一次性或重复举办的、延续时间较短、主要目的在于加强外界对于旅游目的地的认同、增强其吸引力、提高其经济收入的活动。[1]

我国学者蒋三庚在其《旅游策划》一书中指出，节事旅游是指具有特定主题、规模不一、在特定时间和特定区域内定期或不定期举办的、能吸引区域内外大量游客参与的集会活动。[2]对旅游者来说，节事旅游是一种让游客参与体验地域文化、认知社会特点、感受娱乐真谛的机会，也是一种公共的、具有明确主题和娱乐内涵的活动。

对于什么是节事旅游，国内学者也有这样定义的：节事旅游是指非定居者出于参加节庆和特殊事件的目的而引发的旅游活动。

从西方学者的研究成果来看，关于节事旅游有两种说法：一种为"Event Tourism"，中文译为"事件旅游"；另一种为"FSE Tourism"，中文译为"节事旅游"。前者泛指所有类型节庆而引发的旅游活动；后者更强调节日和特殊事件分别引发的旅游活动。

3.1.2 节事旅游的类型

节事旅游存在多种类型，习惯上可按节事的内容和节事的主题对其进行分类。

1. 按节事的内容分类

（1）传统节庆类，主要指以传统民俗活动为吸引内容的旅游事件，如中秋节、春节、元宵节、各种宗教节日和庆典活动等；

（2）演艺类，如音乐节、艺术节、舞蹈节、戏剧节及各种一般文化活动节等；

（3）体育类，如奥林匹克运动会、世界杯足球赛、国际马拉松比赛等体育活动；

（4）商业类，如广州进出口商品交易会、成都春季糖酒交易会等。

2. 按节事的主题分类

（1）文化类，主要指在各地举办的宗教节日和庆典活动、音乐节、艺术节、舞蹈节、戏剧节及各种一般文化活动节，如西藏的雪顿节、我国西部地区云贵川的火把节（见图3.1）；

（2）体育类，包括各种体育赛事活动；

（3）农业类，主要指各种与农业生态有关的节庆活动，如四川省凉山彝族自治州金

---

[1] 资料来源：辜应康，楼嘉军，唐秀丽.节事旅游市场化运作研究——以上海旅游节为例［J］.北京第二外国语学院学报，2005，3.
[2] 蒋三庚.旅游策划［M］.北京：首都经济贸易大学出版社，2002：122.

阳县的"青花椒节";

（4）其他类。

图3.1　火把节期间的朵乐荷表演（图片来源：布拖县旅游局）

3.2　节事旅游的特点及意义

3.2.1　节事旅游的特点

在各类会展旅游活动中，节事旅游最能使游客深刻地体验和领悟到旅游地文化的精髓和内涵。游客在参与节事活动的时候是将该项活动作为该地文化的典型展示来对待，希望通过参与得到探奇、求知、历险、交流、体验的快乐。概括起来，节事旅游具有如下特点。

1. 节事旅游者首先关注的是节事活动本身

由于多数节事旅游者的目的是通过参加节事活动获得特殊的娱乐经历，因此游客都期望在旅游地节事期间到达，以便可以观赏到许多在平时见不到的景观，如歌舞、游戏、体育赛事等。

2. 节事旅游者第二关注的是自己的感受和体验

游客通过感受和体验当地节日的欢乐、轻松、愉快、热烈的气氛，满足他们希望在旅游中获得身心愉悦的出游动机。

3. 节事旅游者对节事有强烈的参与欲望

节事旅游中的文体活动包含了各种各样的表演和比赛活动，这类活动为旅游者和当地民众提供了交流思想、情感、意愿的一种独特的环境。由于地方性、独特性、观赏性、参与性、周期性、民众性等特点突出，节事活动是旅游者乐意观赏、参与的活动。

游客通过节事旅游，对当地文化进行较深入的探究、学习，加深对当地文化的了解和理解，产生文化认知的乐趣和文化交流的心理美感。

因此节事旅游活动必须能充分突出和表现当地的文化特色，换句话说，节庆旅游活动的组织和开展应该有当地文化传统作为基础和支撑，不然就成了无本之木、无源之水，最终也会失去对游客的吸引力。

3.2.2 节事旅游的意义

澳大利亚凭借举办"美洲杯"帆船赛这个特殊的节庆活动一跃成为世界著名的旅游地之一；我国青岛通过"啤酒节""海洋节"将自己独具特色的"海洋文化"传播出去，成功塑造了作为海洋城市的特色形象；昆明则借助世博会将"万绿之宗，彩云之南"的口号传遍世界各地。可见，现代节事旅游对一个国家或地区具有十分重大的意义。

1. 提升城市旅游竞争力，提高旅游目的地的知名度

由于节事发生期间高强度、多方位、大规模的宣传活动以及所引起的广泛关注，形成巨大的轰动效应，使更多、更大范围的人通过各种媒介或实地游览对城市留下深刻印象，从而在短期内强化了城市旅游形象。成功的节事活动的主题能够成为城市形象的代名词，如一提到风筝节，就会想到山东潍坊，一提到啤酒节，就会想到青岛。这些成功案例都说明，节事活动与举办城市之间已经形成了很强的对应关系，能够迅速提升城市的知名度和旅游竞争力。

20世纪90年代以来，云南省昆明市先后举办的"中国艺术节"、"昆明世界园艺博览会"等独具地方特色的大型节庆活动极大地提高了昆明市的知名度，到昆明旅游的人数以年均20%以上的速度递增，使昆明市旅游业的地位不断提高，成为中国重要的旅游城市。

大型节事旅游可以促进举办地旅游人次和旅游收入的迅速增长。在洛杉矶、汉城、巴塞罗那、亚特兰大和悉尼奥运会期间，入境游客分别达到23万、22万、30万、29万和50万人次。巴黎、大阪、塞维利亚、里斯本世博会吸引了大量旅游者。旅游者人次分别为3200万、6400万、4200万和1200万。1998年里斯本世博会对葡萄牙GDP贡献率在1998年就达到1.2%。2010年的上海世博会自2010年5月1日开始到10月31日结束，展期184天，参观人数达7300多万人。

据统计，2010年上海世博会期间国内外拥入长三角的新增游客分别约为3300万人和

190万人，带动的新增消费约483亿元和102亿元。

2. 带动相关行业发展，形成良性循环

节事旅游不但为城市吸引了更多的游客，而且增加了游客在城市的停留时间。这不仅对当地旅游业具有极大的促进作用，还可带动一系列相关行业，如交通、饭店、娱乐、购物、通信、广告、金融等相关行业的发展，促进整个城市的经济繁荣。强有力的经济基础又反作用于城市旅游业，促进其发展，形成良性循环。青岛国际啤酒节自1991年举办第一届以来，如今已成为一个以啤酒为媒介，以啤酒文化为内涵，融旅游、科技、经贸、文化、体育为一体的大型综合性活动。节日期间，慕名而来的国内外游客及商家超过100万人次。此外，任何一次城市节事活动都具有一定的主题，配合这一主题的生产厂家或者说整个行业都可以在节事活动中获得经济收益。如每一届的大连国际服装节，都迎来了大量的海内外服装厂家、商家、设计师和模特的光临，各类表演活动、发布会、展览会、洽谈会，为本地服装业及其相关产业、生产厂商提供了巨大的商机。由于服装节的举办，大连的服装交易和投资与日俱增，带来了巨大的直接和间接的经济效益。

3. 节事活动的举办可以弥补城市旅游业"淡季"需求不足的情况

旅游资源、旅游活动具有季节性，因此，旅游业也存在"淡季""旺季"。旺季时，游人如织；淡季时，则游客寥寥、资源闲置。通过对本地旅游资源、民俗风情、特殊事件等因素的优化组合，举办独出心裁的、丰富多彩的节事活动，一方面可以吸引游客，为游客提供新的旅游选择，另一方面，可以调整旅游资源结构；为城市旅游业的发展提供新的机会，并能较好地解决旅游淡季市场需求不足的问题。如哈尔滨国际冰雪节，在国际冰雪节期间，有逾百万游客来哈尔滨旅游，市内各大宾馆酒店的入住率比平时普遍提高了30%～50%。这既充分利用了当地的旅游资源，又解决了旅游市场淡季需求不足的问题。

3.2.3 历届奥运会对举办国旅游业的影响[①]

1. 短期效应

（1）旅游人数的大量增加

奥运期间除了人数众多的运动员、教练员、随队工作人员、记者以外，还有大量的"啦啦队员"和观众参加。奥运会的举办不仅可以带来大量的客源，而且也获得了巨大的经济效益。

统计资料显示，洛杉矶、汉城、巴塞罗那、亚特兰大奥运会期间，入境的游客分别达到23万人次、22万人次、30万人次、29万人次。而悉尼奥运会，在旅游与奥运的结合上，比以往任何一届都做得更好。比赛期间共接待国外旅游者达50万人次。

表3.1 2000悉尼奥运会的带动作用和职能[②]

指标	数量	备注
国际游客	11.1万人次	
奥运会前后吸引的游客	160万人次	1997—2004年
运动员	10300人	来自119个国家
授权媒体（Accredited media）	15000人	
其他媒体	3000人	
员工人数	5100人	
为澳大利亚带来的经济效益	610亿美元	1997—2004年
创造新的就业机会	150000人	
全球电视观众	370亿人次	

（2）大幅度增加了旅游业的外汇收入和创造了无限的商机

奥运会期间，入境国际游客无论是住宿、交通、通信、餐饮，还是旅游购物的消费水平都比平时超出一倍或数倍，集中消费程度高，为举办国创造了巨大的外汇收入增量。在1992年巴塞罗那奥运会期间，旅游外汇收入达到30多亿美元；第23届洛杉矶奥运会直接带动收入约32亿美元；悉尼奥运会旅游外汇收入高达42.7亿美元。节事旅游业自然地成为举办国的重要创汇行业。

（3）极大地提升奥运会举办地和举办国的国际形象和知名度

由于在奥运申办期间和奥运活动发生期间高强度、多方位、大规模的宣传以及所引起的广泛的关注，形成巨大的轰动效应，能够使更多、更大范围的人通过各种媒介对举办城市留下深刻印象，从而在短期内改善了举办城市的旅游形象，扩大了其声誉。2000年悉尼奥运会极大地提升了世界各国对澳大利亚旅游的热情和期望值，对澳大利亚入境旅游市场

---

① 参考资料：罗秋菊.事件旅游研究初探［J］.江西社会科学，2002（9）.
② 资料来源：ATC，2001年参考：约翰莫斯，2001.

产生了深远影响。

2. 长期效应

（1）拓宽市场，增加客源

由于奥运形成的巨大轰动效应，在很大程度上提高了举办地和举办国的知名度和旅游形象，促使旅游者做出到该地出游的决策，对拓宽举办城市和整个国家的客源市场，增加客源有着非常积极的作用。大量的游客在刺激旅游业的同时，还带动了交通、商贸、餐饮等相关行业，促进了整个城市乃至整个国家经济的发展。澳大利亚政府认为，悉尼奥运会带来的不仅是16天的运动会，而是10年的发展机遇。当年据澳大利亚旅游局预测，1994—2004年，海外游客将增加132万人，本地游客将增加17.4万人，新增加的旅游生意将为澳大利亚赚取30亿澳元。奥运不仅可以促进入境市场，对国内市场也是巨大的推动，奥运筹办过程本身就很吸引人，是一个很好的卖点。

（2）改善举办城市的基础设施、城市旅游设施和自然环境

由于举办奥运会所需要的大规模、高质量的文化体育设施、清新优美的城市环境、方便快捷的交通和通信，以及举办奥运会所带来的巨大投资规模效应，极大地改善了举办国的交通、通信、基础设施和城市环境。奥运会结束后留下的会场、馆址本身既可以作为旅游吸引物吸引更多的旅游者，又可以将其作为全民健身和公益活动设施，以造福国民。

（3）提高旅游企业的服务质量和经营水平

奥运会的举办促使旅游企业进一步与国际接轨，从而促使旅游企业人才素质、管理水平和旅游服务质量的提高，创造一流旅游环境，全面提高旅游行业的整体水平，促进旅游业的进一步成熟与发展。

通过以上的分析可以看出，无论从短期效应还是长期效应来说，奥运会对举办城市或举办国的旅游业都起着重要的、积极的促进作用。但是，奥运会的举办也存在着一些消极影响。短时间内大规模旅游流的涌入会产生"峰聚现象效应"，将在交通、噪音、废弃物等方面对当地居民的正常生活产生负面影响，如2000年悉尼奥运会期间第一次出现了"反旅游"的问题，即大量的居民为躲避大规模人流，纷纷逃离自己所居住的城市。同时也会造成城市物价的大幅上涨，使游客和居民的经济负担加重。另外，奥运会举办后如何进一步发挥奥运效应，使之深化和延伸成为长期效应，这需要正确处理直接效应和间接效应、短期效应和长期效应的关系，这是一个值得研究的课题。

知识链接3.1

2010世博会将为上海留下什么？[①]

1889年法国巴黎世博会建造的艾菲尔铁塔至今已成为法国和巴黎的象征。

1970年日本大阪世博会后形成了关西经济带。

2000年德国汉诺威世博会最终确立了汉诺威全球会展业龙头城市的地位。

世博会,总能给主办城市带来无法计算的后续效应。

中国驻国际展览局（BIA）代表、上海世博会事务协调局副局长周汉民在一次招商通气会上曾透露,上海世博会总投资将为30亿美元,其中,约30％为政府支出,40％～50％为商业贷款,20％～30％从市场筹得,包括发行债券、文化彩票及上市募资。

对于30亿美元,专家学者纷纷预测将带来5倍至10倍的乘数效应。更有甚者,最近某媒体还披露了"30亿美元的直接投资将给上海带来129亿美元的收入"的精确表述。

2010年中国上海世博会将如何让30亿美元发挥四两拨千斤的作用,实现集聚乘数效应呢？

图3.2 2010年世博会中国馆

建设期存量乘数效应

复旦大学世界经济研究所所长华民告诉记者,拥有雄厚的资本是世博会举办能否成功的必要条件。世博会所需资金单靠"投"是无法完成巨大建设任务的,还必须靠"融"的方式。30亿美元主要是直接投资,故在延伸投资方面,30亿美元存在一个存量乘数效应的概念。华民解释,在世博会举办前,即工程建设中,民间资本和国外资本因为世博效应而融合在一起,于是,一元钱的直接投资可以拉动几元钱的延伸投资,这便是存量乘数效应。

[①] 资料来源：人民网,http://www.people.com.cn/GB/paper66/12010/1080979.html,有删减、修改。

而对于具体的硬件设施，一些专家掰着手指排出了清单：到2010年上海将有两个国际机场、两个火车站，开辟近20条国际集装箱航线、通达160多个国家和地区的400多个港口；上海还将建成连接黄浦江两岸的7条隧道、6座大桥，以及内环、外环和交环三条环线，还将建成近400公里的轨道交通线和一批客运交通枢纽；在世博会展区周围有3条城市轨道交通线和3个公交枢纽，在世博会场地的内部，交通是以自动人行步道和电瓶车为主，使所有参观者都能够通过便捷、舒适、高效的交通工具来参观世博会和到上海周边地区旅游……

国务院发展研究中心原上海发展研究所所长朱荣林教授则将投融资方面的乘数效应进一步量化，他指出，30亿美元属直接用于园区建设的投资，其带动效应表现在：

第一，与世博有关的基础设施投资（交通、电信、供水、供电和接待每天30万～40万人的人次等）约200亿元，将导致上海固定资产投资增长。第二，国内社会投资的增长。世博商机带动国内社会投资增长，如宾馆改造投资、土地增值与房地产开发互为推动及房地产业带动相关产业增长（建材、装潢、家电等）。这笔投资颇大，仅以黄浦江杨浦大桥至徐浦大街之间两岸四个重点区域的投资近500亿元。第三，外商直接投资增加。世博的商业题材，将吸引国际投资者。根据凯恩斯投资乘数理论，不管哪一种投资都会带动需求成倍的增加。预计，世博会直接投资和间接投资将达1000亿元左右（如50%由银行资金解决，则贷款规模达500亿元）。2003—2010年间平均每年推动GDP增长0.5个百分点，受宏观经济复苏驱动，预计上海每年保持投资增长5%左右，这样到2010年资本形成总额达3600亿左右。

举办期流量乘数效应

除了存量乘数效应，华民向记者提出30亿美元还能产生流量乘数效应。他指出，世博前期工程建设完后，进入经济运作期间，也可称为会展阶段，会产生一个流量的乘数效应。记者获悉，根据国际展览局的要求，世博会的场馆是一个相对封闭的场所。但是，由人气带来的经济爆发力却绝不仅仅只是存在于世博园内部。为此，流量乘数效应便通过会展阶段对世博园内和世博园外的经济影响表现出来。

对于世博园内的经济影响，专家认为可从三个层面加以分析。第一个层面是参观者，在世博园中扮演支出者的角色，他们会因门票、餐饮、购物、游戏等有所花费；第二个层面是参展方，商业活动是参展国参与世博会的一项重要内容，之所以重要不是因为这些活动能产生多少实际利润，而是他们的文化和公关价值；第三个层面在于，世博会对经济和贸易的成果的确无法在短期内得到适当的测量，但是却能为将来各方关系和贸易创造良好环境。

此外，朱荣林也向记者表示，在会展经济系统中投入获得的直接效应与世博会产生的波浪效应这两者之间产生的是一个"四两拨千斤"的作用。因为世博会的波浪效应具有以下几个特点：首先，它有一个时间上的波浪，即对未来的投资不是短期的，而是有长期效应。其次，它也有空间上的波浪，即对相关产业，如旅游、餐饮、金融、演出、娱乐等10个行业都有一定影响。

记者从《世博会与上海新一轮研究发展》了解到，会展阶段对"园外"的经济影响比对整个经济发展的贡献更大，这种影响力和世博会对旅游业以及同旅游相关的产业具有巨大的刺激力息息相关。

首先，有关专家认为，大型博览会的举办，其最直接的收益者往往是该城市的旅游业。世博会具有旅游吸引体的功能，可以吸引国内外的旅游者纷至沓来。根据预测，上海世博会的参观人数将超过7000万人次，届时上海旅游业的直接收入将达144.2亿元。此外，在上海世博会的7000万参观者中，预计将有30%至35%继续在华东地区游览。这意味着整个华东6省1市，都将成为上海世博会的重要客源地，同时受到上海世博会直接的辐射和带动。而对于长三角周边地区的这种辐射作用，华民称其为30亿美元的"溢出效应"。其次，与旅游业息息相关的服务业也会受到世博会的有利刺激，根据世界旅游组织的测算，旅游每增长直接收入1元，其相关行业的收入就能增长4.3元。最后，世博会期间数量巨大的旅游者对商品零售业的增长带来很大的空间。

后续乘数效应

据悉，举办世博会对国民生产总值的拉动是奥运会的两倍。据统计，举办奥运会对GDP的增长有0.3%的拉动，而举办世博会则至少有0.6%的拉动。

除了直接的辐射效应，30亿美元还能带来潜在的品牌效应。华民指出，30亿美元的投资，改变了上海的城市功能与世界地位，在原来的功能上又增加了一个新的功能，即全球会展功能，世博和上海联系在一起，上海的国际地位大幅提升。

根据2010年世博会的规划方案，世博会的一些场馆将永久地作为国际经济、文化、科技交流的场所。从这一角度而言，2010年世博会是一届永不谢幕的世博会。

世界博览会（World Exhibition or Exposition，简称World Expo）是经国际展览局（Bureau International des Expositions，简称BIE）批准，由主办国政府组织或政府委托有关部门承办的非贸易性的博览会，世界各国籍以展示本国政治、经济、社会、文化和科技等方面成就与发展前景，世界博览会又称国际博览会，简称世博会。举办世博会，不仅给参展国家带来发展的机遇，扩大国际交流和合作，促进经济的发展，而且给举办国家创造巨大的经济效益和社会效益，宣传和扩大了举办国家的知名度和声誉，促进了社会的繁荣和进步。

2010年世博会的持续时间为2010年5月1日至10月31日,历时184天,地点处于上海市中心黄浦江两岸,南浦大桥和卢浦大桥之间的滨江地区整个区域。世博会的主题是"城市,让生活更美好",副主题是"城市经济的繁荣,城市科技的创新,城市社区的重塑,城市和乡村的互动",世博会目标是吸引200个国家和国际组织参展,7300万人次的参观者。①

上海世博会的成功举办为上海旅游业发展提供了极大的机遇。一个国家举办世博会,收益最直接的就是旅游业。

柯玲②通过建立模型得到自1998年以来上海市旅游收入的平均增长率为10.49%。而根据2009年上海市15046.45亿元的GDP、旅游收入占GDP的15.37%,以及2010年3500亿旅游总收入的官方数据,比对得出:2010年旅游收入增长率约为51.37%,远高于平均增长率。由此可见,上海世博极大地带动了旅游业经济的发展。

3. 2010年世博会对旅游业的直接影响

世博会通过投资和消费直接影响旅游业的收益。

世博会对旅游业的总投资包括世博会的直接旅游投资和世博会的间接旅游投资两部分。在世博会开始之前,世博会投入近300亿元的资金修建场馆和基础设施,世博会期间,7300万人次的旅游者涌入园区,膨胀的消费直接拉动旅游经济收入。除了直接投资之外,还有间接投资,就是说即使不举办世博会也需要增加的城市基础设施投资,只是因为举办世博会而提前或进一步扩大的投资,专家估计由世博会引起延伸领域的投资将放大5～10倍,即上海世博会将产生1500亿～3000亿元的间接投资③。

世博会巨大的消费能力也是对上海旅游业产生不可估量的作用的一方面。据专家估计,7300万人次带来的消费规模达到1000亿元人民币。

4. 2010年世博会对旅游业的间接影响

(1) 提升上海的知名度与美誉度,增强国际影响力

世博会前期,组委会通过多种方式和渠道进行宣传推广,比如开展世博会会徽、口号、吉祥物的征集活动,利用网络、电台、电视台等媒体密集宣传,极大地提高了世界对上海的关注程度,有效地提升了上海的知名度。

世博会举办期间,通过展示展览、主题活动、会议论坛的形式,向世人展示上海先进的发展理念和进步现状。并且通过与世界其他国家的交流,在展示好的一面的同时,积极地吸取国际上优良的、先进的文化、科技和经济成果,使上海能够更好地与世界前沿接

---

① 资料来源:2010年上海世博会官网,http://www.expo2010.cn/record/oct/1029.htm.
② 柯玲.上海世博会的旅游效益分析[J].湖北工业大学学报,2011,26(3):26-27.
③ 蒋小浪.2010年世博会对上海旅游业的影响研究[D].上海:华东师范大学,2009.

轨，这也是上海成为国际性大都市的一大契机。上海世博会作为权威性的综合性博览会，其成功的举办能促使上海加大破除制度框架的力度，使制度朝着规范化、国际化方向运行。

（2）推进长三角旅游合作，培育大区域旅游市场

2010上海世博会为长江三角洲地区实现旅游资源的最优配置提供了新机会，带来了新机遇。世博会主办方将六个主题论坛分别在南京、苏州、无锡和杭州、宁波、绍兴六地举办，很好地实现了游客分流与转移。另外，长三角的苏州、杭州和宁波作为城市最佳实践区直接以城市身份出现在世博园区，积极地向公众推销长三角，诱导游客扩大旅游范围，为实现长三角旅游一体化提供平台。

长三角各个城市以服务世博会为宗旨，积极开展旅游交通建设，提高交通的通达性，包括铁路、城市轨道交通、高速公路、水上通道等各个方面，确保世博会期间游客有秩序地流转。比如，2010年形成了辐射长三角的铁路快速通道，沪宁城际铁路、沪杭城际铁路与宁杭城际铁路将建成通车，形成以上海、南京、杭州为中心的"1至2小时交通圈"的基本格局。

政府障碍的削弱也是长三角区域旅游发展的另一方面。世博会之前，长三角区域旅游业的发展长期受到行政力量、地方保护主义的制约。世博会的举办，其强大的旅游效应和集聚性，使长江三角洲旅游业发展的政府障碍得到削弱，各个城市之间寻求旅游发展上的合作，旅游资源得到了优化配置，从而推进了长江三角洲旅游大市场、大产业的形成。

知识链接3.2

世博拉动昆山周庄旅游　　游客人数同比增长70%[①]

受上海世博会放大效应的影响，2010年以来，周庄旅游收入节节攀升，旅游接待水平不断提升，旅游经济转型升级步伐加快，实现了接待游客人数、旅游收入和对外知名度的三大突破。

为借助世博会的东风，实现周庄旅游的大提升，从2010年年初开始，周庄紧扣上海世博会主题，不断完善产品体系，精心策划精品活动，加大宣传推介力度，延伸国内外旅游客源市场。周庄相继与世博旅游机构、国内十大旅行社、港台知名旅行商合作，大力提升周庄旅游知名度。同时，不断提升周庄旅游档次和品位，一批旅游配套

---

① 资料来源：人民网，http://unn.people.com.cn/GB/22220/32721/12719767.html。

项目相继竣工,向游客开放;一批特色精品客栈的开业,以及120家本地民宿的全面改造升级,有效提升了周庄旅游的接待水平,带动了产业链上旅游项目的快速增加。

上海世博园开园后,周庄相继举办了一系列活动,提升其影响力。第十五届中国周庄国际旅游节5月20日在世博园盛大开幕;第三届中国历史文化名镇保护与发展周庄论坛规格升级;"周庄——水洗出来的诗画水乡"世博案例展示在世博园亮相……一系列活动的成功举办,在市场和业内形成了持续轰动效应。

一份耕耘一份收获。完善的旅游产品体系、"中国第一水乡"的名头、世博会的放大效应,使周庄吸引了一大批海内外游客前来旅游休闲。在古老的贞丰文化街上,砖瓦坊、面人店、糕团坊,两侧明清旧宅内的各类手工艺作坊深深地吸引了世博嘉宾的目光。晚上,《四季周庄》让嘉宾们体验了更多的水乡文化,许多嘉宾给出了"精妙绝伦"的评价。

(3)从旅游业构成看世博会的影响

① 餐饮业。世博会举办引来的7300万人次就相当于7300万个钱包到了上海,旅游者的消费能力巨大。这就促使上海餐饮行业红火起来。餐饮业收入不断攀升,著名餐饮品牌企业不断涌现,各具特色和品位的时尚餐馆为城市增彩。这些品牌企业大多都是优质管理示范企业,拥有最优秀的总厨和青年厨师等精英后备力量。世博会的举办增加餐饮业的质量和多样性,增强了规范性,吸引更多外来投资进入餐饮行业。同时,为了满足世界各地不同国家和区域的旅游者的口味,各种风味的餐馆和各种特色酒吧得到迅速发展,餐饮休闲中心成为新的消费热点(见图3.3)。

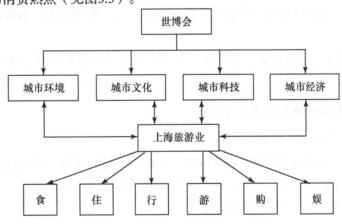

图3.3　2010上海世博会旅游业系统构建①

---

① 尹玉芳.2010年世界博览会对上海旅游业的影响研究[D].福建:华侨大学,2007.

② 酒店业。为期184天的世博会带来的巨大的人流量,势必会增加上海酒店业的收入,客房出租率得到明显提升,客房收入增加。同时,拥有简单的住宿设施和实惠的价格的经济型酒店更加受到认可。为了满足来自不同国家的各个层次的数量庞大的旅游者,世博会举行前后,上海的经济型酒店增加了100多家。世博会推动了上海酒店行业的结构调整,实现了国际性酒店和经济型酒店的快速发展,实现了酒店结构优化。

③ 旅行社。旅行社加速整合,水平分工进一步深化发展。世博会促进旅游企业与会展企业的全面合作,让优秀的旅游企业介入世博会的前、中、后期的全程运作,为参展商、与会者和观众提供一条龙服务。世博会为上海旅游业留下了丰富的旅游资源。世博会结束以后,园区内修建的国家馆、企业馆、展览中心和博览中心将被永久保存,成为上海都市旅游景点的重要组成部分。

④ 交通。世博会期间,每天的客流量达到20万～60万人次,短时间内的密集人流给上海旅游交通带来了极大的压力。因此,市政府加大交通资金投入,包括园区内交通和园区外交通两方面。通过旅游交通的规划,实现世博园内、外交通的无缝衔接,缩短中转时间,延长了旅游景点观赏时间。

⑤ 景点。世博会期间,旅游者的骤增对景点的环境容量、景区服务、景点管理将是极大的考验和挑战。一方面,加强旅游景点的扩建、改建可以增加分散旅游客流,增加旅游收入;另一方面,过多的客流对一些稀有的人文资源会损坏。因此,世博会期间,景点的协调发展工作是关键。世博会期间丰富多彩的娱乐活动和展览展示、会议、论坛、讲座使景点的内容更加饱满,减轻了旅游者对景点的压力。同时,为了在短期内迅速做到满足众多人的需求,景区工作人员的素质、服务水平都有了明显的提高和规范。

⑥ 购物。上海世博会不仅丰富了人文旅游资源,还推动了旅游娱乐业、旅游购物业等新兴产业的发展。上海世博会的筹办和举办为旅游购物业的进一步提升提供了新的机会。世博会期间,大量具有特色的创意旅游纪念品扩大了购物范围,据预计仅纪念品收入就将达到3.9亿元。

⑦ 娱乐。世博会期间丰富多彩的文艺娱乐活动和大型旅游表演活动极大地促进了旅游娱乐业的发展。

5. 世博会对上海旅游业的消极影响

(1) 高客流量对旅游体验的影响

世博会期间,园区内外的大量游客导致整个旅游环境的嘈杂,人群拥挤致使旅游时间延长的同时,降低了旅游的体验感,旅游者很难达到旅游的美好享受。

(2) 高客流量带来的旅游生态影响

密集的客流量带来了二氧化碳的骤然增加、交通工具排放的尾气、大量游客带来的噪音污染、对景区资源的过度消耗、旅游垃圾大量增加等危及旅游生态的问题。

(3) 酒店业过度发展

世博会带来的发展机遇是非常难得的,也因此激发了很多人投资酒店业,兴建新的酒店设施。但是世博会过后,旅游者数量骤减,新建的酒店就变得无人问津,这对于酒店投资者个人和酒店业来说,都是一种资源的浪费。

总之,世博会的举办带来的影响是利远远大于弊的。这就要求旅游从业人员加强专业素养,面对不同的发展问题,最终找到解决问题的办法。

3.3 国内外节事旅游概览

3.3.1 国外的节事旅游

西方国家民众的大型节事旅游活动以及学者对节事旅游活动的研究都早于我国。西方最早从旅游角度研究节日(festival)、特殊事件(special event)、体育(sports)和仪式(ritual)的文献分别出现在1961年、1963年、1966年和1972年。①

据戴光全和保纪刚两位博士基于世界著名搜索引擎google的检索统计结果,2003年与事件及事件旅游(event and event tourism)有关的网页数达到106万,而同期与旅游(tourism)有关的网页总数为1100万。从增长速度来看,前者是后者的1.2倍。这说明事件及事件旅游文献增长速度高于旅游文献增长速度,也间接反映了事件及事件旅游在世界旅游发展中的地位随着时间的推移在上升(见表3.2)。

表3.2 互联网检索的事件及事件旅游发展情况②

检索内容	2002.03.17 19:34—19:35	2003.03.25 16:54—16:55	增加的百分比 (%)
事件及事件旅游(万个)	66.7	106	58.92
旅游(万个)	738	1100	49.05
第一项与第二项之比(%)	9.04	9.64	120.12

欧美是节事旅游的发达地区。美国的玫瑰花节、西班牙的奔牛节等都是世界著名节庆,为当地的经济和旅游发展做出了巨大贡献。

澳大利亚因成功举办2000年奥运会,游客人数迅猛攀升,奥运会给澳大利亚带来了42.7亿美元的旅游收入。

---

① 资料来源:戴光全,保纪刚.西方事件及事件旅游研究的概念、内容、方法与启发[J],旅游学刊,2003(5).
② 同上。

3.3.2 国内的节事旅游

20世纪90年代以来，我国宣传和推出的各具特色的旅游事件活动逐渐成为吸引游客的重要内容之一，但是呈现出地区发展不平衡的现象。据华东师范大学的张彬彬对2002年中国东西部主要热点旅游城市（北京、上海、广州、杭州、西安、成都、桂林、昆明）事件旅游活动的统计分析，国内节事旅游的形式、类型、内容、强度等方面都存在着明显的地域差异（见表3.3）。

表3.3　2002年中国东西部热点旅游城市旅游事件活动统计[①]

地区	城市	类型	内容
东部（平均769次）	北京（788次）	博览展会（307次）	国际汽车展、房地产展示交易会、国际科技产业博览会等
		节庆活动（166次）	国际广告节、旅游节、文化节、龙庆峡冰灯艺术节、香山红叶节等
		文体赛事（183次）	中国房模大赛、统一杯北京国际铁人三项精英赛等
		商务会议（132次）	CALL CENTER & CRM CHINA 大会、中国欧盟论坛、全球工商领导人峰会等
	上海（1036次）	博览展会（384次）	国际旅游交易会、国际汽车与汽车新技术新产品展览会等
		节庆活动（228次）	上海旅游节、国际艺术节、南汇桃花节、亚洲音乐节等
		文体赛事（233次）	国际马拉松赛、"大师"杯网球公开赛、国际芭蕾舞比赛等
		商务会议（191次）	ICANN上海会议、中国企业IT应用论坛等
	广州（708次）	博览展会（315次）	中国出口商品交易会、国际旅游展销会、菊花展等
		节庆活动（135次）	广州美食节、网上荔枝节、民间艺术节等
		文体赛事（163次）	汤姆斯杯和尤伯杯羽毛球锦标赛
		商务会议（95次）	2002信息技术高级论坛、世界第九届近视眼研究大会等
	杭州（543次）	博览展会（271次）	中国杭州西湖博览会、2002浙江（杭州）旅游交易会等
		节庆活动（105次）	首届曲艺杂技节、中国杭州龙井开茶节、西湖国际桂花节等
		文体赛事（75次）	"紫云杯"中日青少年围棋交流赛、民间戏曲折子戏邀请赛等
		商务会议（92次）	西湖休闲旅游研讨会、电视经营管理和国际市场开发研讨会等

[①] 资料来源：张彬彬. 中国东西部热点旅游城市事件旅游比较研究［J］. 预测，2003（4）.

续表

地区	城市	类型	内容
西部（平均268次）	西安（148次）	博览展会（61次）	中国西部国际汽车工业博览会、恐龙展、糖酒商品交易会
		节庆活动（48次）	首届陕西（西安）音乐节、西安古文化艺术节等
		文体赛事（24次）	西安城墙国际马拉松友谊赛、2002年飞利浦高校联赛等
		商务会议（15次）	"入世"与西部大开发西安会议、中韩经济贸易洽谈会等
	成都（396次）	博览展会（203次）	中国西部国际博览会、国际汽车展、国际电脑节等
		节庆活动（101次）	中国川剧节、四川（成都）南国冰雪节、都江堰放水节等
		文体赛事（38次）	第九届省运会、望丛祠赛歌会、2002中国西部广告模特大赛等
		商务会议（54次）	当代经理人论坛四川峰会、首届中国CTI工程师大会等
	桂林（209次）	博览展会（42次）	全国医疗器械与设备展览会、国际环境博览会等
		节庆活动（121次）	"刘三姐"旅游美食文化节、"锦绣漓江"阳朔渔火节、花炮节等
		文体赛事（33次）	广西国标舞、交谊舞大赛、中国大学生篮球联赛西南赛区比赛等
		商务会议（13次）	博鳌亚洲旅游论坛、方正网络终端桂林研讨会等
	昆明（317次）	博览展会（103次）	昆明国际汽车展览会、昆明出口商品交易会等
		节庆活动（117次）	云南火把节、滇味美食节、国际旅游节、彝家猎神节等
		文体赛事（36次）	导游之星邀请大赛、国际名人高尔夫球邀请赛等
		商务会议（61次）	中国-东盟商务合作论坛、大湄公河次区域商务论坛第三次年会等

中华人民共和国成立后旅游节庆活动的兴起历程

中华人民共和国成立后节庆活动的兴起可以追溯到20世纪80年代中期。当时正处于我国入境旅游飞速发展的黄金时期，为了突出地方特色、增强吸引力，由各地政府带头，发展了一大批的"旅游节庆"活动。比较典型的有山东曲阜孔子文化节、哈尔滨国际冰雪节、自贡迎春灯会、大连服装节、上海国际旅游节、广州美食节、北京香山红叶节、陕西皇帝陵祭祖等等。还有一些地方将传统节日拓展成为旅游节庆，如四川西昌的彝族火把节。到了90年代初期，节庆活动进一步发展，几乎每个省、市，甚至包括省市所属的地、县都分别推出了自己的旅游节庆活动。例如青岛国际啤酒节、北京国际啤酒节、宁波服装节、上海服装节、舟山沙雕节、北京国际旅游文化节、南京国际梅花节、南宁国际民歌艺术节、菏泽牡丹节等众多节庆活动，即使是相同主题的活动也依托不同的地方特色发展了起来。其中，有些节庆活动越办越好，如大连的服装节、上海的影视节、北京的国际旅游文化节、青岛的啤酒节等，已经逐渐成为具有国际影响力的重大旅游节庆活动。但也有很多节庆活动并没有坚持办下来，如北京的国际风筝节等。进入21世纪以后，节庆活动的主题更加广泛，运作方式也日益市场化，节庆活动对目的地营销和地方品牌化经营方面的贡献也更受重视。

研究表明，节事旅游的类型、规模及发生频度与其依托的城市环境有关。城市规模的大小、经济发展水平、政治文化背景以及旅游竞争力等因素，都会对节事旅游的发生、发展产生深刻的影响。反之，节事旅游的快速发展也必将促进城市环境的改善，两者呈良性互动关系。

从全国范围来看，影响最远、收益最大、参与人数最多的节事旅游活动非"黄金周"莫属。自1999年10月第一个"黄金周"以来，我国国内旅游人次和国内旅游收入逐年增长。截至2013年，每年国庆节"黄金周"的国内旅游人数、旅游收入和环比增长速度见表3.4。

但是，综观国内各地的旅游节事活动，真正成功并且可以持续下来的节事活动屈指可数，这说明我国目前的旅游节事活动还处于起步阶段。造成这种情况的原因之一就是节事旅游在营销管理上存在着较多的缺陷与不足，归纳起来包括以下问题[①]。

---

① 参考资料：刘太萍，殷敏.中国节事旅游营销管理现状分析与对策研究［J］.北京第二外国语学院学报，2004（5）．

表3.4 历年国庆节"黄金周"国内旅游人数和旅游收入统计[①]

年份	旅游人数（万人次）	旅游人数同比增长率（%）	旅游收入（千万元）	旅游收入同比增长率（%）
1999	2800		1410	
2000	5980	113.57	2300	63.12
2001	6397	6.97	2500	8.69
2002	8710	36.16	3310	32.40
2003	8999	3.32	3460	4.53
2004	10100	12.23	3970	14.73
2005	11100	9.90	4630	16.62
2006	13300	19.82	5590	20.73
2007	14600	9.77	6420	14.85
2008	17800	21.92	7960	23.98
2009	22800	28.09	10070	26.51
2010	25400	11.40	11660	15.79
2011	30200	18.89	14580	25.04
2012	42500	40.73	21050	44.38
2013	42800	0.71	22330	6.08

（1）政府干预过多

政府干预过多是我国旅游节事存在的基本问题。由于旅游节事涉及面广、综合性强，的确离不开政府的协调和支持。但是，我国的问题是政府不单在名义上主办旅游节事，而且还从事具体的操作工作。这不利于调动企业参与的积极性，约束了企业参与旅游节事的空间，并且政府干预过多引起的低效率、资源浪费、资源配置不合理等问题日益突出。由于政府干预过多，市场对资源配置的基础性作用没有得到较好的发挥，市场营销的观念与方法远未发挥其应有的作用，不能有效地应用于旅游节事活动的组织管理活动中。

（2）缺乏市场调研、市场分析与先进营销观念的指导

旅游节事活动都或多或少地带有长官意志，忽视了节事活动自身的规律和特点。主办者、协办者和承办者往往都采取"拉郎配"的形式。在旅游节事活动之前对节事市场的调查、预测与旅游者购买行为分析不够，不了解广大参与者的欣赏口味与审美情趣；活动之

---

① 资料来源：根据中华人民共和国假日办历年公布数据整理。

中及活动之后忽视了听取旅游者意见的重要性，对旅游者的反馈、抱怨处理没有详细地分析等。

（3）节事旅游产品主题雷同，缺乏创新

由于旅游节事的众多活动项目设置主要体现了政府的意愿，或多或少地忽视了市场的需求。这就出现了旅游节事活动缺乏对游客和大众的吸引力。除此以外，政府工作人员并不是旅游节事专家，缺乏旅游节事策划、运作的经验和能力，因此很难产生有新意、有创新的旅游节事活动。

（4）对外宣传促销力度不够

目前国内的许多节事活动都以当地居民为主，外地乃至海外旅游者很少，参与的形式也以散客为主，团队很少，这说明在宣传、包装乃至促销上都亟待提高。

（5）节事旅游商品开发欠缺

现在许多旅游商品价格昂贵，做工粗糙，而且大同小异，真正作为节事旅游商品使旅游者欣赏并能承受的很少。许多旅游节事的场所甚至成为临时的小商品市场，不仅假冒伪劣商品泛滥，而且极大地破坏了旅游节事的环境和气氛，降低了旅游节事的品位，留下了很大的安全隐患。

我们应当研究节事旅游营销上存在的问题，掌握节事旅游的规律，通过科学的营销策划和组织，使我国节事旅游的发展达到更高的水平。

章前案例分析

事件/节事旅游是指以各种节日、盛事的庆祝和举办为核心吸引力的一种特殊旅游形式。大连国际服装节作为我国规模大、档次高、影响面广的国际服装节之一，具有成功旅游节庆的所有特点。

大连服装独创立体剪裁法，将中国服装的典雅唯美、日本服装的精细做工、欧美服装的简约挺拔结合在一起，形成了自己独特的服装文化。大连国际服装节依托大连独特的服装文化作为主题，于每年9月初举办。服装节注重群众参与，设置了五个"我要"系列活动，让旅游者能自愿地参与到节庆体验中来并且获得满足感。这也是大连国际服装节经久不衰、越办越好的重要原因。

大连国际服装节坚持将节庆活动与当地的服装产业相结合，体现了专业性与国际性的统一，带动了服装产业更高、更好的发展。它的举办有效地提高了大连作为旅游目的地的知名度，同时，多样化的、充满创意的节庆内容丰富了旅游资源，提升了大连的旅游竞争力。

本章小结

本章根据国内外有关节事旅游的研究文献，阐述了节事活动和与其密切相关的节事旅游的基本概念，分析了节事旅游的特点及其重大意义，对国内外节事旅游的现状进行了分析。并且以奥运会和世博会为例，阐述了节事旅游对旅游业及经济、社会发展带来的影响。

复习思考题

一、名词解释

事件　特殊事件　节事　标志性事件　节事旅游

二、简述题

1. 简述节事旅游的特点。
2. 简述节事旅游的意义。
3. 简述我国历年黄金周旅游人次和旅游收入情况统计。
4. 简述2000年悉尼奥运会的旅游经济效应。

三、论述题

以你的家乡的某一个旅游节庆为例，谈谈它对家乡旅游发展的影响。

四、案例分析

试根据以下案例，讨论青岛国际啤酒节对青岛市旅游经济的拉动作用。

中国青岛国际啤酒节是青岛市独具特色的大型节庆活动。自1991年首次举办以来，迄今已成功举办12届。啤酒节期间，将举办开幕式、大型文艺演出、啤酒品饮、艺术巡游、文娱游乐、经贸洽谈等活动。历经12年的不断发展，啤酒节已经从当年只有30万市民参加的地方性节日，发展成为今天超过200万国内外游客参加的国际知名、国内一流的东方啤酒盛会；从最初由青岛啤酒集团主办、"民办官助"的企业行为，发展成为现在由国家五部委和青岛市政府主办的大型节庆活动，逐渐发展成为青岛市的"市民节""狂欢节"，并作为青岛市一张靓丽的城市名片，在海内外具有了相当的品牌认知度和影响力。

青岛国际啤酒节是国内举办比较早也比较成功的大型节庆活动，它对青岛城市和经济发展的作用也是显而易见的。据统计，节日16天里，仅啤酒节主要举办场所国际啤酒城平均接待中外游客就达120万人次，第十二届啤酒节参节总人数更突破200万。外地（包括国外）参节游客比例不断增加，根据抽样统计，第十届啤酒节外地游客约20万人次，第十一届啤酒节达到50万人次，第十二届仅啤酒城就达35万人；销酒总量逐年增加，从第十届的32万公升到第十一届的50万公升，再到第十二届的52万公升。啤酒节的带动效应十分明显，节日期间，青岛市饭店业、餐饮业、旅游业、娱乐业、交通业、零售业等生意红火，以第十二届为例，节日期间，各星级酒店及旅游饭店开房率达到95%以上，尤其是开幕后头三天，市区主要饭店的客房全都爆满。崂山风景区和海滨风景区游客明显增多。各大旅行社所接待的海内外游客比啤酒节前一月增长45%。市内各商厦营业额直逼旺季，比平日增长20%。公交车、出租车载客率显著提高。餐饮、娱乐场所都呈现格外火爆的场面。据统计部门测算，啤酒节对青岛市社会经济的贡献水平接近"五一"黄金周。透过大量的数据可以看出，啤酒节确已成为青岛市的重要旅游资源，对扩大青岛市对外开放、增强综合竞争力、推动经济与社会全面发展起到了越来越大的作用。

青岛国际啤酒节对青岛市旅游经济的贡献不仅限于以上数据所反映的内容，青岛国际啤酒节已成为青岛市实施旅游产业战略的一个重要组成部分。众所周知，青岛市是我国北方地区著名的旅游胜地，宜人的气候条件、秀丽的自然风光和独特的建筑风格是青岛旅游业得天独厚的优势，但与南方的旅游城市相比较，青岛市的旅游业受气候的影响较之青岛国际啤酒节对青岛市旅游经济的拉动作用大，旅游旺、淡季泾渭分明，做好旅游旺季对青岛旅游业显得尤为重要。每年5月份至9月份是青岛的旅游旺季，在青岛国际啤酒节举办历史上，曾将举办时间固定在7月份，群众参节异常火爆，节日取得了较好的效果。但7月初至8月上旬是传统上外地游客来青观光避暑的旅游高峰期，无须啤酒节造势，全市旅游业也已处于饱和状态。从8月中旬开始，随着全国各地学校暑期临近结束和天气的逐渐转凉，外地游客迅速减少，青岛市的旅游旺季逐渐转向淡季。基于对以上情况的分析，近几年来，市政府决定将节日举办时间固定在8月份的第三个周六至9月份的第一个周日，其用意在于做好青岛市的旅游旺季，通过啤酒节的举办，拉长城市的旅游高峰期，使岛城旅游业在旺季期间始终处于繁荣兴旺状态。从实际效果来看，啤酒节开幕后，城市旅游业迅速"升温"，岛城高朋满座、商贾云集，旅游、宾馆、饭店等相关行业兴旺发达，岛城旅游业又掀起了一个高潮。根据统计部门的有关统计数字显示，啤酒节已与"五一"黄金周、"十一"黄金周并列，成为青岛市旅游业及相关产业的三大兴奋点和支柱，为营造青岛市连续不断的旅游高潮做出了显著的贡献。由此可见，在城市决策者的眼中，啤酒节已成为增加城市旅游吸引力、提高城市旅游景气指数的重要砝码和助推剂。啤酒节成为青岛市实施城市旅游产业战略的一个步骤和组成部分，在青岛市的城市经营和旅游产业中发挥着越来越大的作用。

（资料来源：青岛市啤酒节办公室主任王兰波，2002年，编者有删节。）

第4章

奖励旅游

学习目标

知识目标

- 掌握奖励旅游的基本概念；
- 理解奖励旅游的类型、特点和作用；
- 了解国内外奖励旅游的现状和发展方向等。

技能目标

- 能够运用奖励旅游的相关知识分析某一地区奖励旅游存在的主要问题，并根据这些问题提出自己的建议和对策。

关 键 词

- 奖励旅游

案例导入

台湾业者抢进大陆企业奖励旅游市场[①]

中新社北京3月12日电（记者 路梅）台北世界贸易中心与台湾会展及旅行业者12日在北京举办首场奖励旅游推介说明会，积极抢进大陆企业奖励旅游市场，并计划于今年内在大陆8个城市举办推广及洽谈会。

会展产业是两岸经济合作框架协议（ECFA）早收清单中的重要项目之一。继大陆居民赴台个人游开放之后，2011年11月，国家旅游局下发《关于赴台旅游跨区域组团事项的通知》，正式开放大陆居民直系亲属异地参加赴台旅游团，以及赴台游组团社承接单一机构跨区域赴台团队旅游业务，为台湾地区承接大陆企业奖励旅游打开了机会之窗。

台湾海峡两岸观光协会北京办事处主任杨瑞宗接受记者采访时表示，以往大陆企业赴台奖励旅游都是"特案""专案"，现在有了相关的支持政策，奖励旅游的手续办理将逐渐转入常态化。

随着两岸交流的日益升温，台湾地区已成为大陆居民旅游的热门目的地之一。仅以2009年安利公司组织的"安利心印宝岛万人行"为例，在两个月的时间跨度内，给台湾地区带去了6.6亿元新台币商机。2011年，大陆赴台旅客突破178万人次，较上年增长9.41%；今年1～3月大陆赴台游客人数较去年同期增长40%，杨瑞宗称，如此增长率"令台湾业者惊喜。"

近期，两岸的旅游"小两会"（海旅会、台旅会）正在就扩大大陆居民赴台个人游的试点城市进行紧锣密鼓的磋商。有台湾媒体猜测，试点城市可望增加7至10个，每日赴台人数上限也可能由现行的500人放宽至1000人，大陆团体游客每日配额也可能由现行4000人提高到5000人。

以上种种，让台湾地区旅游业者预期，大陆企业奖励旅游将成为下一波大陆游客来台高潮。台北世贸此次组织赴大陆的推介活动，吸引了众多台湾地区知名旅行业者和会展活动公司参加，首站北京之后，还将赴大连、青岛等地举办。

台北世贸中心主任蓝淑琪表示，台湾地区有秀丽的自然风光、富而好礼的社会风气，还有物美价廉的健康检查和医疗美容，能体现企业对员工身心健康的关注，有助于提升员工向心力。加之两岸语言、文化相通，交通便利，更使台湾地区成为大陆企业奖励旅游的

[①] 文章来源于中国新闻网，http://www.chinanews.com/tw/2012/03-12/3737591.shtml。

理想目的地。

杨瑞宗表示，从2008年开放赴台游以来，大陆游客的旅游形态，逐渐从走马观花的环岛游向深度的主题游转变，在两岸主管部门的积极推动下稳步发展。台旅会还出台了相关配套措施，对赴台的企业奖励旅游团给予机场迎接、赠送伴手礼等礼遇。

据统计，每名大陆游客平均每天在台湾消费261美元。杨瑞宗指出，企业奖励旅游团的成员一般都是优秀员工，收入也相对较高，在台湾的消费可望高于平均值。他说，"经济收入只是旅游的一部分，两岸民众的感情交流更重要。"

4.1 奖励旅游的概念、类型和特点

4.1.1 奖励旅游的概念

1. 奖励旅游的定义

奖励旅游（Incentive Travel）起源于20世纪初的美国，现在已在全球范围尤其是北美和欧洲广泛流行，并成为会奖旅游（Meeting & Incentive & Convention & Exhibition Travel，or MICE Travel）的重要支柱之一。1906年，美国国家现金进出记录机公司德顿（Dayton）首次使用了奖励旅行，公司奖励70名销售人员镶嵌着钻石的别针和一次免费前往公司总部旅行的机会。[①] 而我国的奖励旅游发展较晚，1995年才在国内出现。在北京、上海、广东等发达地区，奖励旅游率先得到了发展。由于出现比较晚，加上经济发展水平的制约，目前我国的奖励旅游仍处于起步阶段，且开展奖励旅游的企业多是一些外资公司，如安利公司、惠浦公司、IBM公司、三星公司、微软公司等。近几年，在经济比较发达的华东、华南、北京、西安等地，奖励旅游已开始为多数企业所接受，市场份额正逐步扩大。

如今，美国约有50%的公司采用奖励旅游的办法来奖励员工，英国商业组织的奖励旅游资金中，有40%是以奖励旅游方式支付给员工的[②]，在法国和德国，奖励资金中的一半以上是通过奖励旅游支付给员工的。奖励旅游作为公司激励员工更好工作的一种重要方式，它可以提高企业整体业绩，增强员工的荣誉感和向心力，加强企业团队建设，塑造企业核心文化，对完成企业管理目标、增强企业整体实力、促进企业良性健康发展有重要作用。那么，究竟什么是奖励旅游？

---

① Peter R Ricci, Stephen M Holland. Inventive trave: Recreation as a motivational medium [J]. Tourism management, September, 1992: 288-296.
② 孙中伟，邵立威，武红.奖励旅游基本理论与国内市场发育现状分析[J].石家庄师范专科学校学报，2003（6）.

作为会奖旅游的重要组成部分，奖励旅游在国际上现已成为十分成熟的商务旅游产品。但由于各国历史、文化背景、产业发展成熟度，以及行业管理分类等不同，对于奖励旅游的内涵及外延划分界定也有很大差异，较具代表性的定义有：

《中国旅游百科全书》将奖励旅游概括为：一些组织单位为调动员工的积极性、增强凝聚力，举办的免费旅游。①

《香港大词典》对奖励旅游的定义为：工商企业及其他行业为刺激工作人员的积极性、增强归属感以及搞好与有关部门、团体和个人的公共关系而组织的免费旅游。②

世界奖励旅游协会对奖励旅游的定义为：一种现代化的管理工具，目的在于协助企业达到特定的企业目标，并对于达到该目标的参与人员给予一个非同寻常的旅游假期作为奖励；同时也为各大公司安排以旅游为诱因，以开发市场作为最终目的的客户邀请团。

迈德利克著的《旅游辞典》将奖励旅游定义为：员工、经销商或代理商们（往往也携带配偶）的一项旅行活动，这一活动的费用由公司支付，作为对已实现其销售或其他目标或卓越业绩的一种奖赏，或者是作为未来实现目标的一种刺激。

前两个定义都强调了"免费旅游"，而后面两个定义强调了"管理工具"，这就从免费旅游这种表面形式上升到管理工具这个高度，同时拓宽了奖励旅游所包括的内容，不仅仅是企业对员工的奖励，还有客户邀请团等奖励形式。

因此，可以把奖励旅游简单地概括为：社会组织基于工作绩效而对优秀职员及利益相关者进行奖励的管理方式和以旅游方式进行的商务活动。

2. 奖励旅游的内涵

国际奖励旅游协会对奖励旅游的定义为：奖励旅游是一种现代的管理工具，目的在于协助企业达到特定的企业目标，并对目标的参与人员给予一个非比寻常的假期，以作为鼓励，同时也是大公司安排的以旅游为一种诱因，以开发市场为最终目的的客户邀请团。分析上述几种代表性定义，可以推导出奖励旅游包含的内涵：

（1）奖励旅游的对象广泛且组织专业

从外在表现来看，奖励旅游仍然是一项旅游活动，属于旅游的一个细分市场。但参加奖励旅游的对象不只是企业的内部员工，而应该更广泛地包含企业员工、企业产品的经销商、企业品牌的忠实消费者等，他们构成了奖励旅游参与的主体。而提供奖励旅游服务的机构相对也十分专业，如旅行社、旅游公司等，它们是具体奖励旅游活动的组织、安排和实施者，其专业化程度的高低决定了奖励旅游能否成功举办及举办的质量与效果。同时，这种专业化的接待有其特殊性，具体表现为特殊的时间安排、特殊的策划流程、特殊的预算要求、特殊的食宿交通、特殊的人员安排以及特殊的售前、售后服务等，客观上要求旅

---

① 梅远.中国旅游百科全书［M］.北京：中国大百科全书出版社，1991.
② 曹淳亮.香港大词典［M］.广州：广州出版社，1994.

行组织者在从事奖励旅游时与传统旅游严格区别对待。

（2）奖励旅游体现了企业管理多样性

奖励旅游作为一种现代的管理工具，从一定程度上而言，它是企业管理多样性的一种体现。奖励旅游一方面是对员工、客户的奖励，另一方面更重要的是对企业自身的奖励；但就其本质可视为对企业自身而非员工、客户的一种奖励，它表现于它的真正目的是为树立企业形象、宣扬企业的理念，并求最终能达到提高企业的业绩、促进企业未来的发展。所以企业是奖励旅游活动开展的决策者，它有权决定是否开展奖励旅游。

第一，奖励旅游的激励作用可以增强员工的荣誉感和向心力，鼓励他们为达到企业管理目标、增强企业实力、促进企业良性健康发展贡献自己更多的力量。

第二，奖励旅游往往会伴随着包机、包车、包场等现象，相应都会打出醒目的企业标识，这也应视为企业一项重要的市场宣传活动，借此可树立良好的企业形象、扩大企业知名度。

第三，企业奖励旅游的资金来源是企业在实现了其特定目标后，用超额利润的一部分进行的，是企业的一种合理避税行为。

4.1.2 奖励旅游的类型

按照不同的分类角度和标准，奖励旅游的类型也可以分为许多不同的种类。例如，按照旅游期限的长短，可以划分为长期性奖励旅游和短期性奖励旅游；按照旅游目的地，可以划分为国外奖励旅游和国内奖励旅游；按照奖励旅游目的，可划分慰劳型、团队建设型、商务型、培训型；按照旅游的内容，可以划分为体验性奖励旅游、会议性奖励旅游和家属随同性奖励旅游等。下面选取按照奖励旅游目的和按照奖励旅游内容分类的类型进行详细阐述。

1. 按照奖励旅游内容分类

（1）体验性奖励旅游

随着体验旅游的兴起，体验性奖励旅游已开始崛起。早期的奖励旅游，往往就等同于观光和购物。随着时代的发展，常规观光与购物旅游已无法满足旅游者的需求，他们要求在日程安排中加进更多的活动项目，使他们的奖励旅游活动变得更加丰富多彩。旅游者越来越要求能够亲自去体验，这种需求的结果就是体验性奖励旅游开始崛起。现在旅游公司在为企业安排奖励旅游项目时，一个趋势就是提倡深度的体验旅游：旅游者既要身游又要心游；游前要了解旅游地的历史与环境，游中要善于交流，游后要"反刍"和"复习"；要动腿走、动嘴问、动脑想、动手记，把观察上升为心得，从经历中提炼体验，不断提高旅游素质。

旅游者对体验旅游的升温，使得旅游公司也在探索将奖励旅游搞得更加多姿多彩，且富有一定特色，这就为其旅游项目的拓宽提供了一定的选择空间。目前，体验性奖励旅游已经在欧洲旅游市场上推行，并引起强烈反响；在亚洲，少数发达国家和地区也已在积极尝试之中。

（2）会议性奖励旅游

在世界经济一体化的今天，人们的商务活动日益频繁，这些商务活动包括会议、展览、培训等一系列企业为实现商业目标而进行的活动，会议性奖励旅游（简称会奖旅游）就产生于这个大环境之下。在2002年瑞士国际会议和奖励旅游展上，无论是买家还是卖家都感觉出一种强劲的新趋势，商务市场的热点开始从纯奖励旅游移向结合商务会议和活动的奖励旅游。

"2002中国国际旅游交易会"期间，ICCA首度在中国亮相，并与国家旅游局联合举办了中国会奖旅游洽谈会。从这些会议关注的重点不难发现，现在像过去一样的纯奖励旅游活动越来越少了，而更多的是合二为一的会议性奖励旅游，且已成为全球的一大发展趋势。

究其原因，主要有两个：一是公司的商务理念发生着新变化，公司需要利用雇员集聚的机会，不但要给予奖励，同时还要进行培训和举办会议，而不仅限于纯粹的奖励活动；二是旅游活动和旅游目的地比以往任何时候都更容易被人们参与和接近。人们并不否认奖励旅游是一种令人兴奋的奖励机制，但随着世界的开放，这种魅力正在减弱，所以伴随着商务会议性的奖励旅游则更加符合企业和旅游者的双重胃口。

（3）家庭性奖励旅游

家庭性奖励旅游是指在公司企业进行奖励旅游时，可选择让受奖励员工带若干位家属同行的方式。尽管奖励旅游的参与主体是公司员工、经销商和客户，表面看起来家属是不应该参与其中的，但是现在家属随同性奖励旅游却成为一种潮流，原因何在？之所以要考虑带家属出游，一方面是由于受奖励对象取得的成绩与家庭的支持分不开，因此奖励时要对此予以充分认识；另一方面受奖励对象也愿意与家人一起被作为奖励对象。美国一项调查显示，受奖励职员大部分为已婚男性，他们在外出旅游时90%以上携带配偶，25%的人携带孩子。家庭性奖励旅游可使受奖励对象得到更多来自家庭的支持，也可使他们更加热爱自己的公司，对工作投入更多的热情。尽管带家属参与的奖励旅游会相应增加一些开销，但是企业可根据实际情况采取免费奖励旅游或是让员工支付部分旅游费用的方式进行。

2. 按照奖励旅游目的分类

（1）慰劳型

作为一种纯粹的奖励，慰劳型奖励旅游的目的主要是慰劳和感谢对公司业绩成长有功的人员，缓解其紧张的工作压力，旅游活动安排以高档次的休闲、娱乐等消遣性活动项目为主。

（2）团队建设型

团队建设型奖励旅游的目的主要是为了促进企业员工之间，企业与供应商、经销商、客户等之间的感情交流，增强团队氛围和协作能力，提高员工和相关利益人员对企业的认同度和忠诚度，旅游过程中注重安排参与性强的集体活动项目。

（3）商务型

商务型奖励旅游的目的与实现企业特定的业务或管理目标紧密联系，如推介新产品、增加产品销售量、支持经销商促销、改善服务质量、增强士气、提高员工工作效率等。这类奖励旅游活动几乎与企业业务融为一体，公司会议、展销会、业务考察等项目在旅游过程占据主导地位。

（4）培训型

培训型奖励旅游的目的主要是为了对员工进行销售培训。旅游活动与培训结合，寓教于乐地对经销商、客户等进行培训，可以更好地实现培训的功效。

知识链接 4.1

奖励旅游的一般形式

传统型奖励旅游：是指从20世纪60年代奖励旅游发展之初至90年代中期企业惯用的奖励旅游模式。这类奖励旅游有一整套程式化和有组织的活动项目，如在旅游中安排颁奖典礼、主题晚宴或晚会，赠送赋予象征意义的礼物，企业首脑出面作陪，请名人参加奖励旅游团的某项活动等。通过豪华、高档和大规模来体现奖励旅游参加者的身价；通过制造惊喜，使参加者产生终生难忘的美好回忆。传统型奖励旅游以美国为代表，至今仍受到美国奖励旅游者及公司管理人员的喜爱。

参与型奖励旅游：参与型奖励旅游是奖励旅游市场的发展趋势，尤其在欧洲市场上反应特别强烈。越来越多的奖励旅游者要求在他们的旅游日程中加入一些参与性的活动，而不再仅仅满足于一个"有特色的party"。如参加旅游目的地当地的传统节日、民族文化活动和品尝风味餐，安排参与性强和富于竞争性、趣味性的体育、娱乐项目，甚至要求加入一些冒险性活动，如徒步、登山、划艇、驾筏逐浪漂流和乘热气球旅游等。参与型奖励旅游使奖励旅游者通过与社会和自然界的接触，感受人与社会、人与自然的和谐，有助于唤起他们的责任感。英国激励旅游公司总经理约翰·劳逊先生认为，奖励旅游是一种创造性旅游活动，它创造了与众不同的东西，参与活动对协作精神的形成特有好处，给人们留下值得回味的经历。

4.1.3 奖励旅游的特点

奖励旅游是会展旅游的重要组成部分，它们具有一些共同的特点，如组团规模大、消费档次高、季节差异小、经济效益好等。除此之外，同普通的旅游相比，奖励旅游还有它自己的特点，例如：

（1）奖励旅游重在奖励，其活动设计、安排必须真正"寓奖于乐"。

（2）奖励旅游要选择参与者不易到的场所进行活动，如古堡、原始森林、沙漠、历史遗址等。

（3）奖励旅游应该工作和娱乐兼顾，在娱乐中体会更大的工作乐趣。

（4）奖励旅游节目的内容必须匠心独运、具备特色。

（5）奖励旅游应该能给参加者留下较大的纪念价值。

（6）奖励旅游意在增加参加者的成就感、荣誉感和归属感，而非仅仅是旅游活动。

正是这些特殊的地方，赋予了奖励旅游自身鲜明的特点。通常而言，奖励旅游具有以下几个基本特征。

1. 目的性和特殊性

企业进行奖励旅游的主要目的是达到特定的目标以及市场开发。为达到该目的行程安排应融入企业的文化、组织精神、企业目标、企业形象等；并可以适当地安排公司或行业会议、各种参与活动或者个人无法单独完成的活动。

奖励旅游之所以有别于其他一般旅游项目（见表4.1），主要是因为其具有一定的特殊性：一是服务对象特殊，企业员工、企业产品经销商、企业品牌的忠实消费者等，他们共同构成了奖励旅游的主体；二是提供奖励旅游服务的专业机构特殊，如旅行社、专门的奖励旅游公司等，它们虽是具体奖励旅游活动的组织、安排和实施者，但是这种接待有其特殊性，具体表现为特殊时间安排、特殊策划流程、特殊的预算要求、特殊食宿交通、特殊人员安排及特殊售前、售后服务等，客观上要求旅行组织者在从事奖励旅游时与传统旅游严格区别对待。

表4.1 奖励旅游与一般团队旅游的差异

	奖励旅游	一般团队旅游
本质	管理工具	———
目的	多样性	相对比较单一性
费用	免费	多是自费
参与人员	经过一定程序审核	多为自愿报名
活动安排	独一无二	线路固定化、模式化
服务规格	VIP礼遇	一般礼貌服务
效　果	实现企业激励等多种目标	最佳情况是获得精神满足

2. 激励性和福利性

研究管理问题的心理学专家在经过大量调查和分析后发现，把旅游作为奖品来奖励员工、客户时，其所产生的积极作用远比金钱和物质奖品的刺激作用要强、效果要好。实际上，奖励旅游作为现代企业经营的一种激励机制，是刺激员工、经销商和客户积极性的行之有效的方式；可以通过奖励旅游中的一系列活动，如颁奖典礼、主题晚宴、企业会议、赠送贴心小礼物等，将企业文化、理念有机地融于奖励旅游活动中。还有，如企业的高层人物若出面作陪，与受奖者共商企业发展大计等，这既是对参加者的一种殊荣，又达到了"寓教于游"的与众不同的效果；同时还可有效地调整企业上下层、企业与客户间的关系，使受奖者有一种新的荣誉感，可以极大地刺激员工工作的积极性，增强员工对企业的认同感和归属感，增加经销商和客户对企业的认可度和共鸣度，激励经销商能够更好地为企业服务，牢固地建立客户对企业的品牌的忠诚度。

奖励旅游是"一种带薪的、休闲的、免费的旅行游览活动"[①]。既然是公费旅游，那就属于公司的福利性待遇，因此从本质上就决定了奖励旅游的福利性特点。根据国际上的通行惯例，奖励旅游费用约占企业超额利润的30%左右。用这部分利润作为对企业做出贡献的群体的福利性待遇，一则体现了企业的人文关怀理念，二则也从经济意义上节省了个人自发旅游消费带来的种种成本。

3. 高端性和交互性

奖励旅游的高端性，即其体现的高消费、高档次、高要求。一些有实力的企业为更好地激励其参与对象，开展奖励旅游常常是"不惜血本"。据有关统计，一个豪华奖励旅游团的消费通常是一个普通旅游团的5倍，他们不但在交通工具、住宿、餐饮等方面体现出了高档次的特征，如豪华饭店、大型晚宴、特殊的旅游线路等，而且在旅游活动内容、组织安排以及接待服务上要求尽善尽美。

据"国际奖励旅行学会（SITE）"的研究报告结果，一个奖励旅游团的平均规模（人数）是110人，而每一个客人的平均消费（仅指地面消费，不包括国际旅行费用）是3000美元，远远高于普通游客每人数百元甚至数千元的消费额。例如，北京某旅行社接待了美国某保险公司400人参加的奖励培训团，短短不到10天的消费高达400万美元，人均10 000美元，令人瞠目结舌。

同时，奖励旅游原本就不同于一般意义上的观光和商务旅游，奖励旅游是公司为激励做出突出贡献的员工或特殊客户往往不惜高价为他们安排与众不同的活动。例如阿斯利康中国制药有限公司在新加坡对员工进行奖励旅游时，特别邀请了深受员工喜爱的新加坡歌手阿杜为他们的晚宴助兴，并且，为使员工充分享受购物乐趣，还联系了环球免税店专门

---

① 引自《中国旅游百科全书》。

把其中的一天的营业时间延长到晚上11点半。

奖励旅游通常需要提供奖励旅游服务的专业公司来为企业"量身定做",使奖励旅游活动中的计划与内容尽可能地与企业的经营理念和管理目标相融合,并随着奖励旅游的开展,逐渐体现出来。因此,这无论对奖励旅游产品本身,还是对设计这些旅游产品的专业公司都提出了较高的要求。

奖励旅游为企业与员工、企业与客户、员工与员工、客户与客户之间创造了一个比较特别的接触机会,大家可以在旅游这种比较放松的情境中做一种朋友式的交流。这样,员工与客户不但能借此了解到企业与企业管理者富有人情味的一面,而且员工之间、客户之间也能趁此加强彼此间的沟通与了解,为今后开展工作和业务交流提供了便利。

奖励旅游的这种交互性能够直接帮助解决一些问题,同时对团队协作精神的形成,无疑能起到事半功倍的效用,并且参与性活动的一些富有人情味的做法,也能在活动结束后给人留下值得长久回味的经历。还有,一次较大规模的奖励旅游也完全可视为企业的一次市场宣传活动。例如在一架奖励旅游的包机上印上醒目的企业标志或包场某一有名的旅游景点,到时,人们首先注目的将会是举办奖励旅游的这家企业,而非那些被奖励的个人,所以无形之中,这又是企业展现自身实力、宣传自身形象的一大好时机。①

4. 大规模性和非季节性

与常规旅游相比,奖励旅游一般规模较大。现在进行奖励旅游的企业一般是规模较大、效益较好的企业,它们组织的规模一般比较大。例如,2003年10月美国康宝莱公司对员工进行的奖励旅游就有12 000多名销售代表参加。再如,2009年3月14日,安利(中国)日用品有限公司奖励公司12 000名优秀营销人员分9批次前往祖国宝岛台湾旅游(见图4.1)。该奖励旅游团是有史以来最大的一个前往宝岛台湾的旅行团。此奖励旅游团由中国港中旅集团执行组织,优秀营销人员乘坐的是"海洋神话号"豪华游轮前往台湾;3月14日首航,总共分9批次出行,历时2个月,每航次历时6天7夜,5月14日为最后一航,5月20日返回上海。②据"奖励旅行会"研究报告,一个奖励旅游团的平均规模(人数)是110人。

激励旅游具有典型的非季节性,即季节性不强。由于奖励旅游的购买者和消费者的分离,作为购买者的企业具有出行时间的决定权。为达到奖励旅游的最佳效果,一般企业会避开旅游的高峰。旅游业的季节性非常明显,奖励旅游的开展可以弥补

图4.1 "安利心印宝岛万人行"启航仪式

---

① 央视网,CCTV——2004国际商务旅行论坛,http://www.cctv.com/travel/special/bts2004/20040524/102343.shtml。
② 图片等来源:"安利心印宝岛万人行"在台中圆满落幕,中国新闻网,http://www.chinanews.com/tw/news。

旅游业在淡季的渗淡经营。

5. 会奖结合性和长效性

美国奖励旅游执行者协会现任主席保罗·弗拉基认为，奖励旅游与会议旅游已由过去的泾渭分明，转向了相互间的交融结合，且半数以上的奖励旅游中包括各种会议。他分析了造成这种结合的原因有：对价格的敏感、会议带来的税收减免以及越来越多的在家上班人员需要有机会与其同事见面等。[①]奖励旅游并不是单纯的"游山玩水"，而是作为商务旅游的扩展和延伸，具有公务性质。现代意义的奖励旅游是因公而起的组织行为，不是因私而起的个人行为，名义上是公费旅游，但更是企业的公务旅游。它把办理公务事项作为活动的主要目的，寓旅游于公务之中，因此更注重团队和集体的名义，在奖励旅游的过程中穿插着会议、培训、教育等活动，有的放矢地显示着企业内部管理文化。

奖励旅游的实施通常不是突然进行的，往往是决定实施奖励旅游的企业，从一开始就要求承接此项业务的旅行社或专业旅游公司提前一年准备，并每月定期给可能被奖励的员工发一封信，告知行程的最新安排，并关心他们的业绩。这长达一年的联系，实际上也就是长达一年的激励。奖励旅游完结之后，给参加者留下深刻的纪念意义，也能起到长效的激励作用。更重要的是，企业常年连续进行的奖励旅游会使员工、经销商和客户产生强烈的期待感，对于刺激企业业绩成长能够形成一个良性的循环。

6. 行程安排的特殊性

奖励旅游行程活动安排要求特殊，需根据企业意图量身订做。活动不仅仅是安排特殊旅游线路、旅游活动就能满足的，一般还包含企业会议、培训、颁奖典礼、主题晚会或晚宴、舞会及个性化奖品赠送等内容。这些特殊的行程安排能同时让有资格参加者感受到备受尊宠，并在活动退出后留下毕生难忘的记忆。

4.1.4　奖励旅游的作用

奖励旅游无论对参加者本人，还是对一个国家或地区，都产生着十分重大的作用（如图4.2所示）。

1. 增强企业文化建设，产生显著激励效果

一般来说，企业员工平常有各自的岗位，上班时间各人干各自的工作，下班后各人有各自的家务或业余生活，缺乏在一起谈心与交流的机会。企业组织奖励旅游的目的之一，就是为员工提供在一起交流的机会和场所，让员工在旅游活动中住在一起、吃在一起、玩在一起，有困难大家帮、有欢乐大家享，增进彼此间了解，加深相互间友谊。

---

① 央视网，CCTV——2004国际商务旅行论坛，http://www.cctv.com/travel/special/bts2004/20040524/102343.shtml。

同时，在日常工作中，员工与管理者的接触也较少，奖励旅游给员工和管理者创造了一个比较特殊的接触机会。大家可以在旅游这种较为随意、放松的情境中进行一种朋友式的交流，让员工在交流中感受企业管理者的情谊、心愿和期盼，从而增强企业管理者的亲和力，有效改善企业文化氛围，增强企业的核心文化和团结力、凝聚力，促进企业文化和团队精神的建设。

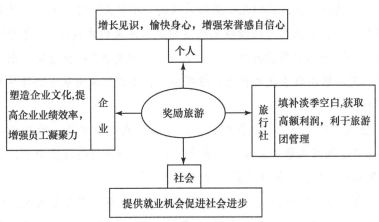

图4.2 奖励旅游效用分析[①]

奖励旅游是刺激员工积极性行之有效的方式。通过奖励旅游的一系列活动，如颁奖典礼、主题晚宴、企业会议、特色礼物等，将企业文化、理念有机地融合于奖励旅游活动中。同时，企业的高层人物出面陪同，与受奖者共商企业发展大计等，这对参加者来说既是一种殊荣，也能达到"寓奖于游"的与众不同的效果。借此还可有效地调整企业上下层、企业与员工、企业与客户、员工与员工、客户与客户之间的关系，使受奖者有一种新的荣誉感，增强其对企业的认同感和忠诚度，激励其更好地为企业服务。

知识链接4.2

跟业绩一起"挪"向埃及

本案例中的人物钟先生是某医药公司销售代表。

春节后上班第一天，大家都收到一封销售总监发来的信："明天全体人员到某某会所开会，将给大家特别惊喜！"第二天兴冲冲赶到那边，一进门，地中海、尼罗河的大

---

① 洪秋艳.关于推动国内奖励旅游发展的若干思考［J］.桂林航天工业高等专科学校学报，2010（3）.

幅照片扑面而来，大厅中央还竖起了逼真的"狮身人面像"。销售总监发布的信息，更让大家两眼放光："公司推出了新药，半年内，谁的销售业绩达到100万，谁就去埃及旅游！"

接下来的几天里，"埃及之旅"成了公司上下的热门话题，埃及风光照也被挪到了公司门口。为了埃及之旅，我们几个业绩一般的"中等户"开始天天在外奔波。

到了第二个月，大家居然陆续收到埃及旅游局发来的欢迎信："您很有可能在今年内光临埃及……"公司更是适时推出了销售业绩"龙虎榜"：食堂里挂出了巨大的世界地图，每个人用一颗小棋子代表自己，根据业绩，小棋子慢慢从上海往埃及挪——看得人心里痒痒！

于是加班成了家常便饭。那段时间里，老婆对我特别支持，后来才知道，她也收到了一封信："您的家人最近正在为工作奔忙，也许陪伴您的时间少了，但只要他达到100万的销售业绩，您就可能和他共赴埃及之旅！"

6月底，公司举行年中会议，总经理宣布，部分同事即将开赴埃及！让我不敢相信的是，我听到了自己的名字……但随后传来的一条信息更"刺激"："目前您可享受经济舱飞抵埃及，48座大巴接送。只要您再完成5万元的销售业绩，就可以享受公务舱，由加长'林肯'接送！"

我？当然把这5万业绩拿下了。眼下，我和老婆正憧憬着近在眼前的埃及之旅。据说，因为比原计划多了5人"达标"，公司要多付一大笔旅游费。可老板比我们高兴，因为新药的销售额足足比原计划多卖了1200万！

点评：奖励旅游与其说是一种福利，不如说是一种很好的"管理工具"。它的精髓之一是为了达到特定的企业目标，采取一定方式激励并犒劳员工。设定这个目标很重要：可以是年度销售计划达到一个新值，也可以是"新推出的产品在3个月内占领30%的市场"……目标要分解到每个岗位上：销售人员完成100万的指标，人事专员引进若干高级人才，接线员接听电话差错率低于2%……公司最后虽然花了一笔旅游费，其实只是员工创造出来的新价值的很小一部分。

2. 增加旅游企业利润，拉动旅游目的地经济

目前旅游行业利润偏低，而奖励旅游由于其自身的特点，能给旅游企业带来较高的利润。奖励旅游消费以公务消费为主，他们的住、吃、行在一定程度上代表着企业的实力，企业本身也希望通过参加者的活动来树立企业形象，加强在客户心目中的印象。因此，从可支配的购买能力的角度来看，他们均是消费能力强劲的商务客人，其消费档次、规模、开支均比普通旅游者要高得多。一个豪华奖励旅游团的消费通常是一个普通旅游团的5

倍，他们不但在吃、住、行、游、购、娱等方面具有高档次的特征，如豪华饭店、大型晚宴、特殊的旅游线路等，而且在旅游活动内容、组织安排以及接待服务上要求高规格，这种高规格往往就伴随着高消费。

以旅行社为例，近几年的利润率一直在2%左右徘徊；而奖励旅游的利润率远远高于一般团队，因为奖励旅游团队要求旅游企业提供高质量的服务，但这种高质量主要体现在服务的高附加值上。比如客人入住饭店后举行一个欢迎晚宴，成本比普通团队高不了多少，却可以卖出高很多的价格，这就意味着企业可以赚取高额利润。同时，奖励旅游还能够有效地拉动旅游目的地地区的经济消费。由于参加奖励旅游的都是企业的优秀员工，有不错的收入，而且旅游的团费由企业承担，所以旅游者的个人购买力相对较强，购买的商品趋于高档，能够在直接拉动旅游购物发展的同时，带动旅游商品的开发和制造行业的发展。

例如，2000年，美国大都会保险公司奖励旅游团的北京之行一行400人，4天消费高达400万美元，人均10000美元。这些费用的支出，很显然对北京地区的消费市场产生了一定的拉动作用。再如，2009年3月14日，安利（中国）日用品有限公司奖励公司12000名优秀营销人员分9批次前往祖国宝岛台湾旅游。该团的营销精英在台湾消费估算约为1.6亿元新台币（3300万人民币），信义商圈消费金额预估超过5500万新台币（1150万人民币）。据统计，安利公司此行举行的奖励旅游为台湾带来了6.6亿新台币的商机，这在世界经济周期下行的背景下，为拉抬台湾经济尽了绵薄之力。

3. 促进旅游产品多元化，带动相关行业的发展

随着社会和经济的快速发展，尤其是社会压力越来越大，人们对旅游产品的要求也日益提升，传统的旅游产品已满足不了人们的需求，这就要求旅游业界要积极、主动拓展旅游产品，改善旅游产品的原有结构，逐渐从由单一层次的观光旅游向多元化旅游产品发展。从世界各国旅游发展史来看，都是从最初的观光型旅游发展到主题旅游，再进一步向会议、会展、奖励型旅游发展。从中国旅游业的发展阶段来看，中国目前正处在由观光旅游向专项旅游过度的时期。会议、会展、奖励旅游等都是大商务旅游的重要组成部分，也是体现一个国家、一个地区旅游业发展程度的重要标志。

一般来说，从传统的观光型旅游向奖励旅游发展，标志着一个地区的旅游业已经开始由外延型发展转向内涵型发展，是对自有资源的深层次的开发。奖励旅游在诸多旅游产品中，因为效益高、前景好，已成为国际旅游市场的热点项目。推进我国旅游市场中奖励旅游产品的开发，有利于我国旅游产品结构的调整和优化，有利于旅游产品升级换代和多元化发展。

而且，奖励旅游的行业带动性很强，它可以有力带动餐饮、娱乐、商场、旅游景点、交通、宾馆、旅游纪念品等相关行业的发展。例如，在一项奖励旅游活动开展时，奖励旅

游目的地的酒店是最直接的受益者，它们的入住率往往会在短期内得到极大提升，并会带动酒店的餐饮、商品的销售和对酒店商务设施、娱乐设施的使用，从而增加酒店的收入。另外，各类特色餐饮的提供、各大小会议室和商务中心的频繁使用、各种豪华车辆的租用，加之逛街购物、观光游览，这些都能为相关行业带来丰厚的经济效益。

4. 提升旅游行业素质，增强企业和社会双重效应

从行业发展的角度来看，奖励旅游还能够促进旅游行业整体素质的提高。一般来说，为奖励旅游设计的游览路线也和普通的游览路线不一样，旅行社会给参加奖励旅游的游客提供一些新的、特殊的线路，这些线路一般是不对普通游客开放的。比如说针对一些国外奖励旅游的团队，开放太庙和天坛内的一些景点，并组织一些民族风味比较浓的表演，这些都可以充分体现奖励旅游游客的档次。这些线路开发成熟之后，可以考虑向普通旅游团开放，这就促进了中国旅游资源的不断开发和中国旅游的不断向前发展。奖励旅游团对行程安排的高要求和消费的高档次还能促进我国旅游企业服务意识的增强和服务水平的提高。

奖励旅游对企业效应的拉动作用十分明显。奖励方式多种多样，既有物质奖励，也有精神奖励。发奖金、送奖品是一种最为普遍的奖励形式，但对受奖者来说，激励的时效较为短暂。一些研究管理问题的心理学家在经过大量调查和分析后发现，把旅游作为奖品来奖励员工、客户时，其所产生的积极作用远比金钱和物质奖品的作用要强、要好得多。原因是在旅游活动过程中营造的"荣誉感、成就感"氛围，使受奖者的记忆更持久；旅游活动过程中受奖者之间、受奖者与管理者之间通过交流增强的亲切感，能够激励员工更好地为企业服务。因此，这种奖励方式越来越受到企业、员工的重视与欢迎。

同时，奖励旅游的社会效应还十分显著。除了促进企业员工的积极性、提升企业的品牌形象外，它对提升一个城市的形象、塑造城市名片、增加知名度、带动地区基础设施建设等都有着积极作用。例如，北京、上海、广州等举办奖励旅游较多的城市，借此大大提高了其在国际旅游市场上的知名度。另外，奖励旅游的发展必须依托城市各种服务设施的完善，因此对改善和加强一个地区的基础设施建设也能带来较大的促进作用。

4.2　国内外奖励旅游概览

奖励旅游自诞生以后很快就显示了其旺盛的生命力，在发展的过程中虽然受到了第二次世界大战以及经济衰退的影响，但最终还是普及到了世界各地。纵观以北美和欧洲为代表的国外奖励旅游的发展历程，大致可以划分为三个阶段：20世纪20年代至20世纪50年代

中期的萌芽阶段；20世纪50年代中期至20世纪90年代初期的发展阶段；20世纪90年代初期至今的成熟阶段。[①]

进入20世纪90年代初期以来，人们对奖励旅游的认识更加全面、深刻，奖励旅游的内涵也变得越来越丰富，奖励旅游作为一种有效的企业管理手段被纳入企业的管理系统。国内外奖励旅游发展的区别可以参考表4.2。

表4.2 国内外奖励旅游发展对比

	国内奖励旅游	国外奖励旅游
起因	改革开放，市场经济	经济原因
中间机构	旅行社	奖励旅游部
旅游产品	团体组织观光为主	个人休闲度假为主
市场营销	政府或旅游企业	行业协会
发展速度	较快	较慢
活动目的	提升企业形象，激励作用	激励为主
旅游范围	主要是国内及周边地区	全世界

4.2.1 国外的奖励旅游

1. 美国的奖励旅游

世界上奖励旅游的发源地是美国，最大的奖励旅游市场也是在美国，其发达的商品经济、激烈的市场竞争是奖励旅游成长的沃土。在北美，奖励旅游诞生后的很长时期内，其应用范围仍然主要是销售业，绝大多数奖励旅游由企业自己组织、实施，团队规模不大，受交通工具的限制短程奖励旅游盛行。随着航空业的大发展，越来越多的公司加入了实施奖励旅游的行列，美国的奖励旅游兴盛起来，奖励旅游尤其是远距离的长途奖励旅游增长速度加快，此时欧洲成为了美国奖励旅游最主要的海外目的地。美国出境奖励旅游的大发展，在输出奖励旅游观念的同时，也带来了欧洲奖励旅游市场的繁荣，英国、德国、意大利和法国很快就成为了欧洲推行奖励旅游最主要的国家。

在美国，一直试图通过奖励旅游建立竞争性的氛围，所以非常强调预先设定目标，强调对奖励旅游参与者的资格进行审核。因此在奖励旅游活动设置方面，美国的奖励旅游特别强调"非比寻常"，强调豪华甚至是"奢华的旅游"，住宿设施非五星级酒店不住，旅游目的地通常是文化和历史名城、中心城市。在这种思想指导下，随着远距离长途奖励旅

[①] 百度文库. http://wenku.baidu.com/。

游增长速度的加快，欧洲成了美国奖励旅游最主要的海外目的地。

奖励旅游发展到成熟阶段以来，西方国家采用奖励旅游对相关人员进行激励的方式在所有的奖励方式之中占据了非常重要的地位（见表4.3），欧洲的奖励旅游市场每年以3%~4%的速度增长，与世界旅游市场的发展几乎同步。奖励旅游的应用范围也更加宽广，根据美国奖励旅游管理人员协会（SITE）基金会的调查，在北美和欧洲，有61%的公司使用奖励旅游计划改善服务质量，有50%的公司使用奖励旅游计划激励公司雇员，有72%的公司将奖励旅游目标瞄准了办公室雇员。[1]

表4.3　公司采用的奖励方式[2]

奖励方式	所占比例（%）
奖金	30
业绩/效益挂钩奖金	26
奖励旅游	26
商品、礼金	15
礼券	11
公司股票	6

据统计，每年参加奖励旅游的美国人超过50万人，所花费用大约为30亿美元。在美国，如今已有50%的公司采用该方法来奖励员工。每年9月举办的"芝加哥会议奖励旅游展（IT&ME）是世界上比较重要的会议与奖励旅游会展之一。1999年"欧洲会议奖励旅游展"邀请买家多达3250个，买家团预约洽谈次数多达1400个；参展单位2500家，覆盖112个国家和地区；业内参观者5250人。1999年芝加哥会议奖励旅游展展场面积3.5万平方米，吸引了2500多个参展商，参观人数超过4万人次。[3]

美国的奖励旅游之所以如此火爆，追溯其历史根源，原因在于，随着经济的发展，美国的公司越来越认识到奖励旅游作为一项有效管理手段能对员工产生很大的激励性。因此，伴随着航空运输工具的扩展，越来越多的公司加入了实施奖励旅游的行列，美国的奖励旅游也就随之兴盛起来。20世纪70年代，美国许多大的汽车公司对其市场销售人员提供一系列富有刺激性的奖励旅游计划，以激发他们不断开拓市场，提高销售业绩。直至目前，汽车业和保险业这两个竞争最为激烈的行业仍是美国奖励旅游市场的主力军。

2. 德国的奖励旅游

德国是世界上非常成功的商务会议目的地之一，每年在德国举办的活动超过100万

---

[1] 高静. 国内外奖励旅游发展比较研究［D］. 上海：上海师范大学，2004.
[2] 资料来源：奖励旅游使用和影响研究（1996）. 转引自刘士军. 西欧奖励旅游市场研究［J］. 旅游科学，1997（2）. 注：参加调查公司分布在英国、德国、意大利、美国.
[3] 田一珊. 会奖旅游：瞄准国际市场［J］. 中国工商，2000，7：34-36.

个。相比于商务会议市场的巨大成功，德国在奖励旅游市场的活跃程度相对要弱一些，但是，德国会议局（GCB）通过出台一系列举措来宣传和鼓励奖励旅游。例如，2003年，GCB出版了一本32页的宣传册《奖励旅游：德国制造》，图文并茂地介绍德国的文化、历史、田园风光、运动、美食等，以吸引游客。"人们的观念并不容易立刻被扭转，但是他们可以从我们的网站上看到非常详尽的信息，30家相关机构可以与国际奖励旅游买家进行合作，并可以提供客户定制服务。"（GCB常务董事沃特语）GCB做这些的目的就在于达到这样的宣传效果：在奖励旅游市场，德国也是魅力非凡。

下面以柏林和法兰克福为例，简要阐述德国的地区奖励旅游市场。

自著名的柏林墙倒塌之后，柏林城市的酒店客房数量已经增加了一倍多。目前在欧洲奖励旅游目的地城市排行榜上，柏林排名第三，仅次于伦敦和巴黎。在柏林，长达180公里的内河航道，是柏林引以为自豪的特别景观。游客们乘船沿河而下，可以一路欣赏柏林的文化遗产。如果不愿乘船，人们还可以选择骑马或自行车，同样可以饱览柏林的自然和人文景观。对于许多商务游客来讲，他们往往热衷于追逐大海和阳光，但是柏林可以带给他们与众不同的感觉，在这里，适合奖励旅游的项目有很多，可以说，柏林将成为德国最具成长前景的奖励旅游目的地。

金融之都法兰克福在拓展奖励旅游市场方面，也具有自身独特的优势。法兰克福是一个摩天大楼鳞次栉比的金融中心，是欧洲中央银行和400多家金融机构的所在地。这座城市拥有德国最大、欧洲第二繁忙的航空港。在过去的10年里，法兰克福举办的国际会议数量增长了122%，每年来到法兰克福的参展商达4.4万家。城市里的很多艺术品、雕塑等文化遗存，可以使游客们领略这座城市超过1000年的历史风韵。作为"法兰克福之子"，18世纪伟大的诗人歌德更是全城人的骄傲。在历史上，法兰克福地区以盛产苹果酒而闻名，参观传统作坊、酒窖以及品酒等与"苹果酒文化"相关的活动，每年都吸引大量游人。

3. 澳大利亚的奖励旅游

拥有"骑在羊背上的国家""坐在矿车上的国家"和"手持麦穗的国家"诸多美称的澳大利亚，是一个高度发达的资本主义国家，其物产丰富，是南半球经济最发达的国家，全球第十二大经济体系，全球第四大农产品出口国，也是多种矿产出口量全球第一的国家。澳大利亚还拥有一流的基础设施、高科技会议设施和会议中心，还有顶级的户外会议场所和豪华的五星级饭店。这里不仅有激情饱满的城市，还有天然雕琢的雨林、堡礁、主题公园、农场和沙漠。无论是何种规格的公司会议或奖励旅游团，都能在澳大利亚找到合适的举办场所和旅游产品。特别是随着各跨国企业和国际知名品牌纷纷选择澳大利亚作为大型奖励旅游的目的地和公司重要会议的举办地，澳大利亚迅速成为备受青睐、新颖独特的商务旅游胜地。自1998—2000年，澳大利亚已经吸引超过6.5万人次的奖励旅游客人。

2004年，澳大利亚共接待了约3600个来自亚洲的奖励旅游项目，其中30%来自东南亚市场，36%来自东北亚。LG电子、安利（韩国）、安利（中国台湾地区）、英雄本田（Hero Honda）、花旗银行、国泰人寿等来自亚洲的国际知名企业纷纷选择澳大利亚作为奖励旅游的目的地。

这些成就的取得主要是得益于澳洲旅游局从2001年起开始实施的推动澳洲奖励旅游计划，以便提供更完善的奖励旅游资源。其具体做法包括直接提供企业有关澳洲的行程建议、宣传资料，为大团体举办说明会，并可代为与澳洲方面联系和安排实地探察等。同时采取一些方法，向企业内部负责员工奖励旅游的企划或主管进行促销。2005年10月11日至13日举行的IT&CMA期间，澳大利亚旅游局更是携阿得莱德会议中心、皇冠逍遥之都和皇冠饭店、墨尔本黄金海岸旅游局、凯悦国际酒店集团、北领地会议局、岩石区和黄金海岸的饭店、澳大利亚奖励旅游公司，以及华纳主题公园等13家来自澳大利亚的机构，共同展示新颖独特的商务与奖励旅游产品。据澳洲旅游局透露，澳洲每年仅奖励旅游一项收入可达2.2亿澳元，约合11亿元人民币（如为安利化妆品公司1400名销售代表单独设计的旅程，价值高达7000万元人民币，人均合5万元）。澳大利亚在高端奖励旅游项目领域取得的成功，无不显示出澳大利亚已经成功树立了理想的商务活动目的地的形象。

4. 新加坡的奖励旅游

处于亚洲中心地带的会展之都——新加坡，具有发展会展旅游无与伦比的地理和经济优势。东北亚、东南亚和印度都在新加坡樟宜机场的7小时飞行半径内。7000家跨国公司选择新加坡作为营运中心，其中4000家将管理全球和区域业务的总部设在新加坡。新加坡是国际顶级的会议展览之都，拥有良好的软、硬件设施以承办各类型的会议、展览及奖励旅游。新加坡中心区域100家旅馆有3.1万间客房，1.2万人的小型会议可在市区里的新加坡国际会议展览中心（Singapore International Convention & Exhibition Center）举行，大型的活动可以在郊区的新加坡博览中心（Singapore Expo）举行，这里有7个展览厅，每个展览厅都能放下8个奥林匹克游泳池。

由于新加坡基础设施健全、社会稳定以及效率高，因此成为奖励旅行的绝佳地点。新加坡旅游局曾多次分别针对企业决策者及旅游业者举办相关说明会，如主题晚会、说明会、座谈会、小型旅展及奖励示范之旅等，希望经由说明及讨论的方式，相互交流宝贵的经验与意见。新加坡把奖励旅游的种类分为企业年度会议（商务会议旅游）、海外教育训练、奖励对公司营运及业绩成长有功人员三个方面，并对这三个部分进行有针对性的促销，经常组团参加奖励旅游交易会。以中国的奖励旅游游客为例，据新加坡旅游局商务旅游及会议、展览与奖励旅游署的资料介绍，新加坡利用自身华人文化为主的社会基础，加上教育、金融等优势，开辟了多重市场营销策略，大量发掘中国内地的商务客源。截至

2004年，中国已经成为新加坡商务与奖励旅游的第三大客源地，消化了新加坡全年200万商务与奖励游客中10%的市场份额。

自1994年起，平均每年约有3100个奖励旅游团体、超过12万名奖励旅游旅客前往新加坡。新加坡已连续17年被国际协会联盟（UAI）评定为亚洲最佳的会议都市，并在2000年登上世界第五名。2005年，来自国际药剂公司"阿斯利康中国制药有限公司"的1200名代表参加了到新加坡的奖励旅游，这个庞大的中国奖励旅游团是新加坡迄今为止迎来的最大的商务奖励旅游团。旅游团6天的行程里，除了公司的销售会议，团员们还在圣陶沙休闲离岛、牛顿美食中心、小印度商业街等地消费，旅游团在史格士路的一家免税商店一次就贡献了人民币约150万元的营业额。从这次的一个小型购物活动支出，就可以看出奖励旅游对新加坡的消费市场产生了何其大的作用。

5. 泰国的奖励旅游

作为亚洲规划安排奖励旅游的最佳地点之一，泰国目前的奖励旅游已获得快速发展。不论是泰北、泰中或泰南，都有完善的旅游或议会设施，因此是各企业安排奖励旅游的最好地方。在新奇有趣的现代都会——曼谷市，可以满足喜欢购物的人；而泰国中南部绵延2000公里的海岸线，几乎到处都可发现洁净的沙滩、珊瑚环绕的美丽岛屿及清澈湛蓝的海水；泰北高山则布满热带森林植物及各种不同的野生动物；巨大的河川贯穿中部平原及辽阔的稻米田。这些优越的自然景观，加上许多量身规划的行程，使得泰国成为举办奖励旅游的绝好地点。

泰国除了自然条件优越外，泰国政府对会议奖励旅游也尤为关注，正式推出会议奖励旅游手册，内容包括泰国奖励旅游年推广优惠方案、奖励旅游建议行程、泰国大型会议展览中心、奖励旅游推广饭店、泰国接待公司、活动协办厂商以及饭店名录等，对企业规划奖励旅游以及旅游业者承办奖励旅游，无疑是最佳参考工具手册。

泰国旅游局市场营销处副主任蓬塞里·马诺哈恩女士说："推广会议及奖励旅游是我们在2006年将泰国建成'亚洲旅游之都'计划的一个重要部分。""我们不仅致力于把泰国发展成旅游业的中心，我们同样有意建成许多相关行业的中心，如体育、时尚、餐饮、康乐温泉、会议展览、电影制作、汽车生产、信息科技等。所有这些领域都会成为会奖旅游的主要推动力，因此未来的增长潜力是巨大的。"据泰国会奖部门统计，2002年，泰国共主办了1551个国际展览和会议，比2001年增长了45.5%；会奖活动出席人次达到412919，同比增长了23.12%；随同团队达到59365个，同比增长21.50%；包括随同团队的花费，所有活动的收入为3429.7亿泰铢，同比增长23.75%。

4.2.2 中国的奖励旅游

奖励旅游在国际上兴起已经有几十年的历史,但在我国还只是处于起步阶段。普遍认为,改革开放后随着大批外资企业涌入,作为先进管理手段的奖励旅游随之进入我国。确切地说,中国的奖励旅游始于20世纪五六十年代,在政府及国有大中型企业兴办的疗养院中所进行的休假疗养活动已经具备了奖励旅游的基本特征(参看表4.4)。休假疗养的人绝大多数都是政府机关与国有大中型企业经过层层选拔的劳动模范和先进工作者,费用由政府和企业承担,而目的基本上是出于对优秀人员的表彰和激励,这些特征和奖励旅游非常相似。

表4.4 奖励旅游与疗养院的类似性

	奖励旅游	疗养院
组织者	企业或专业奖励旅游机构	企业或国家
目的	激励	表彰、激励
参与人员	为企业发展做出贡献的优秀人员	劳动模范或先进工作者
目的地	旅游胜地	风景名胜区
费用	免费	免费

在这样的区域环境背景下,改革开放以后,特别是80年代末90年代初外资企业大量涌入中国,欧美盛行的奖励旅游观念随之在中国传播。同时,奖励旅游的发展也受到了国家的重视,国家旅游局于1993年成立了国际会议司,专门负责全国会议奖励旅游及展览在国际市场上的宣传推广、联络协调国内有关企业的活动等,对我国奖励旅游的发展起到了积极的促进作用。

随着改革开放的不断深入,尤其是加入WTO之后外资企业纷纷进入,外资企业和大多数三资企业秉承国际传统,奖励旅游作为其内在的管理手段得到了继承,如友邦保险公司、安利公司、惠浦公司、欧司朗公司、IBM公司、三星公司、微软公司等外资公司纷纷采取奖励旅游方式对员工进行激励,带动了中国企业对奖励旅游的需求。民营企业和股份制企业机制灵活,奖励旅游发展也比较迅速。奖励旅游在中国受到越来越多讲究效率的企业和追求新的宣传效果的机构的欢迎,大型企业每年都会组织数次奖励旅游,奖励旅游已成为中国旅游产业开发的又一热点。在我国北京、上海、广州等外资企业相对集中的地区,奖励旅游得到了迅速发展。

1. 中国香港地区的奖励旅游

享有"东方之珠""美食天堂"和"购物天堂"等美誉之称的香港,是中西方文化交融之地,是全球最安全、富裕、繁荣的地区之一;也是国际和亚太区重要的金融、航运枢纽和最具竞争力的城市之一,经济自由度常年高居世界前列;是仅次于伦敦和纽约的全球第三大金融中心,为"纽伦港"之一。香港是开展奖励旅游具有丰富经验的地区,它不但是亚洲最受欢迎的奖励旅游目的地,而且香港旅游业的增长幅度更高出全球的增长幅度。旅游业已成为香港的主要经济支柱之一,并为香港地区赚取外汇的第二大行业。2001年,香港地区旅游收益达642.8亿港元,较2000年增加4.5%,平均每位访港旅客花费4532港元。美国《旅游及消闲》杂志连续两年把香港地区评为亚洲最佳城市。

在香港地区第十四届奖励旅游考察团活动中,它的主题定为"东西方的结合",以融会贯通的东西方文化展示香港。2002年,英国权威杂志《会议及奖励旅游》给香港地区颁发"2002年会议及奖励旅游业大奖",香港地区会议展览中心连续九年被读者推选为"全球最佳会议中心",会展经济托起了这颗璀璨的"东方之珠"。

从表4.5可以看出,香港地区奖励旅游在2000年和2001年都占据着很大的比重。香港地区是一个高度安全的城市,交通便利,加上多国免签证等优势,有条件吸引来自世界各地的公司在此举办奖励旅游。针对近年来东南亚各国对奖励旅游的竞争,香港地区旅游发展局不失时机地于2003年8月率先推出首个Imagine Hong Kong活动,针对短途市场,邀请50多个东南亚的旅游业界参与一个4日行程的活动。

表4.5 2000年和2001年香港地区奖励旅游、会议、展览、公司会议活动状况

单位:个

	2000年	2001年
奖励旅游	1073	741
会议	246	198
展览	60	49
公司会议	418	718
总数	1797	1706

2003年8月16日至20日,香港地区旅游发展局再接再厉,又针对长途市场,特别邀请了70位来自欧洲、美国、加拿大、澳大利亚及新西兰的旅行代理商及传媒来港参加新一轮的推广活动,亲身体验香港的特色行程。考虑到奖励旅游非一般旅游,参与者均为公司最出色的人员,行程讲求与众不同,接触层面广阔,不可走马看花,还须有助于加强企业文化教育,在活动结束后给团友留下毕生难忘的经验。这批来港的代理商均为专营奖励旅游的业界人士,为此,旅游发展局为这次考察团特别安排了亲尝太极乐趣游,有风水师沿途讲解的维港游、茶道讲解、上海之夜,以及刺激好玩兼而有之的寻宝游戏等别具特色的行程,希望借此带给外国代理商一些启发,了解他们的需要,并尽量提供协助。

知识链接 4.3

香港奖励旅游体验之旅[①]

通过辽宁省中国青年旅行社的推荐、香港旅游发展局北京办事处工作人员的大力宣传,并经过对多条线路价格与内容的对比,沈阳兴隆大家庭购物中心有限公司最终在众多同价位旅游路线中,选择了美丽的香港作为反馈顾客之奖励旅游目的地。

据了解,当初选定香港的原因主要为香港一直是广大顾客梦想和期待的旅游胜地。香港素有"东方之珠""旅游购物天堂"之美誉,商业经济发达,旅游景点众多,美食纷呈。此外,沈阳地处东北,属平原地区,沈阳的顾客对香港的人文地理环境、怡人的亚热带季风性湿润气候有着更多的向往,再加上香港1997年回归后,顾客通过电视、广播、报刊等各种媒体认识到香港,大大提高了对香港的兴趣。选择香港作为奖励旅游目的地,预期可产生较大的轰动效应,能大幅提高销售量。

因此,沈阳兴隆大家庭购物中心决定于5月15日至8月27日举办千人游香港活动,共有一千名中奖顾客幸运地到港澳旅游。在港期间,游览了香港会展中心、金紫荆广场、维多利亚夜景、太平山顶、浅水湾、黄大仙祠、铜锣湾商业街、澳门大三巴牌坊、葡京娱乐场等景点。

旅程共分12期进行,行程中最让顾客难忘的是,在海洋公园看到了欢迎沈阳兴隆大家庭中奖顾客参观旅游团的电子字幕,让沈阳的顾客产生了宾至如归的亲切感觉。千人游香港活动,进一步提升了沈阳兴隆大家庭在顾客心中的知名度和美誉度,中奖顾客返回沈阳后,纷纷表示对大家庭的诚信经营感到满意。可以说,此次旅行达到了预期的反馈顾客、促进销售、提升声誉之目的。

2. 中国台湾地区的奖励旅游

2012年台湾地区人均GDP已经超过2万美元,仅次于澳门地区和香港地区,经济的蓬勃发展为奖励旅游的发展奠定了良好的基础。同时,交通部观光局为加强运用台湾地区文化软实力之展现,积极、持续推动企业奖励旅游,据交通部观光局统计,2012年来台奖励旅游比去年同期增长26.36%。中国大陆无限极有限公司2677人大型奖励旅游团分三梯次入境,来体验台湾地区的观光魅力与友善热情。统计显示,2012年1~3月全球各地来台奖励

---

① 资料来源于香港旅游发展局官网,http: //www.discoverhongkong.com/tc/index.jsp。

旅游近9000人次，较2011年同期增长26.36%，其中日韩地区计36团，大陆地区计5团，港新马地区计16团，东南亚新兴市场（菲、泰、印尼）地区计12团，藉此推动了台湾地区与国际间旅游企业精英来台体验优质的行程，实质也带动了台湾地区文化软实力经济。

知识链接 4.4

台湾游成为企业奖励旅游热选[①]

随着大陆赴台湾地区旅游自由行等政策不断放宽，越来越多的大陆企业选择以赴台奖励旅游的形式来激励优秀员工。除了会议和观光之外，越来越多企业团队也将健康检查、医疗美容等加入行程。有些企业甚至推动个人奖励旅游，让员工选择自由行，在台湾地区随意游玩。

一名广州旅行社业者表示，中国大陆旅客赴台除了团体游、个人游，奖励旅游也越来越蔚然成风。到台湾地区旅游对大陆民众来说颇有魅力，价格也可以接受，因此，一些企业纷纷推出奖励旅游作为管理和激励员工的一种手段，增强企业向心力，更让员工深刻地体验企业文化。这个趋势，全中国都可以看到，从北到南的旅行社业者都在积极地推出奖励旅游产品，可以说，现在奖励旅游的产品已经成为旅行社的主打产品。

另外，自从台湾开放中国大陆旅客赴台个人游后，很多原本属于商务型的旅客，都改为选择个人游。市场上可以看到有些企业推动个人奖励旅游，让员工选择自由游玩。此外，台湾地区生化科技与信息科技（IT）等高科技产业吸引大陆业者纷纷前往取经，而一些跨两岸的企业也会选择让员工赴台培训。可以预期的是，随着中国大陆与台湾地区之间直飞班机的增加，未来赴台的大陆游客将选择越来越多元、深入与广泛的行程。

行程中的景点，一般包括太鲁阁国家公园、日月潭、垦丁、玉山等。而台湾地区的大型会议场所，如台北国际会议中心、台北世贸中心、台北小巨蛋、高雄国际会议中心等，也越来越受到关注。

来台奖励旅游以知名外商及台商企业之合作厂商居多，诸如诺华（北京）制药、香港爱迪达、香港大金冷气及宏达电大陆合作厂商等；此外，有感于去年台湾挹注许多人力、物力给日本"3·11"地震灾民，日方各企业及民间社团，如本田汽车、仙台可口可乐公

---

① 本资料来源于中国旅游新闻网，http://www.cntour2.com/。

司、读卖新闻、日新制药、熊本县妇女会及日本煎茶道联盟等亦陆续选择来台办理奖励旅游。

大陆奖励团体行程多跳脱传统陆客来台观光团行程，诸如走访台湾茶乡、客家聚落、体验台湾地区特有的茶文化、客家文化及休闲农场、鹿港小镇、传艺中心及白米木屐村、体验在地文化之美、三峡清水祖师庙建筑之美、老街风情及莺歌陶瓷工艺，等等，让大陆地区民众能够更了解台湾文化的内涵及贴近台湾。

随着电影《那一年，我们一起追的女孩》等影片的热映，香港地区许多知名企业亦纷纷选择来台办理奖励旅游，随着片中的男女主角的脚步，体验台湾地区传统小吃及特色文化活动。十大魅力景点——金瓜石、老街等亦为近期奖励旅游团安排之重点行程。而闻名国际的Discovery频道也将台湾灯会推荐为全球最佳节庆活动之一，并将该活动庆典列为2月份来台奖励旅游团体必排行程。另外，李锦记健康产品集团旗下子公司，无限极有限公司于2012年4月起分3梯次来台进行6天5夜奖励旅游，每梯次约900人，共计2677名该公司业务精英来台体验台湾多元文化。

3. 北京的奖励旅游

作为中国首都的北京，也是中国"四大古都"之一，拥有六项世界遗产，是世界上拥有文化遗产项目数最多的城市，是一座有3000余年建城历史、860余年建都史的历史文化名城，拥有众多历史名胜古迹和人文景观。在奖励旅游领域，北京是我国奖励旅游开展最活跃的城市，因其丰富的奖励旅游资源，开发奖励旅游市场的潜力巨大。近年来，北京也明显加快了奖励旅游市场的开发和推广步伐：北京市旅游局2000年年初成立了国际会展奖励旅游开发处，同年中国旅行社总社国际会议奖励旅游部（中国第一家从事奖励旅游的专门机构）举行了"奖励旅游在现代企业中的作用"大型推介说明会，同年9月美国大都会保险公司（METLIFE）的奖励旅游总裁会议在京进行；2001年3月在香港旅游协会协助下北京市旅游局邀请了国际上26家颇具实力的旅行社总裁、副总裁前来考察；2002年北京市旅游局聘请夏威夷旅游局副局长孙苇萍小姐为"北京旅游顾问"，主攻会议奖励旅游；2003年2月，又聘请了国际公认的奖励旅游专家、美国金威斯奖励旅游公司副总裁谢尔先生为顾问。可以说北京的奖励旅游受到了非常高的重视。

随着北京旅游行业的蓬勃发展，旅游产品结构已从单一的观光旅游向多元化的方向发展，其中，会议和奖励旅游因其综合效益高、客人档次高，尤为引人注目。北京3000多年的历史留下了无数的传奇、巍峨的宫殿、优美的园林、奇异的艺术……北京的历史胜迹以规模宏大、密集度高、地位卓越而闻名。北京的历史胜迹不但数量繁多，而且品位极为不凡。大批世界一流的文物古迹，如长城、故宫、天坛、北京人遗址等，极具唯一性、独特性，且不易复制、模仿。此外，北京还是一个自然风光优美的地方。作为现代化国际性大都市，北京的旅游服务设施和交通条件也越来越完善，目前，北京拥有的高星级宾馆、饭店数量居全国之首。北京也是各国外交、商务机构集中地，各类国际交往的中心，这一切都使得它特别适合作为一个优质的奖励旅游目的地。2005年2月，北京市旅游局为进一步发展北京的高端旅游市场，特邀请国际奖励旅游高级经理人协会（SITE）到北京举行了2005年度的经理人峰会，这使北京的奖励旅游市场走上一个新的台阶。

  北京着力挖掘奖励旅游市场潜力，积极发展奖励旅游，对旅行社来说悄然兴起的这股"奖励旅游"热潮，是一个很大的市场。中国旅行社总社国际会议奖励旅游部于2000年举行的"奖励旅游在现代企业中的作用"大型推介说明会邀请了世界奖励旅游协会著名专家授课，澳大利亚、新西兰、瑞士、日本、中国香港、夏威夷等各国和地区旅游局参与，国内外知名企业管理者出席。此次活动传授奖励旅游新概念，启发企业管理的新方向，提供企业发展的新思路，并让与会者亲身感受一次真正的奖励旅游。

  北京和平国际旅游公司自2000年开始在商务旅游、国际会议及奖励旅游市场下工夫，加入了国际奖励旅游协会（SITE），是中国内地的唯一会员。在美国注册了"中国奖励旅游网"，将传统旅游模式与电子商务结合，取得了良好的效果。2000年9月，在北京市政府、北京市旅游局和北京外企服务集团的支持下，北京和平国际旅游公司负责接待美国大都会保险公司奖励旅游团。这一行400人几天消费高达400万美元，人均10 000美元。

  另外，2000年和平国旅还组织、接待了美国默沙东制药公司（MSD）亚太地区的千人大会、澳大利亚雅芳公司（AVON）奖励旅游团、VISA信用卡公司亚太区董事会奖励旅游团等一系列活动，都受到了同行的高度评价。2001年的美国"9·11"事件之后，在奖励旅游市场处于低迷的不利形势下，和平国旅仅于事件20天之后就接待了四个航次的美国挪威之风豪华邮轮，共计3000名美国客人；同年10月接待了120名美国护士团，同年12月在上海组织了美国伯克莱大学的亚洲精英论坛大会；2002年3月又在北京组织、接待了美国IBM公司亚太地区认证大会。这些活动均获得较高评价，使得和平国旅在美国奖励旅游市场中脱颖而出。

  北京神舟国际旅游集团是北京奖励旅游市场的又一大知名企业。2001年，经香港旅游协会协助组织，来自美国、加拿大、英国、新西兰等国家的26家颇具实力的旅行社总裁、副总裁，应北京市旅游局的邀请，在北京进行了为期3天的考察。这些旅行商长年致力于经营奖励旅游市场，掌握着世界大型企业奖励旅游的客户资源，对北京开发该旅游市场具有重要的合作前景。承办此次活动的北京神舟国际旅游集团对考察团行程做了精心安排，旅行商考察的景点、饭店、商店及晚间娱乐、会议等诸多设施，充分显示了北京作为奖励旅游城市的主题——"现代皇城"。

  如果说旅行社对奖励旅游看重的是从微观的角度对市场进行的选择，那么这一选择恰好契合了作为旅游行政管理部门的北京市旅游局，对北京旅游市场的宏观把握。近几年来，北京的入境旅游市场进入了一个较平稳的时期，入境旅游者每年在310万左右。为了给入境旅游市场注入新的活力，北京市旅游局一方面加大对传统观光旅游市场的促销力度，一方面尝试开发专项旅游以寻找北京旅游新的增长点，会展和奖励旅游就在开发计划之列。

尽管北京的旅游公司在奖励旅游上取得了一些成绩，但是相比之下，北京的专业奖励旅游公司和旅行社数量仍然偏少，相关产品也很少。目前，享用欧美奖励旅游市场这块大蛋糕的国家和城市中，意大利、英国、西班牙、曼谷、巴厘岛占了大部分份额，而我国所占的份额不足1%，北京所占的份额就更少，不足0.4%。因此，北京市政府和旅游局做了很大的努力，专门成立了国际会议展览奖励旅游开发处，希望通过专业的管理部门来推动北京奖励旅游的发展。在这一思想指导下，北京市旅游局已决定采取一系列措施来宣传北京，鼓励国外企业把北京作为奖励旅游目的地。根据北京市旅游局的规划，到2020年，北京的旅游产品将更加丰富，观光旅游、会展旅游、度假旅游、文化旅游、娱乐旅游将成为北京旅游产品的五大支柱。

4. 上海的奖励旅游

上海是中国最著名的工商业城市和国际大都市，是全国最大的综合性工业城市，亦为中国的经济、交通、科技、工业、金融、贸易、会展和航运中心。上海是中国唯一一个拥有两大国际机场的城市，浦东机场位于浦东新区东南端，距市中心30公里，虹桥机场位于市区西南角，距市中心13公里。上海的会展硬件设施已符合国际水准，上海新国际博览中心由上海与德国汉诺威展览公司、杜塞尔多夫展览公司、慕尼黑展览公司联合投资兴建和经营。这是德国三大展览公司首次联手投资中国展览市场，全部工程完成后，将形成由17个展厅组成、展览面积达25万平方米、亚洲最大的综合性现代化展览城。上海的会议和展览业已在国内会展旅游市场上表现出凸显优势，在国际市场上亦有影响，曾成功接待1999年财富论坛和2001年APEC会议。上海还拥有外滩、东方明珠塔、上海博物馆、老城隍庙、上海新天地等一批知名的旅游娱乐景点。上海作为中国主要的展览目的地城市的地位已基本确立。正如ICCA主席对上海的概括："摩登、有活力、充满了现代气息，因此国际上跨国公司的会议可能更多地选择在此。"

上海市政府把会展业作为发展服务贸易领域的一个重要方面，其21世纪城市发展战略目标和旅游业发展战略目标提出，要把上海建设成为一个旅游设施一流、交通通信便捷、旅游商品丰富、环境舒适优美、职工训练有素、管理水平先进、服务水准一流的太平洋西岸的旅游中心城市。根据这个战略目标和上海市的交通、金融、贸易、商业、科技、文化发达的特点，上海市又重点提出在2000—2010年，着重推出购物旅游和国际会议（展览）及奖励旅游，把上海建成为国际会议（展览）以及奖励旅游中心城市之一。上海市旅游局已加入ICCA，成为中国首个ICCA组织的地区代表。这是对外整体推销上海形象，打造上海会展之都，把上海的会展业发展导入正轨并进入良性循环的一个契机。

上海的会议和展览业取得的成就举世瞩目，但是相比之下，奖励旅游市场的发展却不像会议和展览业那么显著，宣传和推介的力度不如北京和广州。上海曾承接的主要奖励旅游团有：2000年，日本大型奖励旅游团；2001年，西班牙波利CRV322奖励旅游团124人；2002年锦江旅游有限公司接待了一个大型豪华的奖励旅游团。2002年1月29—30日，上海市旅游局举办了"上海会展旅游高级研修班"。同年3月22—23日，上海首届国际会议专业培训课程在金茂君悦大酒店进行，上海市旅游局、上海部分四五星级酒店、国际旅行社、国际会展中心及北京、澳门等地近60名高级管理人员和业内人士参加了此次培训活动。上海市旅游局专门委任香港前旅游协会总干事陈郑绮艳女士为上海市旅游局高级顾问。这些都充分显示了"上海市旅游局及业界重点开发国际会议、展览及奖励旅游业务，建立上海市在此行业的品牌及领先地位，使上海市更快成为亚太区内最重要及成功的国际会展城市之一"的决心。

5. 广州的奖励旅游

作为历史最悠久的对外通商口岸、海上丝绸之路的起点之一，有"千年商都"之称的广州，是我国华南地区最大的城市。它是世界著名的港口城市，国家的经济、金融、贸易、航运和会展中心，中国南方的政治、军事、文化、科教中心，国家综合交通枢纽，社会经济文化辐射力直指东南亚。广州的城市经济发展十分迅速，商业非常发达。经过多年的培育，广州已是中国内地仅次于北京、上海的最受欢迎的奖励旅游目的地，具备了发展奖励旅游的条件，拥有成为奖励旅游胜地的资本。2002年，广东专门组织省内各市参加由国家旅游局牵头组织的中日旅游交流活动、德国柏林展、瑞典哥德堡旅游展、瑞士日内瓦欧洲会奖旅游展、美国芝加哥会议奖励旅游展等一系列国际会展（奖励旅游）促销活动，目的就在于加强广州的国际旅游市场营销。

广州开展奖励旅游比较成功的旅行社有广州广之旅、新之旅等旅行社。作为广州地区最具规模的综合性大型旅游企业，全国百强国际旅行社之一，广之旅为抓住奖励旅游这个发展契机，专门成立了奖励会展旅游拓展部。该拓展部专门帮助企业设计、包装奖励旅游产品，有目的地将企业文化有机融入旅游当中，尽量使员工感受到旅游不是旅行社的行为，而是企业的一种荣誉至上的集体活动，使一次奖励旅游活动成为参与者永远值得记忆的事情，而不仅是游山玩水。从1996年广之旅开始涉足会展奖励旅游市场开始，几年来，广之旅承办了大量的会议奖励旅游，取得了令人瞩目的成绩。

新之旅虽然没有像广之旅那样设立专门的奖励旅游部门，但是它也成立了会展项目部，专门负责筹划遍及世界各地的展览、招商、培训等大型项目，提供资讯、策划、操作等一系列的服务。2001年，新之旅多次邀请国内外专家对其员工进行培训，提升他们对MICE（meeting、incentive、convention、exhibition）市场客户需求的细分能力。同时，为进一步推广会展奖励旅游概念，新之旅组织了"新世纪——新之旅MICE主题晚会"。晚会共有国内外旅游界要员和美国友邦保险、惠普等知名企业的400余名嘉宾参加，大会围绕有关MICE在国外的发展现状及国内旅游界如何开拓该市场等几大议题展开热烈的讨论，推广了奖励旅游的概念。在广州会展奖励旅游市场起步较早的新之旅将在今后更好地扮演领航者的角色，与同行一起推动广州MICE市场的发展。

在专业人士眼中，广州发展奖励旅游的前景是非常乐观的。2004年，来自上海的太平洋安泰人寿保险公司奖励旅游团共1000多人抵达广州新机场，该团在广州举行年度业务颁奖大会，并进行了为期4天的奖励旅游活动。这只是一个缩影，在泛珠三角合作的大环境下，通过成功申亚、启用新机场、建成大学城等一连串的大事，证明了广州作为国际大都市的综合实力不断加强，也吸引了越来越多的中外大型企业把广州作为开展会展、奖励旅游活动的目的地。只要继续宣传推介既有历史文化内涵，又有现代化都市气息的广州形象，来广州进行奖励旅游的企业将越来越多。

4.2.3　国内奖励旅游存在的问题

奖励旅游在我国已有所发展，但由于受社会生产观念、生产力发展水平和经济发达程度等因素的影响，奖励旅游在我国还正处于探索阶段。总的来看，我国在发展奖励旅游时虽然取得了一些成绩，但也存在着一些问题，主要表现在：

1. 扶持政策不足，现行制度有障碍

近年来，各级政府大力发展旅游业，将旅游业确定为国民经济新的增长点或支柱产业。目前，虽然在旅游整体行业上，国家有较多的政策支持，然而目前相关的旅游政策法规中仍未出现扶持奖励旅游的政策，甚至出现了不利于培育该市场的规定。如2004年2月，财政部、国家税务总局依照我国现行个人所得税有关规定，明确规定企业以免费旅游方式奖励员工，应根据所发生费用全额计入员工所得，依法征收个人所得税，并由提供上述费用的企业和单位代扣代缴。

该通知对于我国奖励旅游事业造成了巨大的负面影响，大大降低了企业组织奖励旅游的能动性，也削弱了参与奖励旅游员工的积极性。[1]部分企业因此削减开支：压缩奖励的旅游时间，改变旅游计划，甚至改成了现金奖励和物质奖励。这在一定程度上阻碍了奖励旅游在我国的普及和推广。所以，目前国家层面对奖励旅游的扶持政策明显不足，现行制度在会计制度、税收和其他公共政策方面现存的一些政策和制度对奖励旅游的发展具有一定的限制和障碍。

---

[1] 洪秋艳.关于推动国内奖励旅游发展的若干思考［J］.桂林航天工业高等专科学校学报，2010（3）.

2. 观念认识不足，理论指导缺乏

企业缺乏对奖励旅游足够的了解，思想观念淡薄。目前，国内的一些企业和个人仍将奖励旅游看作一种公费旅游，是企业给予员工、客户的一种福利；他们没有看到奖励旅游在增强员工、客户忠诚度和企业的凝聚力、向心力方面所具有的附加值。这些观念在很大程度上阻碍了我国奖励旅游的发展。许多企业在组织奖励旅游时，往往只是单纯地组织员工、客户参加普通的旅行社，游玩的档次不够高，而且只是一种被动式的游览，受奖者只是被动地观赏风景，而没有达到奖励旅游的真正目的。同时，许多企业在对经销商、代理商和客户等对象的奖励旅游领域还几乎是空白，对奖励旅游缺少前期规划和预算，同时与企业文化的结合也尚嫌不足。

我国旅游界人士在奖励旅游方面的理论和实践水平已成为制约我国奖励旅游健康、快速发展的一大障碍。到目前为止，国内对奖励旅游理论的研究仅仅限于期刊上不多的文章，缺乏系统的理论性著作；报纸、网站上有关奖励旅游的介绍也多是新闻性或广告性的。理论基础的薄弱直接导致了我国奖励旅游业务发展的低水平；同时，学术界对奖励旅游重视程度不够，国内奖励旅游理论知识出现了"虚化"现象。这从思想上和理论体系上都会对奖励旅游的发展产生很大的不利影响。

3. 行业机制混乱，整体发展缓慢

由于旅游活动操作相对简单，产品可模仿性较高，造成我国旅行社的数量庞大、规模小、竞争激烈，企业的小规模限制了它们对旅游产品的深度开发。由于旅游产品的相似性，为了争抢客源导致的旅行社之间的竞争多为价格竞争，造成了旅游行业的恶性循环。

国外奖励旅游的市场操作中会融入一系列的策划公司、公关公司、拓展俱乐部加入到整个奖励旅游的策划、设计、接待和宣传中来，而国内旅行社在整个资源方面以及和其他机构的配合还不够紧密，亟待提高。目前在我国奖励旅游的发展主要集中在长江三角洲、环渤海地区和珠江三角洲等经济发达的地区，这些地方相关的配合机构较发达，而其他地区奖励旅游发展很缓慢，造成了我国旅游市场发展不平衡。

4. 产品结构单一，专业人才匮乏

我国的奖励旅游活动开展初期，大多采取以观光、购物旅游活动作为主要内容的活动方式，旅行社或旅游公司仅仅提供观光、购物。这种单纯性旅游的方式不能满足奖励旅游者的需求，奖励旅游的活动项目单一，缺乏创新和多样性。奖励旅游的目的就是给参与者留下难忘的经历，需要旅行社为奖励旅游创造出别具特色的活动。因此，开展各种丰富多彩的参与性活动以及使活动日程的安排适合企业的特点和需要就显得尤为重要。

奖励旅游从业人员的素质要求高于常规旅游的从业人员，他们必须具备非常高的专业素质，包括临时应变能力、危机处理能力、创造力、很高的团队合作能力、统筹运作能力，才能真正考虑到客户的需求，但在我国这方面的专业人才还比较缺乏。我国从事旅游行业的人员一般不是科班出身，不具备较高的专业知识；我国奖励旅游发展较晚，国内有关奖励旅游的相关书籍缺乏，旅游从业人员对国外的发展情况也不甚了解。这些都成为制约我国奖励旅游产业发展的问题。

5. 市场发育不平衡，促销力度不够大

旅游目的地的范围选择相对狭窄，国内奖励旅游的目的地主要集中在长江三角洲、环渤海地区和珠江三角洲等一些经济发达的地区和大城市，以及一些历史文化旅游资源、自然观光旅游资源丰富的地区；出境奖励旅游目的地则以东南亚、韩国、日本最受青睐。我国奖励旅游的目的地选择范围过于集中，整体市场不均衡，市场竞争非常激烈。如果目的地旅游市场不稳定，受到不可预测的因素影响，开发奖励旅游将面临很大的风险，长此以往将不利于我国奖励旅游市场资源的有效配置。①

奖励旅游发展初期，国内企业基本不具备进行奖励旅游的条件，但这几年国内的旅游资源以及相关的硬件设施非常完备，已经具备了接待奖励旅游的条件。但是由于我国旅游业兴起时间晚，虽然有了相应的奖励旅游产品，相应的软件条件却没有跟上，所以在有了非常好的旅游产品后，没有很好地运用促销手段，这也影响了我国奖励旅游的发展。正像2001年北京旅游局组织世界上从事奖励旅游的大腕们对北京考察一样，在他们结束了对故宫、颐和园、胡同、中国大饭店等景点和饭店为期3天的考察之后，不约而同地表示："北京完全具备接待奖励旅游的一切条件，我们下次一定要带团来"。②

虽然目前奖励旅游的现实市场仍然较小，但对世界奖励旅游需求来说，中国是个非常具有吸引力的目的地。对大多数北美和欧洲市场来说，在自然、文化，特别是在安全、方便方面，中国是非常独特的，是举行远程奖励旅游理想的目的地。由于这些地区的企业员工，对本区域的旅游目的地已经多次光顾，对参与者来说，不是那么新鲜而独特，中国作为目的地的吸引力显得格外突出。对中国来说，主要的问题是对这些市场缺乏精心设计的促销宣传活动，而具有足够知识和技能的专业奖励旅游策划机构也非常缺乏。③

---

① 杨星. 我国奖励旅游存在的问题及解决对策［J］. 科技信息，2009（8）.
② 孙中伟等. 奖励旅游基本理论与国内市场发育现状分析［J］. 石家庄师范专科学校学报，2003（6）.
③ 张广瑞. 中国的奖励旅游：从概念到实践［J］. 旅游时代，2007（4）.

4.2.4 对策与建议

1. 培育良性发展环境,规范旅游行业发展

我国的奖励旅游要获得飞速发展,必须得到政策的大力支持。奖励旅游活动涉及多个行业,政府要明确对奖励旅游发展的主要职能,包括制定行业法规、进行市场管理、组织整体促销、提供优惠政策、优化服务环境和开展人才培训等。奖励旅游市场的发展需要政策上的支持和信息导向方面的帮助。

第一,加强调研,规范奖励旅游市场。政府相关部门应该加大支持奖励旅游产业对经济贡献度的实践调研和数据的收集整理,推出具有约束力的规章制度,鼓励良性竞争,建立优胜劣汰的市场机制,发布公告帮助购买者和消费者理解奖励旅游的内涵与作用,有效培育和扩大奖励旅游市场需求。

第二,政府部门应采取一系列优惠措施,如优惠税收政策,给奖励旅游企业或本地奖励旅游供应商营销补贴等方式来拉动奖励旅游市场的发展,制定有利于奖励旅游产业发展的各种相关政策。

第三,政府应积极组织一些实力雄厚的旅游企业赴国外参加部分大型知名的旅游会议和展览活动,或出面邀请国际奖励旅游旅行商来国内考察,聘请国外专家开展奖励旅游培训讲座。

第四,在市场培育初期,政府还应鼓励相关部门组织中小型奖励旅游供需见面会,将供需双方汇聚于一起,增强各方对奖励旅游内涵的理解,帮助旅游企业与国际买家进行直接的、面对面的贸易洽谈,为奖励旅游市场的国际合作提供各种方便和非常有利的条件和环境。

奖励旅游作为一种需求弹性大的高端旅游产品,当潜在需求已具备时,供给无效会抑制需求的实现或使其转向其他的消费方式。旅行社作为供给方的中间商与供应商,只有加强行业自律、规范经营、积极创造和引导消费,才能推动奖励旅游市场的繁荣与发展。从理论上讲,行业管理是企业自然选择的结果,但鉴于中国旅行社制度变迁中的路径依赖现象,政府应在行业管理组织形式与发育初期起一定作用,成立相应的协会,制定行业规范,促进培训交流,进行营销推广等。

美国之所以一直高居全球奖励旅游需求与供应的首位,与其独立、成熟的行业组织有很大的关系。如1973年成立的SITE(国际奖励旅游经理人协会)目前已是全球性的组织,2100名成员中来自美国的占多数,在发布行业信息交流等方面起到了重要作用。另有奖励行为协会(Incentive Federation)和奖励行为研究基金会(Incentive Research Foundation),前者主要来游说美国相关政府部门为奖励行为争取更多的政策和政府支持;后者主要赞助和支持有关企业奖励手段的应用、投资回报率等的专项调研。独立的行业组织在促进交流与培训、反映前瞻信息与引导行业健康、良性发展方面起到了重要作用。①

我国政府应在大力支持奖励旅游发展的同时，还要规范我国旅游行业的整体发展。我国旅游行业发展相对混乱，要给奖励旅游创造出一个良好的环境，必须规范相应的法律、法规，要定期对那些可以从事奖励旅游的企业进行检查、监督，彻底清除非法从事奖励旅游的旅行社，保证奖励旅游市场朝良性方向发展。

同时，还要与多方配合，形成一套完整的奖励旅游体系。加快旅游目的地的配套设施建设，扩大奖励旅游目的地的选择范围，是促进奖励旅游的进一步发展的重要条件。旅行社应与策划公司、公关公司、俱乐部、景区景点密切联系，根据奖励旅游参与者的特殊要求来创造出别具一格、非同寻常的旅游产品。

2. 不断创新，开发多样性奖励旅游产品

目前，我国在奖励旅游产品方面大都缺乏创新。以北京为例，北京传统的旅游纪念品购物区都集中在各大景区和西单、王府井、前门、友谊商店等地，这些店的商品对于已经来过中国的游客没有太大的吸引力，而新兴的一些超市又都是国外的品牌和风格，因此北京急需建设新的、适应奖励旅游客人需求的购物场所；北京的娱乐场所也有待改进，目前外国游客看的还是京戏、杂技等传统项目，没有什么创新，缺乏长久的旅游吸引力。因此，在奖励旅游产品开发方面，要不断创新，努力设计和开发高标准、多样性的奖励旅游产品。奖励旅游产品的创新应从以下几个方面入手：

第一，量身定做新颖、独特的奖励旅游产品。为了有效发挥奖励旅游的作用，奖励旅游从策划到运作，需要结合企业独特的文化理念，量身打造。目的地的选择也应该是个人难以前往的古堡、沙漠、原始森林、历史遗迹等，要设法提高奖励旅游企业重复购买的欲望。

第二，将奖励旅游和会议等其他形式相结合。美国奖励旅游执行协会主席保罗·弗拉基认为，随着奖励旅游的发展，纯奖励旅游活动已不能满足人们的需求，将奖励旅游和会议旅游合二为一的"奖励性会议旅游"方式可成为新的发展趋势。由此，奖励旅游应该朝着与会议、拓展培训等相结合的方向发展，而且这个"会议"的概念应该广义地涵盖企业会议、培训、颁奖典礼、主题晚会和晚宴、舞会、小礼物或个性化奖品赠送等多种形式与多项内容，特别是拓展培训要以培养合作意识与进取精神为宗旨，凭借山川湖海等自然环境，设计出创意独特的户外训练和别出心裁的活动，有目的地把企业文化有机地融入旅游环节中，综合提高员工们的心理素质、人格品质和团队意识。

---

① 李晓莉. 中国奖励旅游经营的特征、问题与思考——基于旅行社的访谈分析［J］，旅游学刊，2011（11）.

第三，奖励旅游设计的项目要突出参与性、互动性和体验性。奖励旅游活动在让旅游者保持娱乐性的同时，要安排一些既能调动游兴，又可留下深刻印象的体验性旅游项目，让参与者既能领略自然美景和异地风情，开阔视野，丰富阅历，又可满足被认同和受尊重的心理需求，感受到精彩，最终达到"意外惊喜"或"非比寻常"的目的。

在奖励旅游发达的国家和地区，奖励旅游产品的开发会从高的回头客比率的思路出发。"需求引导供给"虽然是旅游市场发展的主要规律，但是目前我国奖励旅游市场的发展首先是"供给"，其次才是"需求"。在调查中我们发现，我国回头客的比率明显偏低。可见，一方面由于人们对奖励旅游这种新产品的需求还比较盲目甚至不知所措；另一方面则是有效供给非常不足，即旅行社提供的奖励旅游产品与普通旅游产品无多大差异，更无特色。

目前，供给的奖励旅游产品大多质量一般、档次不高、内涵不深刻。因此，解决我国奖励旅游发展问题的关键应该是提高供给水平，确保有效需求得以实现。首先，旅游部门对奖励旅游市场要深入调研，找准目标市场，并通过足够的投入，将满意的奖励旅游产品提供给市场；其次，要加大对奖励旅游的营销与推广力度，注重对奖励旅游本质特征的宣传，向企业以及相关政府部门证明其高回报率，吸引潜在买家；再次，旅游行业在开发奖励旅游产品时应充分把握其购买者和消费者的心理偏好及其发展趋势，突出需求；最后，还可以采用旅游局主要支持、奖励旅游供应商等赞助筹资等多种多样的形式建立针对奖励旅游的研究基金，加强多方合作，聘用专业的调研公司及其专家进行专项研究，提升奖励旅游的专业操作水准。

同时，要重点突出奖励旅游的特殊性，设计高标准、多样性的旅游产品，从两个方面着手：首先，在产品设计方面，要有目的地把企业文化融入旅游活动中来。这要求旅游公司与奖励旅游主体企业密切配合，充分了解企业与参与者双方面的需求；其次，在组织活动方面，旅行社要根据参与者的性别、年龄、职业、爱好等特征，设计出内容丰富、富有特色的多样性的旅游产品，使参与者不仅可以获得娱乐上的享受，还能留下非比寻常的体验经历。①

3. 注重专业人才的培养，加大市场的宣传促销

在奖励旅游市场丰富的旅游资源下，目前我国还缺少专业的奖励旅游方面的人才。奖励旅游是高端会展旅游市场的重要组成部分，奖励旅游人才必须具备较强的专业能力，包括策划设计、公关组织、统筹指挥、合作协调、临时应变、危机处理和创新意识等多方面能力，这些能力是奖励旅游运作企业正常运转的保证。奖励旅游人才要做到真正为客户所想，精通业务的操作和流程。但是，目前我国还没有形成一套独立的奖励旅游教育与培养

---

① 蔡梅良，张玲霞.奖励旅游市场需求行为分异及发展策略研究［J］.湖南商学院学报，2012（4）.

体系，设置相关专业和课程的高校很少，人才培养无法满足奖励旅游市场发展的需要，奖励旅游教育明显滞后，也没有引起高校和教育行政部门的高度重视。

奖励旅游专业人才可以通过进修、定向委培和职业培训等方式来培养，具体途径举例如下：

第一，鼓励我国部分高校旅游专业、会展专业开设奖励旅游相关的课程，或者和高校合作，进行奖励旅游方面专业人才的定向委培。这样，不仅可以发挥高等院校旅游专业和会展专业的优势，做好奖励旅游发展的理论推广、指导和人才输送工作；而且高等院校可以充分利用奖励旅游业蓬勃发展的势头，加强与旅游公司的深度合作，将在校学生送到一线锻炼，培养一批实用型、复合型的奖励旅游高素质人才。

第二，条件较好的旅游公司可以独立培养自己的专业人才，也可尝试性地与国际奖励旅游相关的行业组织和机构合作，把有发展潜力的人才输送到国外或者国内发达地区学习，或邀请海外专家和国内资深业者对中国从业人员开展有针对性的培训工作，加强中国奖励旅游团队操作的专业化水平，将奖励旅游所有教育过程融入企业文化和经营理念。

第三，可以引进国外如美国、加拿大、英国等发达国家奖励旅游方面的专业人才及北京、上海、广州等国内市场发展比较成熟地区的奖励旅游的丰富经验，以达到企业专业人才与奖励旅游市场发展相适应的目标。

我国是世界旅游接待大国，拥有多元文化及丰富的自然、人文资源，日趋完善的设施和服务，完全可以成为推广奖励旅游的大国。对于奖励旅游需求市场的扩大，促销渠道及其策略的选择就显得极为重要。目前，一般旅游产品的促销主要是通过报纸、电视媒体、互联网、发放宣传单等传统途径。处于对奖励旅游产品内在的专业性特点和成本因素等多方面的考虑，除采取常见的促销手段以外，旅游公司还应与开展奖励旅游的企业密切配合，采用实地考察、人员销售、电话促销、登门洽谈、口碑传递效应等多样的方式，寻求一个恰如其分的主题包装与宣传途径。这是因为有关奖励旅游产品的决策可能涉及较大金额的支出，购买者不会仅仅通过看宣传手册、录像资料或传统广告就做出购买决定。

国内外的实践证明，邀请购买奖励旅游产品的企业决策者前往旅游目的地亲身体验旅游主体资源的方式能有效推动购买者做出最终决定。同时，在考察过程中，旅游公司可与主办方一道就奖励旅游主题的表现形式、产品的整体策划、餐饮、住宿、交通、娱乐设施等各方面要求进行细致的磋商、研究与设计。还应该以买者和卖者的直接接触为特点，以"一对一"营销观念为指导、定制化促销手段为原则，通过企业营销人员直接帮助或劝说消费者与买方购买，加强推销的针对性和目的性以及奖励与旅游的内在切合性。旅行社也可以主动上门推销精心筹划的奖励旅游产品，让更多的企业对奖励旅游有一个全面、深刻的认识，或主动通过电视宣传片、参加专业的旅游展等，结合当时旅游热点和公司实力，向广大企业推广。

另外，在旅游过程中，定制一系列印有本企业醒目标志的旅行包、衣物、帽子和小礼品等对奖励旅游产品乃至公司都可起到推广与无形的促销作用。[1]

4.2.5 我国奖励旅游的发展方向

1. 认识上——会得到越来越多的关注和支持

目前，国内对于奖励旅游的认识略显不足。首先，企业对奖励旅游认识不足，主要体现在两个方面：一方面是对奖励旅游的本质认识不足，把奖励旅游等同于企业福利。从本质上说，奖励旅游是一种管理手段，其行为不仅仅是对参与者的奖励，更是为了塑造企业形象；另一方面是对奖励旅游作用认识不足，将奖励旅游和现金奖励、物质奖励等常规奖励方式等同。其次，作为奖励旅游的组织者，国内旅游界对奖励旅游的认识还很不完善，把奖励旅游混同于一般旅游、公费旅游、吃喝玩乐等。[2]而随着奖励旅游在国内的发展，对于奖励旅游的认识将大为改观，奖励旅游也将得到越来越多的关注和支持。

第一，奖励旅游作为企业激励员工的工具取得很大成效，这是传统旅游无法提供的，也得到政府部门的认可。面对奖励旅游的良好前景，已有许多政府主管部门在大力开展奖励旅游的推介活动，鼓励有条件的企业对相关市场的开发。

第二，我国经济稳定上升，国民生产总值逐年提高，许多企事业单位、民营和私营企业都已获得长足发展，逐渐具备了发展奖励旅游的实力，并且在管理手段上也同国际接轨。迅速发展的国内企业已成为国内奖励旅游的主要消费者，国内奖励旅游市场不断扩大。大批外资企业进驻中国，也壮大了奖励旅游的发展队伍。

第三，由于奖励旅游利润高和季节性不强，未来将会吸引更多的旅游企业青睐这一产品的开发。如今旅行社已经进入了微利时代，传统的观光旅游价格一降再降；旅行社要立于不败之地，必须不断发掘市场的新要求，创新开发多种旅游产品，尤其是高利润的奖励旅游产品。同时，奖励旅游在季节上一般都错开了旅游旺季，这无疑又填补了这些旅游企业的淡季空白。[3]

2. 形式上——与会议、拓展、分时度假等相结合

会展业是由会议、展览和奖励旅游三个部分构成的，从严格意义上讲，奖励旅游是会展业不可分割的一个有机组成部分。但在会展业的现实发展中，会议和展览受到了很高的

---

[1] 蔡梅良，张玲霞.奖励旅游市场需求行为分异及发展策略研究［J］，湖南商学院学报，2012（4）.
[2] 刘勇.我国奖励旅游发展滞后的原因及对策［J］，商业时代，2009（31）.
[3] 秦艳萍.对我国奖励旅游研究的展望——中国奖励旅游研究综述［J］.经济研究导刊，2009（17）.

重视,奖励旅游受重视的程度还远远不够。因为奖励旅游参加者多属于一个组织(奖励旅游多是企业或者其他组织的优秀成员的聚会),因此多数企业往往将奖励旅游和企业会议结合在一起。事实上,奖励旅游与会展业的进一步结合,也主要体现在奖励旅游和会议的结合方面。特别是随着奖励旅游成本的增加,纯粹的奖励旅游逐渐衰微,和企业会议结合在一起的奖励旅游则逐渐兴起。可以说奖励旅游与会展业的进一步结合不仅是会展业进一步深化的需要,也是奖励旅游自身发展的趋势。

目前,国内的多数企业都较为重视企业文化的构建,尤其是培养团队合作精神等方面的拓展项目开展较多。而奖励旅游可以很好地和企业文化建设中的拓展项目紧密结合,旅行社等也可以针对拓展项目方面精心设计和奖励旅游结合的高端拓展训练。

分时度假(Timeshare,又称Vacation Ownership或Holiday Ownership),是横跨旅游业、房地产业、金融业乃至信息产业的商业新概念。它是以通过对酒店(度假村)、房地产、金融和网络技术等各方面的资源进行重组、整合、利用,达到旅游消费时空共享和资源共享的效果。奖励旅游与分时度假相结合,不仅对于经常实施奖励旅游的企业来说(当然,并不是所有的企业都适合这一方式),可以很好地降低成本,而且对于仍然使用疗养院对员工进行激励的国有企业来说,也有着更加深刻的意义(前提是要求疗养院机构加入到分时度假体系当中)。[1]

3. 内容上——主题设计等趋势越来越明显

每个企业的企业文化都是独特的,进行奖励旅游的企业也希望承办其奖励旅游活动的旅行社能为其员工量身定做一份特别的旅游产品。这就要求旅行社能够根据企业的具体背景、企业文化和此次奖励旅游的目的设计奖励旅游的主题,并以主题命名此奖励旅游产品,从而一方面体现了这份奖励旅游产品的独特,另一方面也使参与人员在过后回忆起来能够无意识地想到此次奖励旅游活动的美妙之处。可以说,一个好的主题设计一定程度上决定了一次奖励旅游活动能否成功。主题设计之时需要考虑的因素包括:

(1)企业情况

包括企业的性质、主营业务、公众形象、员工结构、实施奖励旅游的原因等等。例如以年轻女性参与者居多的奖励旅游,就可以设计成时尚购物之旅,而以年轻男性参与者居多的则宜设计成活力运动之旅。

(2)时间背景

企业文化还有特定时间的针对性,因此旅行社必须明确此次奖励旅游活动企业期望能实现什么目标。例如时间如果选择在某销售计划圆满实施之后,主题设计就应该考虑庆功的因素,而如果是选择在年终,就应该考虑表彰的因素。

---

[1] 高静.国内外奖励旅游发展比较研究[D].上海师范大学,2004.

（3）目的地

不同目的地的旅游风格不同。如果选择的是历史文化名城，例如北京就可以将主题定位为"帝王文化"之旅和"特色胡同"游；南京就可以将主题定位为"寻访秦淮旧影"之旅；而如果是风景名胜地，例如黄山就可以将主题定位为"极品黄山"之旅；等等。

（4）选择的形式

目前的奖励旅游形式有商务会议旅游、纯粹的休闲观光、户外拓展、自驾车、自由行之类。例如选择自驾车形式，就可以将主题设计为"车在旅途"，突出游客驾驶的感受，围绕旅途设计项目，比如设计路障使游客体验征服的快乐。

主题设计需考虑的因素很多，但只能综合提炼出一个具有特色的主题，该主题必须能够统领整个奖励旅游活动的过程，并力求能有助于达到企业的目的。[①]

4. 理论上——对内涵和外延的研究越来越广泛

国外学者对于奖励旅游的研究较为广泛，但大都还是集中在人力资源管理方面，学者们把奖励旅游作为企业奖励员工的有效方法，以凝聚企业的向心力、提高生产力和塑造企业文化。旅游企业对奖励旅游的研究则集中于奖励旅游的策划和组织上，以此更多地满足使用奖励旅游企业的需要。除此之外，国外对于奖励旅游的研究方向还有奖励旅游的效能、奖励旅游的目的地、奖励旅游产品的设计和奖励旅游的促销几方面。而我国学者对于上述几方面的研究，目前还较为欠缺，研究的数量和质量都亟待提升。

随着我国奖励旅游市场的不断发展、奖励旅游产品的不断完善和提高，我国学者对奖励旅游内涵和外延的研究方向也越来越广泛，例如，除了上述国外学者对于奖励旅游的研究方向之外，还可以进行以下方面的研究：

第一，对奖励旅游开发中各利益相关者的研究。利益相关者主要涉及奖励旅游的购买者、开发经营者、获奖的旅游者及其家人，如何使这几者之间实现利益均衡、实现利益最大化可以成为一个研究方向。

第二，对奖励旅游和各专题旅游相结合的研究。旅游业的发展呈现出多样化的发展趋势，各种专题旅游和特色旅游逐渐升温，奖励旅游也跻身于这一行列。而且，在众多的旅游中，奖励旅游是其中最具活力的一种，并与会展、休闲、文化、体验旅游等在内涵与外延上有许多重合。如何让奖励旅游与这些旅游相互融合、协调发展，从而促进旅游业的发展也应该成为一个研究方向。

第三，对奖励旅游市场环境的研究。奖励旅游需求市场受到多种因素影响，所有的旅游行为都是在一个大的宏观环境中进行。这个环境中的政治、经济、文化等因素的变化都

---

① 赵丽丽. 旅行社奖励旅游产品设计之研究[J]. 清远职业技术学院学报，2010（2）.

会影响奖励旅游的发展。对奖励旅游市场环境中的相关因素进行系统、科学的分析，可以有效地利用各种机会获得竞争优势；同时，避免潜在威胁和可能遭受的打击。

第四，对金融危机下奖励旅游的研究。金融危机令不少企业单位紧缩财政预算，奖励旅游成为财务缩减的主要内容之一。然而，越是在危机的时刻，企业员工越是需要安心和激励，企业尤其需用奖励旅游行业的沟通、启发和教育来缓解员工的紧张心态。同时，对于企业本身而言，在市场供需失衡的情况下，组织奖励旅游是相当划算的。因此，在多变的市场环境下，研究金融危机对奖励旅游的影响及对策也可以作为研究方向。①

章前案例分析

目前台湾地区已经成为我国奖励旅游发展的主要目的地。随着两岸交流的日益升温，台湾地区这几年已经成为大陆居民旅游的热门目的地之一。而台旅会利用国家旅游局下发《关于赴台旅游跨区域组团事项的通知》文件之良机，大举利用推介会等形式积极进入国内奖励旅游市场。由于企业奖励旅游团的成员一般都是优秀员工，费用由企业承担，收入也相对较高，在台湾地区的消费往往高于平均值，造成了台湾地区旅游行业对大陆奖励旅游市场的高期望值。所以台北世贸此次组织赴大陆的推介活动，吸引了众多台湾知名旅行业者和会展活动公司参加；台旅会还出台了相关配套措施，对赴台的企业奖励旅游团给予机场迎接、赠送伴手礼等礼遇。随着这些政策的实施，大陆赴台湾地区奖励旅游市场必将迎来一轮火爆的高潮。

本章小结

本章主要阐述了奖励旅游的基本概念、内涵和类型，概括了奖励旅游的特点和作用，对国内外奖励旅游的现状进行了深入的分析，揭示了中国奖励旅游存在的主要问题，提出了解决问题的建议和对策，并指出了奖励旅游未来的发展方向。

---

① 秦艳萍. 对我国奖励旅游研究的展望——中国奖励旅游研究综述［J］. 经济研究导刊，2009（17）.

复习思考题

一、名词解释

奖励旅游

二、简答题

1. 奖励旅游的基本特征是什么？
2. 奖励旅游的类型有哪些？
3. 奖励旅游的作用是什么？
4. 简述一般旅游和奖励旅游的主要区别。

三、论述题

中国奖励旅游存在的主要问题有哪些？针对这些主要问题请提出解决问题的对策和建议。

四、案例分析

玉溪卷烟厂"优秀调烟师奖励旅游"活动策划方案[①]

一、成功策划本次奖励旅游的前期准备

1. 此次奖励旅游的实质目的分析

调烟师是现代烟草集团新产品研发的高级骨干技术人员，专门从事对卷烟新产品的开发，在保留烟草的香味的同时，对尼古丁、焦油等有害人体健康的物质进行严格调控，尽量减少对烟民的身体损害。根据了解，在挑选合格的调烟师时，要求十分苛刻，尤其是在身体素质和技术水平高低上，因此，普通的调烟师年薪一般达到30万元以上。

北京神舟国旅雍和宫门市此次受红塔集团玉溪卷烟厂厂部的委托，对本年度被评为优秀调烟师的10名员工以及一名优秀女主管策划一次奖励旅游活动。其中男性6名，女性5名，男女比例基本上维持在1∶1。这样的比例有利于本次奖励旅游线路及特殊行程的安排策划。

2. 客户的企业特性与背景分析

玉溪卷烟厂为全国卷烟行业唯一的国家一级企业，中国乃至亚洲最大的现代卷烟生

---

① 本篇文章来源于神舟国旅旅游频道（http://www.guolvol.com/abroad/）；本文地址：http://www.guolvol.com/abroad/2010/0822-80523.html。

产基地，以卷烟的优质高产闻名遐迩，享誉海内外。玉溪人以"天下有玉烟，天外还有天"作为企业精神，它生动、形象地体现了广大玉烟人的共同信念和必胜信心的精神风貌。要做到这一点，就必须练就一流的技术，创造一流的产品，提供一流的服务；就必须树立一流的厂风，培养一流的素质，造就一流的人才队伍。因此，培养和留住企业优秀技术人才至关重要。

调烟师作为该企业的特殊人才，在开发奖励旅游时，我们应重视他们注重个人隐私和希望受到团体注目等特点，再根据不同性别类型的客户进行不同规划。这些人员作为一个团体，应推出既具有团体协作性，又注重个人享受的旅游产品。

3. 行程的特殊要求分析

调烟师为高级技术人才，长期处于较为压抑的环境下工作，渴望得到放松，有多数为年轻人，鉴于这一点，可推出探险、狩猎、登山等个性突出、探险性强的旅游产品；他们属于高消费群体，对价格不敏感，对住宿和餐饮质量要求高，因此在饭店选择时可以选择四星级以上的酒店；同时这些年轻人正处于恋爱阶段或新婚初期，容易追求浪漫的旅游方式和旅游产品。丽江作为浪漫之都、柔软时光的胜地应作为首选目的地。

同时，我们还要举行具有民族特色的主题晚会或惊喜派对。根据场部要求，期间还要对此11位员工开一个表彰大会，会议地址选择上应尽量空旷，具有一定的特色。

4. 对企业的预算分配分析

根据厂部财务处分配额来看，本次奖励旅游最大可用资金为10万元，其中除要求召开一个小型的表彰大会外，其他活动由本旅行社做具体安排。神舟国旅雍和宫门市蒋经理认为，该企业此次奖励旅游经费比较充裕，且奖励对象都为高薪阶层，在奖励旅游次数、主题活动、出游时间上可做较为宽裕的安排，所以有信心将其举办成为丰富多彩、娱乐身心的旅游活动。

二、本次奖励旅游的执行流程

1. 决定执行人员及工作分配

经过神舟国旅内部会议讨论，决定此次策划方案由市场营销部完成，其他部门配合其完成工作。根据策划方案决定选配一名特种导游和一名优秀的地方导游。特种导游主要负责探险旅游的引导工作，而导游则负责丽江观光景点的解说引导工作。全部方案由市场部经理统一指导。

2. 行程设计与规划

（1）明确线路名称："寻梦香格里拉"

（2）旅游线路：丽江—香格里拉县—泸沽湖—亚丁稻城—丽江

（3）计划活动日程：

6月8日抵达丽江，住宿国际大酒店，当天游玩古城，次日上雪山，感受玉龙风情。

6月10日乘越野车抵达中甸，游玩3天。主要景点：松赞林寺—纳帕海—奔子栏—金沙江第一湾—东竹林寺—德钦县城—梅里雪山。

6月13日晚抵达泸沽湖，游玩3天。D1：参加摩梭人的民族歌舞晚会，住宿湖边摩梭人家；D2：乘船游泸沽湖，游玩蓬莱三岛，还有半天，沿湖溜达。晚上吃湖边烧烤，与摩挲姑娘、小伙聊天。

6月16日起程去稻城亚丁。路线：稻城—日瓦，俄初山—冲古寺—洛戎牛场—牛奶海，五色湖—海子山。游程为3天，20日返回丽江，在丽江国际大酒店举行优秀调烟师表彰大会。

（4）线路评价与分析

本路线主要是为厌倦常规旅游而喜欢特别体验和刺激的特种人群所设计的，本次服务对象都属于文化水平较高的年轻人，热爱探险，这条线路适合团队协作精神的培养。且由于奖励旅游的特殊性，顾客对价格不敏感，而更注重旅游给他们带来的超值体验。

这条始终以"寻梦香格里拉"为核心的线路与其他普通旅游线路相比，具有以下几个特点：

① 线路设计上更进一步。选择国家级科考探险线路，深入到鲜为人知的最美的一段，集民族风情、雪山探险、野营、骑马、生态、科考、摄影于一身。整个行程安排在普通游客所能吃苦受累的承受范围之内，而不是一味地艰辛和探险。

② 安全保障更进一步。拥有全套野外生活装备，由具有10年专业野外生活经验的特种导游一名及有经验的越野司机一名，全程专业带队。

③ 旅游体验更进一步。在行程中安排了特别的体验活动和培训讲座，奇景、民风、人文尽领略，甚至到藏民家做客。

④ 旅游服务更进一步。探险生存培训，全程VCD录像，并在活动之后制成光碟送给顾客。

这样的旅行就像新的呼吸，令人感觉心旷神怡。普通的旅行常常走马观花，呼吸一下就过去了，而这样一种旅游值得他们去体验深呼吸，只要一次，就可以回味一辈子……

（5）出发前动员誓词

除在丽江住宿酒店外，大部分地区住宿为帐篷露营或住宿当地民居，途中需忍受泥泞山路的颠簸，需习惯瞬息万变的霜雨与烈日，需克服在万丈悬崖上盘旋行车的恐惧，需在军用帐篷中忘掉热水、灯光与抽水马桶，咀嚼着青草的香味沉沉入睡。总之，需要一种激情，就是无论多脏、多苦、多累、多险，你也能爱这条路，因为这是寻梦香格里拉之路。

（6）征询企业意见

策划方案制订后，征询玉溪卷烟厂领导及11位受奖励员工的意见，再进行局部的改动。与企业决策者进行面对面的交流，同时介绍北京神舟国旅有关奖励旅游的行程、路线、活动设计、服务、经典案例，让企业决策者了解本旅行社能为企业提供哪些细致、独特、完美的服务。

三、与玉溪卷烟厂保持密切的售后关系

1. 适当时间举行企业招待会、联谊会等活动。旅行社还可举办野餐会、舞会，举办旅游摄影比赛等活动，扩大影响。

2. 赠送纪念品，寄生日贺卡和假日贺卡，或者赠送特殊奖品。

请结合上述案例，尝试为单位或最熟悉的组织做一个奖励旅游的策划书。

第 5 章

策 划 概 述

学习目标

知识目标

- 掌握策划的含义和基本特征;
- 了解策划的重要意义;
- 熟悉策划的基本要素与基本原则。

技能目标

- 了解策划的一般程序和一般方法,能结合案例说出策划的一般程序和方法,能根据策划的一般程序和方法写出简单的策划方案。

关 键 词

- 策划、策划的基本特征、策划的基本要素、策划的基本原则、策划的一般程序、策划的一般方法

第5章 策划概述

案例导入

策划的时代已经来临[①]
——晏滔在北京人文大学新生见面会上的讲话

步入大学学堂是人生的一个重要转折点,我为在座的莘莘学子感到骄傲。同学们,从这一时刻回顾从前,我们经历了一个悠长的学生时代;从这一时刻展望前程我们依然还要走过不短的学习历程。昨天和明天同样都是面对学习,为什么在今天这个时刻我们说是人生的转折点呢?就拿前几日大家进入大学校门报到时候的心态来体味吧,我遇见许多同学来咨询说:"我报的这个专业,毕业后好找工作吗?"从这个问题延伸到人生,我们看到明天的学习是带着"向量"的。在中学数学中我们都学过"向量"的概念,同一数量的符号,头顶上加一"横",它的性质就不同了。用这样的隐喻同学们能领会吗?明天与昨天的不同就在于我们明天的学习带有了明确的人生方向!

今天我在这里要向同学们推荐介绍一位你们的同龄人,她像你们一样充满着青春的激情,满载无限的希望和美好的前程。她是谁?她的名字叫"现代策划"。我深深地知道大多数同学还不认识她,这是我今天要在这里讲的核心命题:"策划时代已经来临。"为什么说是个"命题"呢?因为"现代策划"她还很年轻,她的概念形成也就在同学们出生的年月里。虽然策划的祖先非常古老,她与中国的文明一样久远。

……为什么人文大学要在这一时刻来与新生们说策划的故事呢?它的意义有四点:它的意义之一在于:人生即是经营,人生必须策划。同学们赞同我说的这一观点吗?它的意义之二在于:古典策划最初的意义都来于"兵法",来于"军队",在同学们参加军训后有了军营体验后,我们说说"孙子兵法",说说"三十六计",或者诸葛亮的"隆中对"不是挺有意思吗?它的意义之三在于:大学生就业难,一个根本的原因就是知识的转换工作不知道如何去做好。那么学习策划,它能够使同学们快速地将知识转变为能力,学好策划,就能为提高同学们的就业竞争力找到一条有效的途径。它的意义之四在于:策划的最大特点是"设计未来",是人生的"第四项修炼",北京大学曾经开设了一个《策划改变命运》的论坛,在这个论坛上提出了一个"世纪命题":商务策划是现代人需掌握的外语、计算机和驾驶之后的第四项基本生存技能……

晏滔:现任北京人文大学策划系教授,百脑会首席研究员,《东方策划学》(当代世界出版社)作者,《中国策划家年鉴》执行主编。

---

① 资料来源:北京策划家俱乐部新浪微博,http://blog.sina.com.cn/s/blog_4fd26c1c01000bdf.html。

5.1 策划的含义和基本特征

中国已经进入策划时代，人人都在谈策划：营销策划、广告策划、活动策划、企业策划、房地产策划……策划已经成为中国乃至世界各个领域至关重要的环节。但是，策划到底是什么？策划对于我们的生活与工作到底有哪些重要的意义？我们如何成为一个合格的策划人？在谈论会展策划之前，不得不对策划做一个深入的了解。

随着我国信息产业、文化产业与创意产业的不断发展，策划发挥的作用越来越明显。策划到底是什么？在现实生活和策划工作中，没有人能一句话将这样一个应用如此广泛的词语简单地表述出来。策划在各个领域都得到应用，比如对于民营企业家，策划是"无中生有"；对于搞数理经济的，策划即运筹；对于房地产商，策划是思想采购；在思想家眼里，策划即道；而对于军人来说，策划即谋略，即兵法……

5.1.1 策划的含义

我们将策划的定义归纳为：所谓策划，就是在人类的社会活动过程中，人们为了达到某种目的，在综合运用各方面信息的基础上，思维主体（个体或群体）利用一定的科学方法和手段事先进行系统、全面的构思与设计，从而制订合理的、具有可行性的方案并在实施与执行的过程中根据目标的要求和环境的改变不断对方案进行调整的一种创造性、思维性的活动过程。

策划主要包括以下几个方面的含义。

1. 目标——策划的起点

策划是为了一定的目标和目的才进行的活动，目标是策划希望达到的预期效果。由于策划的涉及面很广，策划的目标可以是很多种，比如政治目标、经济目标、军事目标、企业发展目标、市场营销目标、人生目标等等。

2. 信息——策划的基础、素材

信息是成功策划的基础。任何成功的策划都必须是站在对各个方面的信息的综合分析与筛选的基础上的，成功的策划本质上就是创造性思维的过程及结果。策划主体通过发挥主观能动性把各种信息在头脑中进行加工与创造，使灵感与创意再有序组合成可行的方案。

3. 创意——策划的核心

策划的核心内容是出谋划策，是创造性思维的结晶。在一定的目的驱动下，策划主体在全面综合各种信息的基础上，制订出具体的实施方案并在实施过程中加以调整。这其中需要策划主体发挥创造性的思维，发现问题并提出解决问题的方法。创意决定了方案的独特性，也决定了策划的效果与功效。

4. 策划是一个综合系统工程

不管是大策划还是小策划，策划主体都需要根据目标需求，考虑自身情况、环境状况等因素，通过思维及创意制订出实现目标的直接或间接的方案，在对方案进行分析、比较和修改的基础上，选择最有效的方案付诸实施，然后在实施过程中进行再修改、再实施，最终达到目标。这一整个过程都是系统工程总体思想的体现。

5.1.2 策划的基本特征

策划具有其特殊的本质特征，充分认识和掌握这些特征有利于策划的圆满完成。策划具有以下特征：

1. 目的性

目标是策划的起点。任何一项策划必须是为实现某一个或者某些特定的意图和目标而服务的，策划的目的是否达到是评价策划成功与否的唯一标准，这就是策划的目的性。当然，在一定条件下，策划活动也可能会同时存在几个目的，即目标多向化、多元化，即使这样，策划目的也是极其明确具体的。从策划的实施主体来看，策划目标可以是团体目标，也可以是个人目标；从目标的层次划分，策划目标可以分为总目标和分目标；从重要程度上划分，策划目标可分为主要目标与次要目标。由于目标本身具有明确性、可行性和可塑性，策划目标规定了策划涉及的范围及策划方向，集中策划主体的注意力与行动力，引导策划走向最后的成功。

2. 超前性

策划是针对未来事物的，它是立足现在的情况和环境进行深入调查研究的基础上，对可能影响策划结果的未来的各种不定因素和变量进行预测。策划是行动的指南。在大量的信息面前，要做到去伪存真、去粗取精、由表及里，分析其内在的本质。"凡事预则立，不预则废"，但是策划的超前性是以尊重现实为前提条件的，不能脱离现有的基础，不然做出来的方案只是一纸空文，没有实施的可能性。成功的策划既有超前性，最后又能落到实处，达到策划想要达到的预期效果。

3. 创意性

概念创新和理念创新是策划的本质特征，这也是策划不同于计划的地方之一。如果策划没有创意，只是对信息资源与知识的整合，这样做出来的方案不是策划而只算得上是实施计划。计划和规划具有硬性的指标为参照，属于一种定量分析的指导方案。而策划是具有创意的构思安排，为了达到预期效果，策划必须要有创造性的新思路、新观点和新的解决办法。只有这样，策划才能做到别具一格和与众不同，策划主体以丰富的想象力和创意思维为事物的发展提供新的发展方向和解决思路。

创造性的思维是策划生命力的体现。创造性的思维方式，是一种高级的人脑活动过程，创意的产生和形成需要渊博的知识底蕴、敏锐的觉察力、精妙的想象力和活跃的灵感，从而将知识和智慧转换成策划活动的智力能源。策划的创意性要求策划主体必须具备各个方面的相关知识，包括策划专业知识、文化底蕴、营销策划知识、广告知识甚至是设计知识等。只有具备了深厚的理论知识，策划主体才能在有据可依的基础上发挥超强的想象力、张开智慧的翅膀，去想象、去创造、去畅想。

知识链接 5.1

娃哈哈宗庆后的持续创"新"之路[①]

宗庆后的娃哈哈新品推出的速度在本土食品行业内是数一数二的。的确，目前娃哈哈每年都能推出2~3款新产品，现在热播的综艺节目《星跳水立方》的冠名赞助就是娃哈哈的新产品"启力"，而在刚落幕的《我是歌手第一季》节目中做赞助的"格瓦斯"也是2013年娃哈哈主推的新品。

1987年，时年42岁的宗庆后白手起家，开始了艰苦的创业历程。从"喝了娃哈哈，吃饭就是香"到"推出非常可乐，打响与国外洋品牌竞争第一枪"；从推出娃哈哈童装，到进军商业零售开设娃欧商场……26年后的今天，不断创新、不断品牌"跨界"的娃哈哈已经成为中国最知名的民族品牌，娃哈哈集团成为目前中国最大、效益最好、最具发展潜力的食品饮料企业，全球第五大饮料生产企业，生产含乳饮料、饮用水、碳酸饮料、果汁饮料、茶饮料、保健食品、罐头食品、休闲食品等8大类100多个品种的产品。

---

① 资料来源：凯纳策划，http://www.cannor.cn/sh/cshow_3032_78.-html。

宗庆后在做客中国经济网《经济热点面对面》"聚焦2013两会"特别节目时，在被问到企业最需要的正能量是什么时，曾表示"不断地创新！不断地创新才能使企业不断进步，才能把企业经营好。"

正是持续不断的品牌和产品创"新"，让娃哈哈逐步构建起了一个拥有丰富产品线的品牌帝国，让"娃哈哈"在品牌的一次次延伸中也得到了一次次的需求聚焦和扩展。而且，很多娃哈哈创新产品的营销策划推广，都在试图跨出原有的品牌界限，向着更广域的产业市场拓展。比如说娃哈哈力推的爱迪生奶粉，就是一次成功的"跨界战"。

一个大众化品牌如何做高端市场？上海凯纳为娃哈哈爱迪生奶粉的跨界营销策划运作提出了一系列的战略战术规划，从"爱迪生借船出海，娃哈哈保驾护航"的运作思路，到"营养科学配比，专为中国宝宝设计"的专业婴幼儿奶粉品牌的诉求定位；从地面推广体系的重新构建，到产品线的延展。在国产奶粉品牌信任危机的行业大环境下，娃哈哈爱迪生奶粉已经表现出了生生不息的市场生命力。

4. 综合性

策划是一个综合系统工程。策划的综合性表现在很多方面。比如在制订策划方案之前，需要对现有的信息进行系统的整理、分析、筛选，策划主体需要运用自身多方面的知识，发挥创意思维，为策划做智力资源准备。又比如在整个策划的过程中，策划主体要在不同的阶段做不同的事情，从策划主体的制定，到信息的分析，再到创意的产生和形成等，最后到方案的执行，再到方案执行过程中的调整，整个策划都是一个系统的过程。这样一个系统的过程综合了策划主体的知识与能力，综合了策划环境的好坏，综合了策划委托方的各种要求。这就是策划综合性的种种表现。

5. 具体性

每一个策划都是综合过程中具体的每一步，最后达到策划的目的。策划不只是对未来的行动提出指导性的意见，而且是对于未来行动的每一个具体细节都要做周密的分析和预测。比如策划一场大型演唱会，策划主体必须对演唱会的每一步进行细致而又精密的布置和安排，大到演唱会主题的制定、场地的选取、明星的邀请，小到舞台前鲜花的颜色和数量、嘉宾姓名的确定等，每一步都需要提前策划好，以便演唱会的顺利举行。不同的客体对策划的要求都不一样，即使是大致相同的主题，也会因为特定的时间阶段或者场合在策划的意义和目的上的要求不一样，需要具体情况具体分析和对待。如果没有具体到每一步的精心安排，策划就只能停留在构思上，不可能开出美丽的花朵、结出策划的果实。

5.2 策划的重要意义

通过对策划的了解,我们知道,人类的活动离不开策划,不论是生活中的新闻策划、广告策划、影视策划,还是学术上的选题策划,乃至人生的事业策划、职业策划,策划已经无处不在、无时不有。那么,策划到底有什么重要的意义呢?

5.2.1 策划为行动提供指导和纲领

策划是在行动之前对可能影响未来行动执行的不定因素进行分析,并提出具体解决方法的活动。有了策划作为指导,实践活动就有了参照的依据,事情就会朝着预期的方向发展,事业才会获得成功,活动才能顺利完成,人生才能更加如意,经济才会加速发展。如果没有策划,一切都如摸着石头过河,就会增加更多失败的机会,多走很多弯路,甚至最后的结果就是失败。策划为行动的执行提供了具体的指导和方向,可以保证行动的有效性和可预测性,有效避免行动中失误的产生,从而减少行动的失败率。因此,策划为人们的行动提供了指导和纲领,具体的成功的策划是人们的实践活动取得成功的重要保证。

5.2.2 策划能增强行动的竞争力

策划是竞争的产物,没有竞争就没有策划。为了达到目的,策划主体发挥创意思维,在执行之前对信息进行全面的分析、加工,对未来要发生的事情进行预测,增加行动的执行力和有效性。在这个过程中,策划对有利于行动的各种因素和资源进行了优化组合,在取舍的同时,采取加强措施保障行动的竞争力,使策划起到点石成金的作用。

知识链接 5.2

达利:锻造品牌群狼的六大密码[①]

娃哈哈、农夫山泉是"通路结盟+新产品推动";两乐、康师傅、统一是"通路精

---

① 资料来源:南方略咨询——中国市场营销管理网,http://www.vmc.com.cn/pingpai/2/201349/005971.html,内容有删减。

耕"；红牛、露露是"单品突破+依靠通路做市场"；王老吉、六个核桃是"单品突破+通路精耕"。那么，拥有"达利园、好吃点、可比克、和其正、优先乳"等群狼品牌的达利食品玩的是什么套路呢？

在准确研判潮流中锚定商机

始建于1989年的福建达利食品，在2000年前是一个籍籍无名的蚂蚁型小企业，偏安于东南一隅，直到敏锐地捕捉住休闲小食品的市场商机，才得以大步流星地走向全国。

发现市场机会是企业或品牌腾飞的关键点和催化剂，中外大小企业概莫能外。扫描一下当今百亿级跨国企业以及3~5年做成几十亿元年销售额的本土企业，最初大都有凭借市场机会推出优势产品、迅速发展壮大的契机，而这个契机往往来自企业对整体市场潮流趋势的把握。企业一旦把握市场大势，抓住先机，锁定正在或即将大幅上升的市场机会，在产品上做出科学的选择，只要未来的上市营销推广中不出现致命错误，就能成功上位。

最典型并为大家耳熟能详的台湾顶新集团，就是得益于十几年前对中国大陆方便面产业趋势的研判并牢牢抓住了先机。在20世纪90年代初，仅仅经营食用油的顶新集团，在经过系统的产业研究后发现，大陆方便面市场绝对主体是一元以下的低价袋装方便面，便果断推出高端"康师傅红烧牛肉面"核心产品，迅速占领了大陆市场，一发而不可收，至今稳坐方便面绝对霸主地位。

欧美发达国家市场的发展经历往往会在国内市场得以重演验证。风靡国际市场的休闲食品是21世纪的热点产品，这意味着食品的"休闲化"将是中国市场的一大趋势。2002年达利大胆推出达利园蛋黄派，从而吹响了走向全国市场的号角。当时蛋黄派市场上只有乐天和好丽友两个国外品牌，价格居高不下，有能力消费的只有北京、上海、广州等一线市场。调研结果显示，普通消费者能承受的价格只有1元/100克，于是，达利食品果断将蛋黄派以竞争品牌对折的价位推向市场，许晴版"达利园蛋黄派，家家都喜爱"电视广告的密集播出，迅速引爆了蛋黄派市场，达利园蛋黄派一举成为派类产品的领头羊。

达利以和其正品牌切入凉茶市场，也是准确把握潮流趋势的另一典范。其时，王老吉已完成凉茶市场的消费教育工作，消费者不仅认识到凉茶的特殊功效，而且认识到凉茶不再是凉茶铺里面的像中药一样的饮品，跳出了药茶的束缚，成为一种大众消费饮料，大大扩展了凉茶市场的规模。达利正是在这样的市场趋势下，果断进入凉茶市场，分享凉茶蓝海市场带来的成果。

多年来，达利食品一直是坚定地奉行"拿来主义"的战略，直接选择技术已经成熟、市场销量不错的成熟品类进行跟进和复制。所选产品在市场上竞品不多，整体市场份额趋于快速上升态势，而竞品价格上存在市场空隙。优先乳饮料分享蒙牛酸酸乳、伊利优酸乳的消费者红利，和其正也如出一辙，跟随王老吉分享凉茶市场。

群狼战术抢滩市场

难能可贵的是，与娃哈哈、康师傅不同，达利更侧重于使用多品牌策略的群狼战术抢滩休闲食品及饮料市场，这一点与宝洁等国际品牌非常相像。从品牌管理的角度来看，多品牌策略更容易凸显食品消费的独特性，使每一个品牌都拥有强烈的个性风格，以实现对细分消费者的占领。

跟随中的竞品导向思维

从达利的品牌运营策略来看，达利从来不是市场的拓荒者，而是习惯作为跟随者挑战行业老大，瞄准时机实施弯道超车。典型的竞品导向思维优点是消费者市场已经被培育，竞品的套路玩法很清晰，只需要挑战者或者跟随者找到领导者的软肋，从营销4P中直接实施截拳道，大打出手就是了。市场蛋糕做大了，自然就有饭吃。

可比克，就是要干掉品客

达利似乎总能敏锐地找到市场空当，发现消费者在市场中暂时得不到的满足，并迅速切入。2003年达利进入薯片市场时，当时薯片主流市场被品客、乐事等少数几个跨国品牌垄断，宝洁旗下售价18元的桶装品客主导整个市场。找到品客的弱点，达利作为跟随者，从包装、价格、渠道、广告各个方面直接秒杀老大。达利认为，既然薯片老大是品客，将"可比克"作为薯片品牌最为合适，寓意就是干掉品客。品牌目标消费者定位为年轻一族，年轻人喜欢尝新，而且有很强的消费能力，品牌个性定义为"个性，自我，张扬"，先后请个性十足的陈冠希与周杰伦代言品牌。针对第一品牌品客采用时尚的桶装，可比克采用分渠道定制产品策略。虽然薯片一样，但是充气包的成本要比桶装低很多，可比克桶装价格比充气包高25%。可比克在一线市场打进桶装，直面品客竞争，以性价比更高的充气包填补二、三线市场。可比克薯片的上市，让品客这个薯片老大哥坐不住了。可比克上市后的第二个月，品客的价格就从原来的零售18元降到12元，但同样可比克薯片却只要6元。

和其正，借力打力博弈王老吉

2007年左右，经过王老吉培育的凉茶市场一片兴旺，邓老、白云山等品牌均以"更好的凉茶"参与角逐。但是,谁会相信呢?因为在消费者心智中,只有王老吉才是正宗的凉茶。和其正认为,"怕上火"概念自然不用打了,比"正宗范儿"更是吃力不讨好的事情,最明智的做法就是借力打力,最上策的玩法就是"你(王老吉)好我(和其正)也好",在技术层面打了一个漂亮的组合拳。

和其正凉茶的第一步,旗帜鲜明地亮出了自己的品牌主张——"清火气、养元气",从心智认知上区分凉茶市场领导者,帮助消费者清晰地辨识和记忆和其正品牌。第二步,在包装形式上区隔,避开领导品牌王老吉的310mL铁罐包装,推广容量更大的PET瓶装凉茶。王老吉以餐饮渠道带动通路,和其正避实就虚,重在通路,定位在家庭消费,避免同领导品牌的正面对抗。和其正一句"瓶装更尽兴"的大声吆喝,与大瓶装以及在终端上的实惠价格相辅相成。

不管是达利,还是康师傅,它们都是通过策划,在对市场中的竞争对手的营销模式和自身特色、优势以及其他条件分析的基础上,找到营销中的蓝海和空白市场,增强自己的竞争力,从而树立起自己的品牌。

5.2.3 策划是决策的前提和基础

只有在建立策划之后的决策,才有可能保证正确性和可行性。策划是一种理性思维,在决策之前,策划已经为决策分析、制订、设计多种备选方案,提出多种对应的解决方法,并对每一种方案进行预测和评估,这些都在一定程度上保证决策的理智化、程序化和科学化。

策划为决策层后期开展营销战术解决了障碍和创新难题,使决策更加科学、更加符合市场发展规律,从而找到市场的蓝海。

5.3 策划的基本要素

策划是一个综合系统过程,在这个过程中存在着策划必须的基本要素,这些要素的有效结合使得策划顺利展开并且达到最终效果。策划的基本要素就是策划活动必不可少的条件和因素,它主要包括策划主体、策划客体以及策划环境。

5.3.1 策划主体

所谓策划主体，就是策划者，是指能动地进行策划活动的人。策划主体包括策划个体和策划群体两大类（见表5.1）。

策划个体是指在策划活动中，由单独某一个人对客体进行策划，策划个体又分为一般策划个体、专职策划个体、兼职策划个体三种类型。

策划群体是指策划活动的人群集合体，它包括群众性策划群体、领导人集合的策划群体、专业策划群体和联合性策划群体。

表5.1 策划主体分类[①]

策划主体类型	类型细分	概念
策划个体	一般策划个体	泛指所有在进行策划活动的个人。如筹划下个月工作如何开展的部门经理、备课中的语文老师
	专职策划个体	指以策划为职业的个体人员。如古代的师爷、军中谋士诸葛亮、现代的专职策划师
	兼职策划个体	指不以策划事业为主，但是系统地掌握了某个专业领域深厚的理论功底并了解这一领域未来的发展趋势的一类人。如专家、科研人员、教授
策划群体	群众性策划群体	不论是自发的还是有组织性的群众策划群体，都是为了达到同一目的聚集到一起，共同策划，集思广益。如村民自发策划如何筹钱修路、有组织地召集工人开会讨论如何调动积极性
	领导人集合的策划群体	许多规模不大、没有设立专门策划部门的单位，在决策之前，领导人集合在一起经过共同研究和策划，拟订方案。如企业每月例会、学校学期例会
	专业策划群体	指以策划工作为其专门职责的群体。如军队的参谋部、企业的策划部、社会上独立的营业性的策划机构
	联合型结构策划群体	①社会实体之间的联合，如国内外大学联合办学 ②专业策划机构相互间的联合 ③专业策划机构与委托单位之间的联合

5.3.2 策划客体

策划客体是指策划所指向的对象。需要特别注意的是，只有进入策划活动之中并与策划主体建立策划与被策划的关系的策划对象才称为策划客体。

对象性是客体的根本特性。以月球为例，在古代，"嫦娥奔月"只是一种愿景，并不

---

① 资料来源：沈俊，徐云望，赵承宗.策划学［M］.上海：上海远东出版社，2005：128-132.

能真正实现，此时，月球只是认识客体。当策划主体策划如何登上月球，并在现代科技的强大支撑下对月球进行研究的时候，此时的月球就是作为策划客体而存在。

策划客体作为策划的对象，其结构类型多种多样。通常将策划客体分为自然客体、社会客体和精神客体（见表5.2）。

自然客体是指自然界中进入策划领域并与策划主体建立对象性关系的客观事物。如探月计划中的月球，石油开采中的石油。

社会客体是指社会中进入策划领域并与策划主体建立对象性关系的一切人和物。社会客体可分为有形社会客体和无形社会客体两大类。

表5.2 策划客体分类

策划客体类型	类型细分	概念
自然客体		是指自然界中进入策划领域并与策划主体建立对象性关系的客观事物。如探月计划中的月球，石油开采中的石油
社会客体	有形社会客体	指可以通过感觉器官直接感知的社会客体。如消费者群体、小宝宝、汽车
社会客体	无形社会客体	指不能通过感觉器官直接感知，必须通过有形客体作为中介而间接感知的社会客体。如家庭成员之间的关系、师生关系
精神客体	个体精神客体	指以个人的精神作为策划对象。如研究犯罪心理有助于破案
精神客体	群体精神客体	指人类群体的社会地位、社会经历及其共同利益和社会生活关系在该群体成员头脑中的反映。如世界上不同群体对转基因大米的看法有所不同
精神客体	精神产品客体	指以精神为内容、以物质为表现形式的东西。如书籍、电影

精神客体是指进入策划领域并与策划主体建立对象性关系的人脑中的主观映象。精神客体可以分为三种类型：个体精神客体、群体精神客体和精神产品客体。

5.3.3 策划环境

环境既包括以空气、水、土地、植物、动物等为内容的物质因素，也包括以观念、制度、行为准则等为内容的非物质因素；既包括自然因素，也包括社会因素；既包括非生命体形式，也包括生命体形式。[①]任何事物都不能脱离周围环境而孤立地存在，任何策划活动都是在一定的环境中进行的。所谓策划环境，就是对策划活动产生影响作用的各种因素

---

① 资料来源：百度百科，http://baike.baidu.com/link?url=XF9zKITSRQBIKudJDpgo7V9haZX-d4OnSYHw_-WRNAokXTLbivog194asnNf3lau。

的总和。

策划环境包括自然环境和社会环境。策划的自然环境是指策划所处的时间、地点、自然条件（如自然资源、气候等）。策划的社会环境是指影响策划活动的社会物质和精神条件的总和。在策划的过程中，策划主体在对策划环境进行分析时，要充分利用有利的环境因素，减少或者避免不利的因素对策划活动造成的阻碍。

策划的基本原则是指在策划中为了达到最佳的预期效果必须要遵守的准则和尺度，是策划顺利完成的保证。

5.4 策划的基本原则

5.4.1 目的性原则

目标是策划的起点和龙头。策划活动从一开始就带有明确的目的性。在目的的驱动下，所有的活动全都围绕目的进行。明确的目标就像茫茫海面上的灯塔，引领策划减少阻碍和干扰，少走一些弯路，以最快的速度、最小的代价达到目的。比如，营销策划的目的是为了扩大市场份额，广告策划是为了提高品牌的知名度，公关战略是为了创造获得良好的企业生存发展环境，企业策划是为了最大限度地获取利润。

5.4.2 创新性原则

创新性原则是指策划主体在进行策划活动时，必须冲破传统思维和固定思维，打破常规，在全面分析信息的基础上，发挥创意性思维，赢得时间和理念上的主动权、领先权。创意思维永远是策划的核心。创新性原则能使策划达到意想不到的结果，离开了创新，策划活动就不会存在，只能停留在计划的层面上。

5.4.3 可行性原则

策划不只是"灵光一现"的一个点子，它是在对策划环境、信息进行全面、深入的调查分析的基础上，对未来的行动是否可行以及执行之后的效果进行预测评估的过程。一个策划如果不具有可操作性，便只是"纸上谈兵"。一般来说，可行的策划方案，应该具备以下几个方面的内容：

（1）进行可行性分析。主要包括：① 利害性分析，即分析、评估策划带来的利害得失及风险；② 经济件分析，即分析策划是否以最低的代价达到最好的效果；③ 科学性分析，即策划本身是否建立在科学理论基础上的，策划能否得到高效率的执行实施，策划实施后能否改善局面、使各方面的关系和谐统一；④ 合法性分析，即策划要符合法律、法规的规定和道德规范的要求。

（2）进行可行性实验。有些策划需要通过局部试点试验来检验策划是否合理。可行性实验是可行性分析的最高形式和最后手段。

5.4.4 系统性原则

一个完整的策划要从全面、系统的视觉考虑周全。在观念层面要做到独具眼光、凸显创意；在操作层面要具备过硬的执行能力；在现实层面做到"兵来将挡，水来土掩"，应付自如。真正做到统筹兼顾，在时间和空间上都能够运筹帷幄。

5.4.5 客观性原则

策划的客观性原则表现在以下几个方面：

第一，策划是以全面、系统的原始信息为基础的，这些信息的客观性决定了策划必须以客观事实为基础。策划的整个过程也就是对动态的客观信息不断进行分析加工、整理的过程。

第二，策划主体的主观能动性必须符合事物发展的客观规律，这是策划最根本的原则之一。宏观层面上，策划的客观性要求策划理念必须顺应时代潮流、顺应人心，不可逆流而行。比如"再造一个地球"，简直是天方夜谭，而"登上月球"却是可以实现的梦想。微观层面上，策划主体必须做到在现实的基础上进行深入研究、调查，"没有调查，就没有发言权"。通过深入调查获得详尽、全面、准确、具有时效性的第一手资料，是策划准确性和预测性的重要保障。策划主体还必须做可行性分析，以便为未来执行的预测上提供可供参考的多种方案。

第三，策划必须在法律允许的范围内进行，不能超越法律的界限。那些不符合市场发展规律和违反法律、法规规定"虚假策划"势必受到严厉的惩罚。

第四，策划还必须遵循社会的伦理道德，不能违背人们的宗教信仰、风俗习惯等。如今的委托人总是希望策划能出奇制胜、创造奇迹，为了吸引公众的注意力而跨越了公众的道德底线，最后虽然起到了轰动效应，但却带来巨大的反面效果。

知识链接5.3

七匹狼品牌营销案例[①]

1990年,在富有商业传统和"爱拼"精神的著名侨乡——福建省晋江市东南角的围头湾畔,七个怀揣理想与激情的年轻人联手创办了七匹狼公司。七匹狼实业股份有限公司前身为福建七匹狼制衣实业有限公司,是以生产、经营高级休闲男装为主的大型服饰企业,以其规模的制造能力、前瞻的设计能力、精湛的工艺能力及严格的品质控制能力,缔造着一个走向世界的高级国际休闲服装品牌。公司注册资金6000万元,总部目前占地面积50多亩。

优势

在生产能力方面,七匹狼拥有国内一流的男装休闲服饰生产基地以及卓越团队。七匹狼按国际管理标准正在建设国际标准化、花园式的七匹狼休闲男装工业园,是集服装开发、仓储物流、商务信息、休闲生活为一体的园林式工业园。是国内一流的男装休闲服饰生产基地。在工艺方面,七匹狼拥有世界先进的制造设备和严格的工序流程,长期拥有"茄克专家"的美称,2002年,产品被中国外交部选择作为国家礼物赠送布什访华团队。在设计能力方面,拥有H. K、上海、日本三地优秀服装设计师,以解读世界时尚概念为手段,结合市场需求为方法,代表着国内超前的休闲服装设计理念。在品质方面,公司于1998年通过了ISO9002质量体系。从对面料供应商的选择和检定设备的层层把控,到推行TQM全面质量管理、生产管理,打造了七匹狼大品质管理的保证。在销售方面,从1995年起,公司引入特许经营模式,并以多年累积的品牌运作优势及优质的专业生产能力和不断完善的市场销售网络体系,全力拓展特许专卖事业。经过多年的努力发展,取得了骄人成绩。在客服方面,实施绿色卖场及百分百顾客满意服务,今年开始全面推行绿色卖场,在终端卖场中推广健康、休闲、回归自然、绿色环保的的空间和服务理念。从匹配的产品、店堂的装潢、道具的配置、光线的颜色,再到店堂产品的搭配、音乐气氛的营造、优质的服务、到位的信息反馈系统,构成了七匹狼新卖场独特的核心竞争价值。

品牌优势。公司品牌"七匹狼"已成为全国知名的服装品牌,在市场上有较高的知

[①] 资料来源:中国策划人才网,http://www.chinacehua.com/anli/ppcehua/3030.html,有修改。

名度和美誉度，产品市场占有率在同类产品中名列前茅。公司先后获得了中国服装设计的最高奖——"金顶奖""最受消费者欢迎的休闲服装品牌""影响中国服装市场的十大男装品牌""中国驰名商标"等省级以上荣誉称号或奖项共26项。

营销网络优势。截至2003年年末，公司的营销网络已覆盖了全国30个省、自治区和直辖市，拥有550多家加盟专卖店和商场厅、柜。并还将新增一个营销管理总部、4家旗舰店、46家直营专卖店，一个全国物流调度中心，3个大区级分销配送中心及完整的电子商务平台；将进一步扩大公司的营销网络规模，提高营销网络的稳定性，加强公司对品牌和市场推广的控制力。

公司具有领先的品牌和营销创新意识。公司于1989年注册"七匹狼"商标，为业界较早注册商标的公司；1994年，在国内服装企业仍然沿袭传统销售概念和经营模式进行生产经营时，公司制定了文化营销的品牌战略；1995年，公司在国内服装界率先采用代理制的营销模式，而同一时期，国内服装企业大多仍沿袭商场代销模式，国外品牌则凭借资金优势，多采用自建直营店的模式。

七匹狼的营销理念：特色狼文化——与狼共舞，尽显英雄本色。周少雄说过七匹狼卖的是一种生活方式、一种文化、一种奋斗中的男人的前行精神。七匹狼，一个以狼作为品牌标志的服饰企业，七匹狼公司注重品牌培育经营，从狼文化、狼故事的传奇中一路走来，演绎成功男人的故事，体现奋斗中男人的衣着生活状况，设计着全新的生活方式。七匹狼为他们提供着丰富的产品，更提供着一种文化、一种精神、一种品位、一种生活方式。崇尚个性，鼓励创新，提倡奋斗无止境的企业精神。以狼和狼群"孤独沧桑、忍辱求胜、勇往直前、百折不挠、精诚团结"的个性特征和群体品格为寄寓，折射现代男性在纷纭复杂的社会环境和强大的竞争压力下激流勇进、坚韧不拔、积极挑战人生、奋斗永无止境的进取精神和成功形象。

七匹狼的主导思想是"一品多牌"，同时又采用"同类不同牌"的扩张方式。即以一个主品牌主打，用附品牌做延伸，以适应不同类型、不同需要的消费市场。如，"七匹狼"与"与狼共舞""马克·华菲"主打的是休闲品牌，但每一个品牌的受众又有不同："七匹狼"为中高档，"与狼共舞"为时尚休闲，"马克·华菲"为高档休闲，三者互为夯实，使品牌的整体实力比单一的品牌来得要大。"七匹狼"用非常谨慎的方式做着品牌延伸：一方面加强品牌的整体实力，另一方面防止品牌老化。

至此，七匹狼集团在统一品牌下成功地实现了行业拓展。对消费时尚的深入洞察，化解了品牌延伸所隐藏的经营风险，并使品牌形象达到了有效的延伸，酝酿了七匹狼的主题文化观念——"与狼共舞，尽显英雄本色"。

七匹狼：两次踏进同一条河[1]

宣传手段——体育营销：赞助马拉松大赛、世界杯、中国警察汽车拉力赛、皇马中国之行等！"七匹狼"在世界杯期间采取了加强主品牌形象的重要行动：除在搜狐网的醒目位置投放"七匹狼"的世界杯广告外，还在《足球》报与央视黄金时段加大了广告力度。如此大规模的广告投放，"七匹狼"强打终端的促销目的不言自明，这同时也是其品牌文化内涵的强化推广。

失误：可以用七匹狼打折时常用的一句广告词"狼在流血"来形容其对2005年皇马中国行的赞助活动：在错误的时间、用错误的方式，赞助了一支错误的球队。

第一次，七匹狼耗费400万元的赞助费成为皇马中国行的唯一指定服装赞助品牌。某杂志当时是这样为七匹狼大唱赞歌的："对于七匹狼来说，赞助皇马无疑有利于启动七匹狼更加广阔的市场，塑造七匹狼的国际形象。七匹狼不仅志在中国，也胸怀国际，既需要每个队员的精明强干，又需要整个团队的合作精神，足球的精神与七匹狼相信自己、相信伙伴的文化理念不谋而合，而名震五洲的皇家群星的强者象征，七匹狼的男性杰出的精神代言人，两者习惯相得益彰。"胸怀国际的理想值得肯定，足球精神与七匹狼的文化理念也有相通之处，但是，在七匹狼的品牌营销案例中，七匹狼在搭皇马顺风车的过程中，似乎缺乏长远、系统的营销理念以及严密的环节控制，而把赞助当成了一次性商业行为，结果导致漏洞百出：

其一，在赞助前，不知是七匹狼没做调研还是有意忽略这个事实：皇马早就有了服装赞助商阿迪达斯。按照排他性合同，在全队出现的公共场合，皇马队员必须穿阿迪达斯的服装。所以后来人们在七匹狼的大幅广告中看到，皇马巨星身着的竟然是阿迪达斯运动服——花大价钱为竞争对手做广告，你说七匹狼冤不冤？

其二，七匹狼号称中国夹克之王，是国内休闲服的领军品牌，这次在广告中出现的代言人形象全是身着运动装，七匹狼到底是休闲服还是运动服，不免让人产生困惑？退一步讲，即使这些运动场上的健将穿上休闲服，又能在多大程度上让消费者认可其"休闲"形象呢？

其三，七匹狼"相信自己，相信伙伴"，可负责皇马中国行的高德公司却把七匹狼好好"涮"了一回。按照合同，皇马球星在王府井购物游览时将进入七匹狼专卖店参观，皇马球星登长城时会在七匹狼广告牌前停留并留影等，最后高德公司对七匹狼在赛场外的这些承诺一项都没有兑现。七匹狼对活动的控制力、执行力于此可见一斑。

---

[1] 资料来源：清华大学领导力培训项目网，http://www.thldl.org.cn/news/1106/55724-2.html，有修改。

两年后的2005年7月，皇马开始第二次中国行。因赞助2003年皇马中国行而毁誉参半的七匹狼又动起了赞助皇马的心思。七匹狼出资300万与高德公司签订协议，邀请皇马全队在北京昆仑饭店出席产品新闻发布会。早早在酒店租赁了会场并精心准备的七匹狼却迎来了让他们始料未及的场景：一墙之隔的吉列公司迎来了自己的形象代言人贝克汉姆，而七匹狼在等待了两个小时后，只能无奈地宣布取消新闻发布会。原因是皇马与高德公司在合同细节上产生了分歧，因此拒绝参加七匹狼的活动。皇马此举让七匹狼蒙受了经济上的损失，更重要的是，后者早已为此次活动进行了大量宣传，如此结果，无疑是往自己脸上扇了火辣辣的一记耳光。

但七匹狼的伤痛并没有结束。同样在22日，奥迪迎来了皇马巨星罗纳尔多与菲戈，为其全新升级的奥迪驾控之旅亮相开球。次日上午，阿迪达斯的活动也成功请来了贝克汉姆和劳尔，在劳尔遭遇女球迷的激情之吻后，贝克汉姆更是挥毫为2008年北京奥运写下了祝福之语。两个活动场面上的热辣火爆，足以让七匹狼痛恨和垂涎。而且，皇马七位巨星身着阿迪达斯运动服出场的一幕在2005年再次重演，在镜头前，他们几乎没有穿过七匹狼品牌的休闲装。

七匹狼不仅蒙受了经济上的损失，更重要的是他们早已为此次活动进行了大量宣传。七匹狼在此次营销过程中的表现如同拿着大炮打蚊子，巨额投入打了水漂。七匹狼应该反思，其他有志于运用体育营销这一市场利器的中国企业也应该反思。

反思之一：豪门商业之行的赞助模式值得商榷。强势的皇马在此次中国之行中并没有表现出对中国企业足够的尊重，屡屡爽约。皇马在比赛和商业活动中差强人意的表现，也让七匹狼的品牌个性难以体现。加之皇马中国行只是"一次性事件"，人走茶凉，缺乏供七匹狼针对皇马中国之行开展长期运作的商业周期。我们可以谴责皇马管理层缺乏商业道德，但七匹狼在营销过程中控制能力差、危机管理能力弱的老毛病又一次暴露出来。

反思之二：赞助时机把握不准确。七匹狼选择了一个错误的赞助时机。2005赛季的皇马处在风雨飘摇之中，因三度换帅而成绩下滑；众球星更是对俱乐部不顾球员疲劳而远征东亚的市场策略敢怒不敢言；更因为它对中国球迷无所谓的态度让皇马在中国的人气大跌，几场比赛的上座率并不算高，就足以说明这一问题。加之前后有曼联、巴塞罗那等球队的鱼贯而入，皇马中国之行的轰动效应被迅速稀释。七匹狼选择在这个时候其赞助效应也会大打折扣。

反思之三：选择赞助主体不妥当。七匹狼选择皇马作为赞助主体是不妥当的，阿迪达斯是皇马的赞助商，与皇马签订的是排他权合同，也就是说，在球队集体出现的公共场合，皇马球星必须穿阿迪达斯服装。这样的对手，这样的合同，就决定了七匹狼基本上没有施展身手的舞台。

反思之四：缺乏系统的体育营销理念，缺乏对赛事风险的完整评估，缺乏系统的体育营销理念，也是七匹狼的败笔之一。为了追求赞助大型体育赛事所带来的广告效应，急功近利的七匹狼期望能够通过简单复制而取得成功，但七匹狼却忽略了球迷对赛事不满会对企业品牌造成巨大的负面影响。

5.5 策划的一般程序

通过对策划的了解我们知道，策划是一门综合性很强的边缘学科。策划主体、策划客体或者策划环境不同，对策划的要求就完全不同。即使是同一个品牌的策划，但由于其发展阶段的特点和要求不同，策划内容也就不一样。策划是一个综合性的系统，然而，基于策划的特征和基本原则，我们也能归纳出策划的一般程序，即一般策划都要经历的步骤和基本环节。

5.5.1 目标预期

选定目标是策划的出发点和龙头，是策划活动的第一步。只有首先明确了目标，才有行动的方向。人们之所以需要策划，就是因为生活、工作中遇到了各种各样的问题。目标的选定首先要在众多的信息中发现问题的所在，分析问题存在的原因，然后明确策划的任务就是解决所存在的问题。清楚而准确地设定目标，是评价策划方案、评估其实施效果的基本依据。

在本小节开篇的案例中，漓江鱼公司首先要明确的就是，漓江鱼公司黄总需要北京精准企划公司为他做什么，解决什么样的问题和瓶颈，达到什么样的目的。在通过四处的走访以及与漓江鱼公司黄总的交谈中，策划者丁华了解到，摆在北京精准企划公司面前的就是桂林漓江鱼食品公司产品开发和品牌规划的问题。解决了这个问题，策划就基本取得了成功。

5.5.2 信息收集与处理

信息的获取和收集是策划活动的前提，没有信息，策划就无从做起。策划主体借助信息来认识外部世界。策划者要求信息的获取具有准确性、及时性、完整性，否则容易出现策划创意的偏离。这些信息包括策划主体自身的信息，要对自己有充分的了解，同时要对策划环境如自然环境、社会公众素质水平、政策法规等有所了解。整个信息收集和处理的阶段，必须做到深入调查，才能为策划的创意打下坚实的基础。

在案例中，策划者丁华在信息收集和处理阶段经历了漓江鱼食品了解、市场调查、环境调查、竞争对手调查等详细的调研，掌握了漓江鱼食品公司完备、全面的信息。第一次到漓江，用两天的时间，通过对桂林、阳朔土特食品店、旅游销售点、超市和批发市场等销售终端的初步走访，他对漓江品牌和产品有了更直观和清晰的认识，对漓江鱼主要竞争对手的市场位置和营销策略也有了初步的了解，并且交出了一份让客户满意的市场调研与营销策划建议书。

5.5.3 信息评估

信息评估就是对信息处理的结果做进一步的分析和归纳，在众多信息中找出关键的信息，最终形成有针对性的信息数据。这些精确到数字的信息为下一步策划工作提供了准确的思考依据。

案例中丁华通过已经制定出的营销建议书，对桂林土特食品营销水平进行了进一步的分析，找到市场的不足以及漓江鱼公司的鱼食品的优势，从而思考如何为其打开一片市场蓝海做进一步的策划。

5.5.4 生产创意

创意是策划的核心。这个阶段的思维最为活跃和强烈，策划主体在目的的驱动下，在对所有信息深度加工的基础上，通过大胆设想和精心谋划，将目标通过一个好的创意展示出来。完美的创意表达是策划创意形成的重要标志。没有好的创意表达，即使发现了很有价值的问题，对于策划的有效完成也毫无益处。

案例中丁华抓住了问题的关键——漓江，漓江在中国几乎是家喻户晓，它是桂林山水的代表，甚至是桂林的代名词之一。注册成商标的"漓江"作为一种无形资产，是漓江鱼与生俱来的品牌优势。同时，根据漓江鱼产品绿色、天然、营养、健康和美味的特点，北京精准企划给出的好创意就是"分享自然美味"，同时设计了凸显企业实力和品质的品牌标识。

5.5.5 制订策划方案

策划创意形成后，就进入了制订策划方案的阶段。这一阶段包括制订一个或者多个策划方案，再对策划方案进行评估和筛选，最后确定最终的策划方案。整个阶段要启动策划主体（个人或团队）的智慧、经验，内容包括自我条件分析、客观环境条件分析、策划主题和策划思路的确定、目标设定等。如果对内容的整合出现了两个或两个以上的方案，就需要通过筛选和评估来选择和确定最终策划方案。最终的方案中，策划目标应具有层次性和可量化性，这是策划案可行性的表现；策划案中的程序具有可操作性；策划案以最小的代价和付出实现效益的最大化。最终策划案应该有方案名称、策划主题介绍、策划目标、策划内容、预算规划、效果评估方法的确定等。

案例中北京精准企划以"分享自然美味"创意为核心，为漓江鱼食品公司做了系统的品牌策划、产品策划、市场策划。一整套的策划方案精准地为漓江鱼食品公司未来的营销与发展提供了明确的依据，指明了方向。

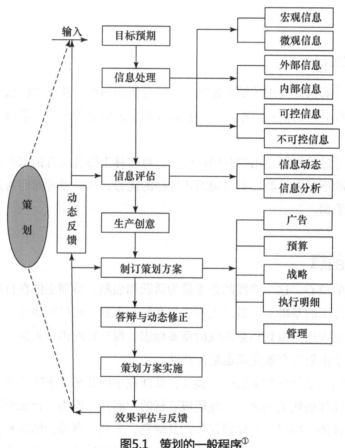

图5.1 策划的一般程序[①]

5.5.6 答辩与动态修正

方案制订完成之后，并不意味着就一成不变了。方案就是整个策划的决策方向，方案的某一个细节如果出现偏差，极可能影响到整个策划效果达不到最佳的水平。因此，方案制

---

① 陈放.策划学[M].修订本.北京：蓝天出版社，2005：44.

订之后，需要邀请相关领域的众多专家、学者对方案进行探讨，通过集思广益使方案达到最佳。在最终综合专家建议的过程中，会采取一些专业的方法来实行，比如数理统计原理的中位数法、算术平均值法、加权平均值法等。

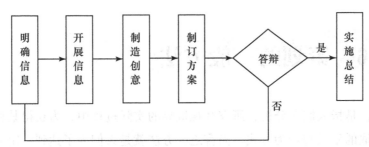

图5.2　方案综合与修正[①]

5.5.7　策划方案的实施

策划中有一个2∶8定律，即在科学办事过程中，策划占20%，执行占80%。如果策划方案的执行者是策划者本身，那么方案的执行应该能够很好地落实，方案中的理念和思想能够得到贯彻执行。但是，如果策划者不是执行者，那么应该加深策划者与执行者之间的沟通与联系，使两者之间的信息能得到及时的反馈；在方案执行过程中出现的新问题、新情况能第一时间让策划者知晓，以便其及时做出反应，进行调整和修改。

案例中漓江鱼食品公司委托北京精准企划进行专业策划，属于策划者与执行者不是同一群体的情况。为了使策划方案得到完美的执行，在营销策划方案开始执行前，精准企划为漓江鱼公司全体员工进行了一次全面、系统的营销培训和战斗动员，对执行方法做了清晰的讲解，增强了策划方案的执行效果，大大提高了漓江鱼公司各部门的营销实战能力。

5.5.8　效果评估与反馈

策划方案效果评估和反馈是策划工作的最后一个阶段。对委托方与策划主体来说，这个阶段就是对策划活动的效果的检验；对于策划者来说，策划方案执行之后，须对策划进行全面、系统的衡量和评估，对执行中的经验教训进行总结，提高思想认识水平和理论水平，改进策划技能。

案例中北京精准企划的营销策划方案实施之后，漓江鱼食品公司的产品销量比上年同期增长了60%。这样的策划效果是可喜的。并且可以预测，在执行方案后更长时间里，漓

---

① 陈放.策划学（修订本）[M].北京：蓝天出版社，2005（50）.

江鱼食品公司的产品销量还可以实现更大的增长。在这个过程中,北京精准企划又赢了一次,漓江鱼食品公司也真正认识到了策划的重要性,并且尝到了成功策划的甜头。

5.6 策划的一般方法

所谓方法,是指人们在分析、研究客观世界的实际过程中,为获得某种东西或达到某种目的而采取的手段与行为方式。简言之,方法就是人们为了达到一定的目的而进行的认识活动和实践活动中所采用的方式、技巧、手段或遵循的途径。

策划是一种创意思维活动,因此策划的方法会因策划主体的不同而呈现出各种各样的方式。策划的方法有很多种,没有固定模式,随着策划学和策划行业的不断发展,策划者智力水平的不断增长,会涌现出越来越多的策划方法和策划技巧。人的思维是无限广阔的,策划方法的本身是没有穷尽的。因此,关于策划的一般方法有很多种。

陈火金在《策划学全书》中着重介绍了立体策划方法,这是一种带有全局性和长期性的策划方法,是站在战略的高度所进行的策划。它不仅考虑到策划对象的现在,还考虑到策划对象的将来。它包括面式策划方法、线式策划方法和点式策划方法。[①]

点式策划属于小策划。点式策划要解决的问题简单明确,策划者只需要直奔主题,面对要解决的问题给出自己的意见和点子。

线式策划是指针对某一方面的问题所做的策划,比如产品策划、广告策划、企业形象策划等。它一般包含多个点式策划,以产品策划为例,它包含了产品开发策划、产品改进策划、产品价格策划等点式策划。

面式策划是指就某个问题做的总体策划,它与线式策划的区别在于面式策划考虑到了总体的策划效果。以企业策划为例,企业策划包括了企业的发展战略策划、营销策划、盈利模式策划等。

立体策划是指建立在面式策划基础之上的战略策划。面式策划考虑的是策划的总体效果,但它只是针对于目前的策划,对于未来的总体效果却顾及不到。立体策划就是以面式策划为基础,它具有连续性,在不断发展中进行调整,使各个策划都达到最大限度的和谐统一。

以某企业为例,该企业的立体策划方法结构,如图5.3和图5.4所示。

---

① 陈火金. 策划学全书 [M]. 北京:中国社会出版社,2005(82).

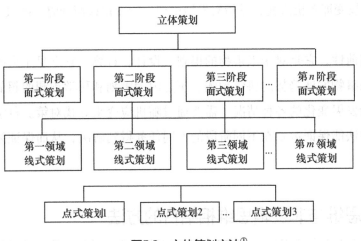

图5.3 立体策划方法[1]

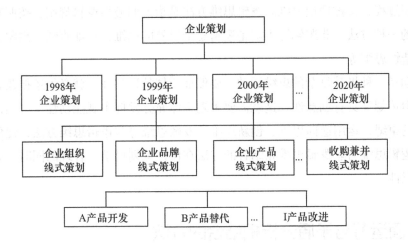

图5.4 企业立体策划方法[2]

沈俊、徐云望、赵承宗在《策划学》一书中认为，由于策划活动随实践的发展而发展，方法也随之而变化发展，无法全部罗列，便以辩证唯物主义世界观为指导，从策划活动实践中概括、总结出来的一般方法：科学预测与随机权变相结合的方法，逻辑思维与非逻辑思维相结合的方法，全面运筹与矛盾分析相结合的方法，领导主谋与群策群力相结合的方法，以及战略策划与策略策划相结合的方法。[3]

5.6.1 科学预测与随机权变相结合的方法

科学预测是指人们是用科学的方法分析、研究事物的过去和现在，从而推测未来的

---

[1] 陈火金.策划学全书［M］.北京：中国社会出版社，2005（82）.
[2] 陈火金.策划学全书［M］.北京：中国社会出版社，2005（84）.
[3] 沈俊，徐云望，赵承宗.策划学［M］.上海：上海远东出版社，2005（268）.

发展趋势。随机权变即随机应变，是指对发展中产生的变化权衡利弊，随机应变地采取对策。

策划具有超前性，它是对未来事物的谋划、设计、打算，它立足于全面的信息基础之上，是对未来事物发展趋势的科学预测。正是因为策划和科学预测的超前性决定了策划需要应对不断发展变化的各种情况，需要通过随机应变来寻找对策。科学预测与随机权变相结合的方法能保证策划在不同阶段的不同任务得到解决，从而保证策划达到最终预期效果。

5.6.2　逻辑思维与非逻辑思维相结合的方法

逻辑思维是指人们在认识过程中借助概念、判断、推理等思维形式能动地反映客观现实的理性认识过程，又称理论思维。逻辑思维方法是指人们遵循逻辑规则，按照常规的程序进行思考的一种方法。非逻辑思维就是逻辑思维以外的思维，比如直觉、想象、假设、开放性、创造性思维等。

策划活动是一种极其复杂的思维活动。要保证策划的科学性，就必须遵循逻辑思维的基本规则。但策划又具有创意性，这就需要策划主体充分发挥主观能动性，大胆设想，打破逻辑思维的束缚，运用逆向思维、创新思维、发散思维等非逻辑思维方法，促使创意的最终形成。逻辑思维与非逻辑思维相结合的方法在保证策划科学、合理的同时，有具有不可超越的创意性。

5.6.3　全面运筹与矛盾分析相结合的方法

全面运筹方法是指在解决问题的过程中，要全面考虑各个方面的因素、关系和作用，做到统筹兼顾。矛盾分析法是指在看待问题时，既能看到整体又能看到矛盾具体的每个部分，在不同情况下能做到具体情况具体分析。

策划是一个系统工程，需要运用全面运筹的方法对所有工作做全面、统一的安排。但是策划的每个阶段的矛盾都不一样，策划者必须做到具体情况具体分析。各个环节的矛盾都得到解决之后，才能保证策划工作的全面运作。

5.6.4　领导主谋与群策群力相结合的方法

领导主谋是指在策划活动中，领导者为策划的运作起主谋的作用。群策群力是指群体为策划集思广益、出谋划策。

一个大策划的策划主体一般不是简单的个人，即使是一般个人作为策划者，在策划过程中也可能会争取其他人的建议，但仍然是以策划者本人的思维为依据。一项策划，尤其是大型策划，策划主体是群体，会有很多人参与策划书的编写、策划的执行各个环节。在如此大的一个群体中，就需要一个领导者来进行指导、组织和协调，将各个方面的具体工作联结起来。但是，领导者个人并不能单独完成一项策划，这就需要参与策划的每一个人在工作过程中提出各自的想法和建议，群策群力献计谋，完善策划的每一步。领导主谋与群策群力相结合的方法为策划的高效、有序进行提供了保障。

5.6.5 战略策划与策略策划相结合的方法

战略策划是指具有全局性的战略统筹和整体谋划。策略策划又称战术策划，是指为实现战略任务、目标而采取的手段的策划。战略与策略是整体与部分的关系、全局与局部的关系、长远与当前的关系。

一项策划，拟定主题、设定目标就属于战略策划，实现总目标、分目标的基本途径、手段就属于策略策划，战略策划与策略策划是不可分割的。战略策划与策略策划相结合的方法要求策划工作需要从大处着眼，从小处入手，兼顾整体、全局、长远到部分、局部和眼前，才能达成一个较为合情合理的策划方案。

章前案例分析

晏涛一番语重心长的话是想向新生们表达几点意思和期望：

1. 策划对每一个人来说都很重要。策划随处可见，处处有策划，时时有策划。它并不是离人很遥远的事物。对于莘莘学子，好好地策划自己、认真地策划人生，对于自己的人生道路也是一种负责任的表现。

2. 策划有利于将理论应用到实践。策划的目的性，对于新生来说，就是对自己未来四年的大学学习生活做出策划，看清自己的方向，找到自己未来的发展方向；对于即将毕业的大学生来说，策划是时下热门的行业，但也是最辛苦、最考验能力的行业，学会策划，能让毕业生在策划行业找到一份有挑战性却充满创意的工作，也可以让他们在其他行业里更有竞争力，因为策划能提高人的竞争力。

好好了解策划，学会策划，人人都能成为好的"策划师"，不论是职业生涯的，还是人生的。

本章小结

本章主要阐述了策划的含义及基本特征，概括了策划的作用和重要意义，系统地介绍了策划的基本要素及基本原则，并结合案例介绍了策划的一般程序。在策划一般方法的介绍时，考虑到策划方法的多样性，主要介绍了几种有代表性、有概括性的策划方法。

本章引用了很多策划案例，旨在将策划这一抽象概念通过具体案例变得更加易于理解。同时，希望通过案例激发学生对策划的兴趣，为其学习和以后事业的发展带来更多的思考。也希望他们通过对策划的了解能做简单的策划工作，为以后在蓬勃发展的策划业中谋得一份工作提供可能性。

复习思考题

一、名词解释
策划

二、简述题
1. 策划的基本特征包括哪几个方面？
2. 策划的基本要素有哪些？
3. 策划的基本原则有哪些？

三、论述题
通过本章的学习，我们了解到策划的方法很多，只要是有利于帮助策划达到预期目标的方法都值得借鉴使用。请问策划的一般方法有哪些？你还能列举出更多的策划的方法吗？

四、案例分析

"你关灯，我送水"
——云南电网"优付通"万人节电抗旱行动[①]

"你关灯，我送水"活动在极短的时间内，以极其低的成本获得了很大反响，既

---
① 资料来源：古谛国际有限公司.成功活动策划案例分析.http://plan.gudi.cc/case/201008/24029.html.

传播了环保节能理念,又唤起了大家对云南严重旱情的关注;既承担了企业社会责任,又提升了产品美誉度,可以说很成功。作为这个活动的创意及执行者,我觉得有必要对其进行梳理、分析并找到内在规律,从而应用于其他策划,不如此,它的作用就太有限了。下面直奔主题。

这个活动包含的关键词:用户定位、企业定位、顺应趋势、时机把握、目的明确、交互成本、多途径选择、资源整合、创新性、新媒体运用、执行力、行为心理学、价值叠加——这些关键词一点都不稀奇,常识而已。它们是如何被贯彻并发挥出作用的?且听我一一阐述。

1. 用户定位

用户定位是任何企业行为的基点,这方面我在博客中曾反复强调过。这次活动的发起方是"优付通",它是云南本土的公共事业交费平台,简单讲就是可以交纳水、电、煤、电话、宽带、数字电视、手机等各项费用的一个系统。因此它的目标用户从大处讲,是云南所有市民;从小处讲,是不愿意采用银行托收的市民。这种全用户定位一方面决定了活动可以有较大的延展性(所谓优势),又缺乏精准指向(相对于那些具有细分用户的品牌,是劣势)。基于这种用户定位,最初即明确了活动将是全民参与的大型活动。

2. 企业定位

"优付通"的运营单位是云电信通公司,国有企业。云电信通的上级单位是云南电网,大型国有企业。首先,这样的企业属性决定了社会效益为先的服务理念。那么,以承担社会责任作为这次活动的基调,也就顺其自然了。其次,作为电力系统企业,环保节能是一贯宗旨,与"地球一小时"所倡导的理念可谓无缝对接。

3. 顺应趋势

环保节能是全球趋势,不可逆的趋势。抗旱救灾是云南目前的趋势,同样不可逆。顺应趋势,不仅是行为合理化的要素,更为借势造势找到了一个有效的支撑点。当然,并不是顺应趋势的所有行为都能收到明显效果,因为你很容易就会被趋势淹没,但是逆势而动的行为一定不会被大家接受和支持,比如同一时期的泼水节,就承担了较大的道德压力。因此,还在正式策划活动之前,基调基本上已经确定了:顺应趋势。

4. 时机把握

时机可遇不可求,重要不在发现时机,而是把握时机。我相信知道"地球一小时"的企业并不少,但是能真正去把握这个时机的企业并不多。而作为节点的3月27日,是时机中的关键,无论活动提前或者推后,都无法借这个势来开展。抗旱救灾同样如此,在云南旱情还没有被大范围关注之前实施的任何爱心活动,不可否认能够解决旱区的燃眉之急,但却无法获得相应的宣传效应;如果活动时间推后,汛期马上来到,活动将没有意义（除非从其他方面切入）。"你关灯，我送水"同时把握住了这两个时机。

5. 目的明确

我不知道大家怎样去理解目的明确这个相当朴素的常识，但它肯定不是很多人所想的那样显而易见。特别在较复杂的策划中，很多时候眼见的并非真相。具体到这个活动，真正的目的并非环保节能，试想，以这次活动之力所引发的实际节能效果怎样？肯定不会太好；再试想，这个活动将要捐出去的10 000桶饮用水能起到多大的抗旱救灾效果？显然很有限。所以，活动真正的目的是通过尽量多的人参与，以此扩大对环保节能及云南旱灾的关注。这个"关注"所带来的涟漪效应，才是真实目的。至于通过活动来促进产品认知度或品牌美誉度，不是目的，只是活动必然的副产品而已。从参与者层面来讲，他们也有目的，这次活动能够做到将参与者承诺环保节能的行为落实到旱区送水这样具体的行动中。相比之下，那些动辄万人签名却最终不了了之的倡议活动，是不是太显得作秀了？

6. 交互成本

前面提到，这次活动希望尽量多的人参与（即互动），这样活动效果才能得以显现。而任何一种交互都是有成本的，一是用户成本，二是企业引导用户参与的成本。还有一个关键点是，成本总是比较而言，即与收益进行比较，如果比值高，则用户参与度高；比值低，则参与者寡。为了尽量降低用户成本，我花了不少心思，这方面有几个细节可以说明问题：一是将最初的"承诺书"改为"倡议书"，这样做减少了参与者的心理成本，毕竟一般人对于"承诺"二字多少会有些戒备或抵触；二是将倡议中参与者需要填写的内容减少为姓名和电话两项，勾选的内容减少为三项，这样做简化了参与过程，使其更容易做出承诺，客观上增加了参与者数量，同时也降低了工作人员的单位劳动量；三是不采取任何措施去监督参与者的关灯承诺，但同时接受参与者对送水过程的监督；最后一点，活动的设计是参与者关灯，则活动方送水，在心理层面双方都有付出，彼此不存在心理亏欠，这一点基本上扫清了参与者的最后一点心理障碍。收益方面，活动本身具有双重公益属性，如果能将爱心作价的话，恐怕很贵。就在这一低（成本）一高（回报）的比较之下，参与者与活动方展开互动的可能性被提高了。事实也如此，在短短几天时间内，活动最终收到的承诺为10 121份。

7. 多途径选择

前面提到的交互成本，与单一用户的参与可能性相关；而多途径选择，则关乎整个参与者群体的总数多少。所以，这次活动为保证参与者数量提供了多种渠道。首先是成本较低的互联网，包括博客、微博、邮箱；其次是优付通服务热线96396；接下来是现有的网点渠道，昆明地区300多个优付通交费点都配发了倡议书；电力系统下辖的地州供电局也进行了覆盖；最后是在操作成本比较大，但人流相对集中的昆明商业中心广场开展现场活动。多途径选择从客观上保证了参与者总体数量。

8. 资源整合

但凡活动，都需要整合资源。但并非所有资源都需要整合，有的放矢才是根本。最初曾设想将"优付通"的渠道商，如一心堂连锁药店、家乐福超市、邮政储蓄及其他社会化网点都整合进来，发起一个联合行动。比较之下，这样做弊大于利。一是时间有限、人力有限、沟通成本大，二是参与单位太多无法把控所有环节。最终，活动仅与上级单位云南电网合作，以"云南电网优付通"的名义发起这个活动。这样做极大降低了沟通成本，同时也为活动的公信力提供了保证。在送水环节同样如此，初期曾考虑过寻求媒体、红十字会的协助，最终选择了与公司所在的经济开发区管委会合作，由他们提供捐赠目的地，活动方亲自调研后最终认定。单一的合作对象使活动的执行更简单、更可控。

9. 创新性

谁都知道创新是企业的口头禅，但这恰恰又是企业行动的软肋。说到创新，我想起吉尼斯世界纪录中的种种雷人纪录：最大的蛋糕、最长的筷子、最多人数的体操……哥们，如果数量叠加都算创新，蚂蚁一定做得更好。同样在这次云南的抗旱救灾中，不少媒体在关注捐（水）款最多的企业、捐（水）款最多的个人。我个人认为这是一种不良的舆论引导，在某种程度上转移了受众对旱情本身的关注。但正是在这样的情形下，创新反而能起到四两拨千斤的效果。"你关灯，我送水"活动捐赠的水无非10000多桶，说多不多，说少不少，仅能让旱区解决燃眉之急，但发出倡议让市民参与，扩大了大家对旱情的关注，这是一个创新；以电力系统企业背景，结合倡导环保节能的"地球一小时"活动，在双重公益的基础上体现了企业理念，这是一个创新；将单纯的环保节能与抗旱救灾结合，这是一个创新；电网这样的国有企业有效利用新媒体与用户的互动并以此延伸服务内涵，这是一个创新……

10. 新媒体运用

新媒体的定义我不再重复了，只谈这次活动中对新媒体的运用。优付通博客和微博在这次活动中发挥了很关键的作用。特别是优付通微博，在3月24日下午发布第一条"你关灯，我送水"的活动消息，截至3月27日短短3天时间，被转发600多次，虽然离我的预期有点距离，但也相当可观了。究其原因，首先是活动本身的影响力，但如果优付通微博没有近半年每天不间断的耕耘，恐怕这次活动不会被这么多人关注并传播开去。关于企业对新媒体的运用，已经有很多专家在各种场合发表各种言论，这次我就不多说了，下回专门写一篇文章来讲讲怎样使用企业微博。

11. 执行力

有本书就叫作《执行力》，由此可见业界对执行力的重视程度。这次活动的执行力如何？我有几个时间节点供参考：3月21日，星期天，我初步确定了"你关灯，我送水"创意。3月22日，星期一，上午完成策划方案提交领导；下午公司决定执行本次活动；晚上开始编写各类文案、合作方案。3月23日，星期二，上午完成与云南电网公司相关部门沟通，确定联合发起本次活动；下午联络各类媒体，同时倡议书设计制作完毕并交付印刷厂；晚上撰写包括通稿在内各种文案。3月24日，星期三，上午，倡议书印刷完毕并开始分发到各个优付通网点；下午，开始在优付通博客和微博上发布消息并与网友互动至深夜。3月25日，星期四，关于活动的第一篇新闻见报，微博上本次活动的转发逐渐升温，开始寻找供水厂和目标旱区。3月26日，星期五，上午，新闻陆续见报，基本确定捐赠目的地，微博转发热度持续；下午3时，决定第二天在昆明市南屏街商业中心广场举办现场活动，4时30分，南屏街活动获有关部门批准，与电网公司沟通对接，紧急联系昆明所有媒体。3月27日，星期六，整天现场活动；晚上8时陪同电视台在公司所在小区拍摄。3月28日，星期天，与供水厂沟通，与捐赠目的地对接。3月29日，星期一，确定第二天送水，联系媒体，甄选市民代表，收集媒体报道。3月30日，星期二，第一批200桶饮用水送至拖磨山……至此，活动告一段落。

12. 行为心理学

我为什么要提到这个貌似奇怪的词有其原因。它是这个活动的公益效果能够有效保证的依据。在行为心理学中，有承诺与行为一致性的论述。这是很多营销企业在开展营销活动时常用的方法之一，即用户一旦做出某种承诺，即便外部无任何监督，他仍会保持当初的承诺并付诸行动。这就是活动倡议书中要求用户承诺并签名的原因。所以我深信，不论网络上还是现场活动中做出承诺的各位爱心人士，一定有很多兑现了关灯的承诺、兑现了向家人朋友和同事宣传环保节能的承诺，并且，他们有可能在很长时间内延续这种良好的行为。这一点，让我充满了成就感。

13. 价值叠加

这个论点我曾经在博客上阐述过。所谓价值叠加，是指用户使用价值与企业传播目的的重叠。在这次活动中，价值叠加被延伸了，运用得更为丰富。对于参与者来说，捐赠爱心是其目的；对于旱区来说，10000桶水可解燃眉之急；对于优付通来说，本来就是服务于大众，具有公益性质的平台；对于云南电网公司来说，社会效益重于经济效益；对于媒体来说，活动足够热点，具报道价值……围绕这个活动的所有对象几乎都获得了相应的价值体现。

请结合上述案例，谈谈你对策划的理解。你认为本案例是如何体现策划的一般程序的？自己拟定题目，尝试做一个小的策划方案。

第6章

会议与展览旅游的策划与管理

知识目标

- 了解会议及展览旅游管理的具体内容;
- 理解会议及展览旅游策划的流程;
- 掌握会议及展览旅游策划的原则。

技能目标

- 能够根据策划流程,进行一次小型会议或展览旅游活动的策划,并完成策划案。

关 键 词

- 会展旅游策划、流程、服务管理、人员管理、危机管理、质量管理

第6章 会议与展览旅游的策划与管理

案例导入

会展意味着商业机会——会展业对美国经济的经济意义[①]

2011年，美国普华永道（PricewaterhouseCoopers）公司关于"会展业对美国经济的经济意义"的调查研究报告指出，2009年，美国共举办各类会展活动1 790 800个。会展业的直接效益表现在以下几个方面：

对就业的贡献是170万人；对消费的贡献是2630亿美元（其中，会展参与者支出1450亿美元，会展组织者支出880亿美元，其他支出310美元）；对GDP的贡献是1060亿美元；对劳动收入的贡献是600亿美元；对联邦税收的贡献是143亿美元；对地方税收的贡献是113亿美元。

2010年，美国会展旅游消费1130亿美元，而当年美国旅游总消费为7080亿美元。

6.1 会议与展览旅游的策划

6.1.1 会议与展览旅游策划的原则

尽管展览和会议是两个不同的概念和事件，但当与旅游这个社会活动联系在一起并对其进行策划和管理时，由于其特点的相似性，往往习惯于将会议旅游和展览旅游的策划和管理一并讨论。

会议和展览通常被认为是都市旅游中最重要的活动，在一些城市中，这两类客人能占到住宿业40%的客源（Law，2002）。会议和展览虽是两种不同类型的活动，但它们之间明确的界限已逐渐变得模糊。2001年在英国举行的展览有26%包含相关的会议，2002年24%在美国举行的各种会议含有展览活动（Convene，2003）。很多展览，尤其是B2B类型的，通常都会有各种研讨会来提升展览本身的价值，以吸引更多的人士参展。同样，很多大型会议都会有展览同时进行，这使参展商有机会接触到潜在的顾客（与会者），同时参

[①] 资料来源：http://www.themeetingsindustry.org，有删改。

展商缴纳的费用也是会议组织者的重要收入来源（Roger，2003）。因此，旅游研究中有时把会议和展览并称为会展业。

1. 会议与展览旅游的共同特征

旅游业参与会展活动的目的是开拓旅游市场空间并获取一定的经济收益。会展旅游关心的不是开什么会、展览什么东西，而是如何为与会展相关的人员提供服务，从会展本身拓展到住宿、餐饮、娱乐方面，继而争取在游览、购物、旅行等方面创造需求。会展旅游作为大旅游的一个子系统，除具有旅游活动的一般特征外，还具有子系统的独特个性。

（1）团队规模大

根据ICCA（国际会议协会）的界定，国际会议的与会人数应在300人以上。一般来讲，各类展览会、博览会、展销会等，其规模要大于会议。而影响会展活动举办效果的直接因素就是会展参加人气指数。一般被看好的、有良好发展前景的国家、地区、城市，历史悠久，特色鲜明，具有品牌和知名度的会展，大多能够吸引众多团队和人士参与。

（2）影响力大

大型国际会议、展览的召开通常会招徕国际各大新闻媒体的关注，会引起社会各方面的广泛重视。这不仅可以扩大举办地的政治、经济和文化影响，提高举办城市的知名度和整体形象，而且有助于增进国家间、地区间的交流合作，提高市民的科学文化素质，丰富市民生活。2001年在上海举办的APEC会议以及2010年上海世博会就空前提升了上海的国际形象和知名度，大大加快了上海建设国际化大都市的进程。

（3）带动作用强

会展业是构成会展旅游的核心基础，能够带动以旅游业为主的交通、住宿、餐饮、商业、金融、房地产、文化艺术等第三产业的发展，可推动举办城市社会可持续发展的规划和建设，进一步改善城市生态系统，加快基础设施建设，还可将经济发展重心转向文化、教育、媒体等精神产品，促进当地产业结构调整，实现产业升级，促进第三产业和高新技术产业的发展，给举办城市及周边城市带来功能的全方位飞跃。

（4）经济效益高

会展可以给举办城市带来巨大商机和财富。例如每年两次的"广交会"，不仅本身的成交总额超过200亿美元，而且给当地的相关产业带来多达20亿元人民币的收入，会议期间广州市的餐饮业收入增加50%以上。

国家旅游局公布的统计数据显示，2010年上海世博会对中国旅游经济产生了巨大影响，世博旅游带来的直接经济效益超过800亿元。①

---

① http://www.gov.cn/gzdt/2010-11/18/content_1747971.htm。

（5）消费档次高

由于参加会议、展览的人通常都有一定地位和职务，收入水平高，一般不太计较价格，而更注重质量、特色、服务等方面的因素，所以会展旅游者消费与普通旅游者消费相比，呈现出消费档次高、消费能力大、要求高等特点。据统计，会展旅游人均消费是一般游客的3~5倍，据2003年国家旅游局对海外旅游者的抽样调查，在各种旅游消费中，会展旅游人均消费最高达156.64美元。

（6）主题专业性强

会展活动虽然涉及政治、经济、文化、科技、教育、卫生、军事等社会各个方面和各个领域，但总是要在一定的时间和空间范围举办，一次会展活动的内容也绝不是杂乱无章，而是围绕一个主题进行，呈现出鲜明的专业性。从会展旅游依托的资源与环境、客源市场规模与范围、产品经营与管理等方面来看，这类产品不同于一般的普通观光旅游产品和度假休闲产品，其专业性很强。

2. 会展旅游策划的原则

会议与展览旅游策划是开展展览旅游活动的第一步，是整个会展旅游活动顺利进行的保证，也是必不可少的、非常重要的一步。它使展览旅游顺利进行，高效地实现展览旅游中各方的目标利益，达到各方的预期效果。会展旅游策划保证参展商达到广泛宣传自己产品的目的，有效地形成产品的品牌效应，找到目标客户，获取销售利益；保证参展商了解到本行业的最新发展状况和趋势，有利于提升自身在行业中的竞争力；保证游客达到预期的旅游效果，完成购买任务，同时，获得旅游的满足感，在展览旅游中得到放松和享受，并且可以了解到当地的文化风俗、特色资源和优美风景，在旅途中增长知识；保证当地政府或主办方达到宣传当地特色资源，地区优势，吸引游客投资、旅游、购物的目的，从而促进当地旅游经济的发展，带动整个地区的经济增长，提高人民生活水平。

所以，在策划过程中，必须本着认真、严谨的态度，严格按照一定的原则来进行。

（1）"保证三方"原则

会议与展览旅游策划要保证主办单位与目标客户和潜在客户之间的双向交流，保证各方满足各自的需求。这就必须坚持"保证三方"的原则：一是保证主办方，即保证主办单位能提供优秀的专业服务以得到应有的经济效益；二是保证卖方，即保证参展商能达到预期的宣传效果，获得产品收益；三是保证买方，即参观者能及时、准确地找到自己所期望的东西，顺利完成购买任务，同时享受到展览旅游的乐趣。

（2）可实施原则

会议与展览旅游策划必须遵循可实施性原则，也就是说，要从实际情况出发，按照一定的程序，制订出最佳的实施方案，以取得经济效益、社会效益和环境效益的统一。策划中的内容和形式必须既具有前瞻性和吸引力，又不脱离实际，具有可实施可操作性，并且，策划方案的实施途径也必须切实可行。

（3）透明原则

对实际情况做客观、公正的调查，根据客观调查的数据对整个展览旅游进行分析，要切实做到所有数据和指标有据可依。在策划过程中，对资料的收集、整理、分析、交流都要客观、透明，要进行客观、公正的评估，提供透明、准确的反馈信息，保证数据的正确性、时效性，从而提高整个展览旅游市场的透明度，实现展览旅游市场的稳步发展。

（4）协调原则

会展旅游的策划除了要保证实现主办方、买方和卖方的利益外，还应积极遵循国家和当地政府的相关法律、法规，如，预算要与国家对该行业的投资相一致，设施、设备的建设要与当地人居场所保持和谐，从而保证经济效益、社会效益和环境效益三方面的协调。所以，会议与展览旅游策划时，要考虑多方面的因素，认真遵守政策、法规，保证会展旅游的健康发展。

（5）市场导向原则

会展旅游的策划不能脱离市场，因为会展旅游是一种商业活动，所以策划活动要以市场为导向，也就是要在策划活动时，不仅要根据市场的需求来进行销售和服务，而且要在调查现有市场的需求和发展趋势的基础上找出消费亮点，开发符合市场需求并具有前瞻性的产品和服务，引导市场消费。会议与展览旅游策划应考虑从两方面入手：一是营造声势，即指利用各种宣传手段，营造商业氛围，形成市场声势，并利用各种关系和途径，建立起庞大的网络；二是以专业的展览旅游服务赢得买家和卖家的支持和信赖，使他们既达到参会或参展的目的，又能获得会展旅游的满足感。

6.1.2　会议与展览旅游主题定位和线路设计

1. 项目名称

会展旅游的项目名称，可以根据此次旅游活动的目的或意义来命名，也可以根据此次会展的主题或地点来决定，关键是要反映此次会展旅游的内容，突出此次会展旅游的特色和核心吸引力。这样，也便于游客和参展商（与会者）了解本次会展的内容、目的和特色，并且利于和其他旅游形式区分开来。

2. 主题定位

主题定位对于会展旅游的策划部分来说是十分重要的。对于主题定位，专业策划组必须有一个清晰、一致的认识，它是保证策划顺利进行的基础。在明确主题的基础上，才能围绕这一主题进行设计和策划，并且始终要将主题作为线索贯穿其中，以保证其他流程与步骤都是围绕主题来进行的，从而突出此次活动的主旨。

知识链接6.1

关于召开"中国地质学会旅游地学与地质公园研究分会第28届年会暨贵州织金洞国家地质公园建设与旅游发展研讨会"的通知（第二号）

各位委员、会员、各地质公园：

为深入研讨贵州织金洞国家地质公园旅游发展模式，总结国家地质公园建设经验，促进织金洞国家地质公园进一步突破发展，兹定于2013年8月12～14日在贵州省织金县召开"中国地质学会旅游地学与地质公园研究分会第28届年会暨贵州织金洞国家地质公园建设与旅游发展研讨会"。热忱欢迎全国从事旅游地学研究、教学、地质公园管理与建设工作的学者、领导和企业界的朋友们参加会议。现将会议具体事项通知如下：

一、研讨会名称

中国地质学会旅游地学与地质公园研究分会第28届年会暨贵州织金洞国家地质公园建设与旅游发展研讨会。

二、研讨会内容

1. 总结、交流旅游地学研究成果、地质公园建设与管理经验等；

2. 专题研讨贵州织金洞国家地质公园建设与管理，提高贵州织金洞国家地质公园的科学内涵，促进旅游产业发展实现新的突破。

三、时间和地点

2013年8月12—14日在贵州省织金县金玉龙城大酒店召开。

四、会议安排

8月11日全天　报到（织金县金玉龙城大酒店大厅）。

8月12日全天　织金洞地质遗迹考察。

8月13日上午　开幕式；大会报告。

8月13日下午　继续大会报告。

8月14日上午　分组宣读论文。

8月14日下午　贵州织金洞国家地质公园的旅游发展战略研讨；闭幕式；代表返程。

8月15日　　会后考察。

五、会间考察

会议将安排为期1天的野外考察（8月12日），重点考察贵州织金洞国家地质公园，为研究贵州织金洞国家地质公园的旅游发展战略问题做准备。

六、会后考察

会议主办单位联系贵州省中国青年旅行社有限公司代为安排，有4条路线供选择。拟参加考察者，请在回执中注明所选路线，报到时确认并交费。各条考察路线行程及报价见附件（略）。

3. 会展旅游的线路设计

会展旅游的一般行程安排是，先出席主办者举行的开幕式，再参观展览现场，最后是其他游览活动，进行娱乐、购物等休闲旅游活动。

由于参加展览旅游的游客与一般的旅游者不同，他们基本上是在单位或公司的安排下带着购买任务来参加的，他们会把选择订购厂商和完成购买任务放在首位。他们可以在展览场馆区内自由参观，了解各参展商的情况，有目的地选择所需产品；通过参观场馆，对参展商有了初步的了解，就可以在众多参展商中选出较为满意的几家厂商，为签订购买或合作协议做准备。

如果条件许可，他们还需要参观目标厂商的工厂或工业园区，目的是对选出的较为满意的几家厂商进行深入的了解，包括对厂商的机器设备、科学技术、生产管理、产品质量、售后服务等状况的了解。同时，通过这种工业园区的参观活动，企业向社会展览示了企业形象、提高了企业产品的知名度。另外，通过向游客销售商品，企业还可以获得一定的经济效益，并且游客也体验到一种新型旅游所带来的新感受，这就是以生产场景、高科技生产设施、厂区环境和企业文化为资源的"工业旅游"。工业旅游不同于风光游、民俗游，它在观光休闲的同时，还能满足游客的好奇心和求知欲。比如燕京啤酒集团不但是全国最大的高科技啤酒生产企业，而且已成为旅游观光的工业景区，从而吸引着国内外众多游人。走进燕京啤酒集团，您首先会看到错落有致的花园、精心修剪的草坪和水花飞溅的喷泉。在导游带领下，游客可以参观啤酒的酿造过程，从大麦的糖化、麦芽汁的发酵，再到包装车间观看一瓶瓶啤酒经过验瓶、灌装、压盖、贴标签等程序，在链道上徐徐蠕动；走出包装车间，在燕京酒吧，伴着优美、轻柔的音乐，游客可以免费品尝燕京啤酒。

会展旅游的下一步就是进行景点游览、购物、娱乐等都市旅游。参加会议或展览会的游客通常会选择展览场馆所在城市的市内景点，一日往返，轻松而又方便。近年来，以发展"都市风光"、"都市文化"、"都市商业"为主要内容而形成的都市旅游，越发受到游客的青睐。都市旅游已逐步形成了三个重要的旅游圈，即以休闲广场和大型商场为中心的城市观光、商务、购物旅游圈，以公共活动中心和社区为主的都市文化旅游圈以及以山水名胜古迹为重点的远郊休闲度假旅游圈。通过这样的旅游，游客可获得旅游的满足感，达到会展旅游的效果。

6.1.3 会议与展览旅游的宣传和公关

1. 宣传推广

要做到有效的广告宣传，首先要有正确的广告策划，这就需要确定广告公司、确定广告的媒体和方式等，然后实施推广方案。宣传推广方案主要有以下几种：

（1）由组委会重点邀请各大媒体及其他有关单位参观会展的筹备过程。

（2）印制大量的邀请函、请柬、门票、参观指南等宣传资料向所有目标观众派发，并通过相关行业主管部门、行业协（学）会、协办单位等组织相关领域的决策人士与会参观交流。例如，利用展览的会刊、展前快讯、媒体报道等手段来进行前期宣传，扩大企业的影响力，吸引更多的目标客户。

（3）拟在本地区及全国有影响的报纸、电台、电视台等大众媒体制造强有力的展前宣传攻势，并举行隆重的开幕式，邀请有关领导、专家出席或剪彩；邀请报纸、电台、电视台记者对展会盛况予以报道，扩大本次展会在业界的影响。

（4）通过大量的邮寄、派送专业观众请柬及电话、传真、电子邮件等方式有针对性地邀请相关行业的新、老买家及专业人士前来参观展览，进行经贸洽谈及技术交流。

2. 公共关系

会展旅游的公共关系主要有以下几个方面：

（1）加强对外公共关系的建立和完善，适时邀请业务相关部门和企业参加展览活动，以期在对外公关方面达到一定效果。

（2）建立信息有效外发的流程，使展览的有关信息能及时传递给相关政府机关、企业、客户，形成一个对外的窗口，有助于参展企业形象的树立和企业品牌的拓展。

（3）制定完善的制度，在活动实施前进行人员培训，以提高员工的职业素质，让全体工作人员理解策划方案精神，熟悉策划方案要求，掌握实施方案的工作方法、步骤和技巧。

6.1.4 会议与展览旅游策划的流程

会展旅游策划的程序性体现在下面的流程图中（见图6.1）。

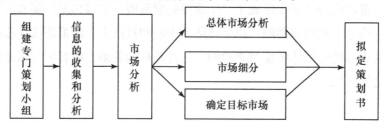

图6.1 会议与展览旅游策划的流程

为了保证会议与展览旅游策划的有效进行，我们应按照图6.1所示的流程图来进行策划。

1. 组建专门策划小组

专门策划小组是展览活动的主办者或承办者等具体组织展览（旅游）活动的机构或单位，也可以是专门的策划公司。在进行会议与展览旅游策划之前必须组建一支强有力的策划工作小组，制定详细、合理的执行手册。一般情况下，一次会展旅游活动的策划工作小组是由活动组织者高层领导人直接领导或者监督，由各个部门派出一至两个了解本部门工作的人共同组成。

专门策划小组应做好以下工作：

（1）加强策划力量，组建兼具理论、实战能力的策划组，加强对策划的控制和指导，掌握策划流程的节奏，力求达到最佳的销售效果。

（2）加强市场调查与研究工作，准确判断、把握市场竞争形势，掌握市场、消费心理的变化趋势及动态，增强策划的准确性，为策划提供依据。

（3）加强专门策划组的团队合作能力，完善策划组人员职业素养、策划技能、策划理论的培训体系。

（4）利用好网络、通讯等现代科学技术作为策划、调研市场的手段，对市场做全面、充分的分析，收集充分且可靠的资料。

（5）策划组要具有清晰科学的组织结构，要注意策划人员的职能分工，充分发挥每个组员的作用。

2. 信息的收集

一般而言，会议与展览旅游策划者需要收集的信息主要有以下几类。

（1）组织者信息

包括活动组织者的性质、规模实力、组织形象以及有无开展会展旅游的相关经验等方面的信息。只有通过认真分析组织者信息，策划者才能明确该组织者开展会展旅游活动的优势和机会所在，找出其劣势和面临的威胁，从而在策划中扬长避短，确定具体目标，进行有针对性的策划。

（2）产品供需信息

即要分析本次会展旅游活动中产品的供给和需求，可以通过考虑参展商数量和观展者的数量以及其他方面来定。

（3）社会背景信息

包括市场信息、政府决策信息、活动的协作伙伴信息、传播媒介信息等。这是成功策划会展旅游活动之前非常重要而又经常被忽视的信息。

3. 信息的分析

在完成信息收集后，要进行的工作则是调研分析。调研分析的基本步骤有：

（1）资源评价

资源评价，采用专家打分模型和专家知识模型两种方式进行，策划组人员可自行选择其中的一种方法，还可以自己选择评价的内容和评价指标应用于不同的评价对象。

专家打分模型，即实现对资源定量化评价功能，可以任意选取评价指标，并自由确定指标权重。允许为每项指标制定评分细则，允许多名专家打分。

专家知识模型，即以专家对资源评价的专业知识及专业评价规则为标准，用语言文字的形式对评价对象进行分析、评价，最后评定级别。

（2）市场分析

市场是一群有具体需求而且具有相应购买力的消费者集合。通过分析已有数据的过程来细分市场结构，评估目前的市场状况和预测市场活动，分析考虑地点的可行性、市场动态和市场供求。基本的市场分析有四个步骤：

① 在对客户类型和展品类型分析、研究基础上确定项目的前景。

② 在从宏观到微观的不同层次上评估市场。

③ 分析财务可行性。

④ 做出会展旅游的实施决策。

4. 运作分析

运作分析涉及资金筹备、经费预算、资金流向等各个较为具体的方面。因为涉及资金，所以这一环节更为重要，一定要根据具体情况进行有效的分析，做出可行的最优的策划方案。

（1）项目定位

项目定位也就是为本次会展旅游制定总体战略目标，打造核心吸引力，并尽量详

细地论证这样的方案"行"还是"不行"。项目定位的具体原则如下:

① 从消费者的心理谋求定位,而不是从生产或销售者的立场定位;

② 针对特定目标市场而非整个市场;

③ 充分考虑市场风险和市场潜力;

④ 结合本项目区位特点,充分发挥区位环境优势;

⑤ 寻求差异化的产品,创造品牌。

借助以上科学的分析方法,策划者将刚开始得到的大量且无序的信息进行了合理切分、归类、总结,取得由此及彼、由表及里的认识,从而做到有效地利用信息,进行科学的策划。

(2)市场分析

市场分析的一般内容如下:

① 总体市场分析。总体市场分析是指对市场环境的综合性分析,包括经营环境状况、总体市场规模、用户的需求现状等。目的在于掌握总体的市场化发展水平,以及行业市场化进程与地区市场化进程,以便准确获取信息进行策划。

② 市场细分。市场细分的概念是美国市场学家温德尔·史密斯(Wendell R.Smith)于20世纪50年代中期提出来的。市场细分是指按照消费者的欲望与需求,把一个总体市场(总体市场通常太大以致企业很难为之服务)按照一定标准划分成若干具有共同特征的子市场的过程。因此,分属于同一细分市场的消费者,他们的需要和欲望极为相似;分属于不同细分市场的消费者对同一产品的需要和欲望存在着明显的差别。

市场细分就是根据消费者各方面的属性,按照科学的方法把市场分割为具有不同需要、性格或行为的购买者群体。其主要目的为:使同一细分市场内个体间的固有差异减少到最小,使不同细分市场之间的差异增加到最大;在市场决策上,进行市场细分的目的是针对不同的购买者群体采取独特的产品组合战略以求获得最佳收益。细分市场还有利于掌握潜在市场的需求,不断开发新产品,开拓新市场。

市场细分是一个动态的过程,整个过程可以分成六个阶段:定义市场;确定细分标准;收集并分析数据;完成市场的初步细分;评估各细分市场,选择目标市场;设计策划战略。

5. 拟订策划方案

在完成以上策划工作后,紧接着就是制订策划方案,即,拟定一份专门针对本次会议或展旅游活动的详细策划书。会议或展览旅游策划书是整个策划过程最终形成的文件,是经过选择的最优方案和最佳途径所形成的书面材料,是文字化了的承载了会议与展览旅游策划劳动的物质载体。

拟定策划书应注意内容的完整性和条理性,形式的标准化和规范化,要切实做到清晰、明了，有严密的逻辑性和程序性。一般思维规律之下是先交代策划背景，然后由大到小，由宏观到微观，层层推进，再把策划书中心和盘托出，还要突出主干，重视枝干。主干部分是活动的大构想、重头戏，应给予重点展开；枝干部分虽是配角，却是具体实施中的重要依据和手段，少了这部分枝干，本次策划的血肉就不丰满。要保证让执行者、过程实施方看过策划书以后，可以明确地、有步骤地开展工作。

为保证内容的完整性，会议或展览旅游策划书应包括：策划书目录；策划组成员；策划书提要；策划前提和目的；策划的环境分析；策划的行动提案；策划的问题点；策划的目标和任务；策划的预算；策划的日程；等等内容。

需要指出的是，每次会展旅游都有不同的特点，因此，在拟定会展旅游策划方案，撰写会议或展览旅游策划书时，要具体情况具体分析，从而突出不同会展旅游的特点。

6.2 会议与展览旅游的管理

会议与展览旅游的管理，包括服务管理、场馆与人员的管理、危机管理，以及质量管理和评估。

6.2.1 会议与展览旅游的餐饮、住宿管理

1. 餐饮细节管理

（1）安排餐饮的准备工作

① 统计参加会展旅游的人数。

② 了解参加会展旅游人员的基本情况，如国籍、宗教信仰、职业、年龄和性别等。

③ 研究旅游目的地及当地的餐饮情况，如查阅当地的餐饮法规。任何地方都对餐饮制定了自己的法规，会展旅游活动的安排者应该考虑到这些法规。如：一些地方禁止在一星期内的任何时候喝含酒精的饮料，而其他一些地方只在星期天禁酒；有的地方要求从事食品加工操作的人必须经过体检合格才能上岗，有的甚至要有证书；有些地方一旦食物离开了厨房就不能在任何情况下再提供给任何其他的人。

（2）安排餐饮的要求

① 安全卫生。餐饮安排，卫生第一。只有清洁、卫生的餐饮才能使会展旅游者吃得好、吃得满意、吃得放心。因此，要按照有关食品卫生的要求和规定，在采购、运输、制作各个环节都采取得力措施，确保餐饮安全。

② 规格适中。会展旅游与一般旅游活动不同，其餐饮一般要根据经费预算确定就餐标准来安排。餐饮标准应当由会展活动的领导机构确定，并贯彻勤俭节约的原则，反对大吃大喝和铺张浪费。

③ 照顾特殊。参加对象中如有不同餐饮习惯的少数民族、外宾或其他有特殊餐饮要求的参加者，要特别予以照顾，尽可能满足他们的需要。

（3）安排餐饮工作的程序

第一步：制订餐饮工作的方案。

① 就餐标准：早、中、晚三餐的具体支出。

② 就餐时间：一般要根据会展旅游活动的作息时间综合考虑。

③ 就餐地点：如果人数较多，要多安排几个就餐地点。

④ 就餐形式：采取个人分食制还是同桌合餐制。

⑤ 就餐人员组合方式：就餐时自由组合还是按一定编组方式组合。

⑥ 就餐凭证：凭证件就餐还是工作人员统一组织就餐。一般小型会展旅游的餐饮服务没有必要使用餐券，只要让与会者彼此结伴或出示名卡就可以了。

⑦ 保证餐饮安全的具体措施。

第二步：预定餐厅。

餐厅的选择要考虑以下几点：

① 餐厅大小是否能够容纳参加会展旅游活动就餐人员。

② 餐厅的卫生条件是否达到规定标准。

③ 饭菜品种和质量能否满足要求。

④ 餐厅与旅游景点的距离或会展活动场地是否适当。

⑤ 价格是否合理。

第三步：统计就餐人数。

准确统计就餐人数，是安排好就餐的重要前提。如果人数不准确，餐饮偏多则造成浪费，偏少则会影响部分参加对象的就餐。

统计人数的方法：一是根据会展旅游活动签到，二是分组统计，然后汇总。

第四步：商定菜谱。

组织部门要十分重视菜谱的制定。要在经费预算的框架内，尽可能与有关餐厅商定一份科学、合理的菜谱。并要了解参加会展旅游人员的背景，如来源地、宗教信仰。特别是某些大型活动中有来自世界各地的与会者，就餐安排要区别对待，尽可能满足他们的饮食习惯，以及少数民族代表和一些特殊饮食习惯的代表的需求。如许多穆斯林和犹太教徒不吃猪肉，印度教徒不吃牛肉，有些天主教徒在星期五的时候不吃肉。

一些与会者在饮食方面有特殊的习惯，如素食者或根据营养成分选择食物的人；一些与会者对某些食物过敏（如对牛奶、贝类等过敏），组织者必须为他们设计特殊的菜单。

在条件允许的情况下，选择一些具有地方特色的饭菜，这样可以让与会者更多地了解当地的风土民情，丰富旅游生活，增长见识。

第五步：餐前检查。

就餐之前，要对饭菜质量、份数、卫生状况等进行必要的检查，发现问题后及时纠正或者调整。

第六步：用餐服务。

① 餐桌布置：每个不同地点所使用的餐桌饰品都不相同，从调味瓶到餐巾、桌布，以及与就餐者相协调的花卉。

② 安排入座：安排座位最常用的办法是自由入座，与会者可以自己选择坐在哪里就餐。如果组织方面需要保留座位，应该向所有相关人员做出声明，并把要保留的餐桌和座位用明显的标志区别出来。

③ 收取餐券：如果餐饮服务要使用餐券，应事先协商好由谁负责收取餐券，以免造成混乱。通常侍会者在就餐者全部入座、准备上菜的时候收取餐券。

④ 就餐形式：通常为自助餐或半自助餐。

自助餐：把食物放在餐台上，就餐者到餐台旁自取所需。

半自助餐：把食物放在餐桌上让就餐者自取所需，不过有些食物如肉类，则是由侍者上菜。

⑤ 控制环境：由于参加就餐的与会者数量很多，组织者要考虑环境问题。如果餐厅中的人数超过50人，其中包括侍者和其他工作人员，室内通风就成为了一个重要问题。如果就餐服务的同时还有其他节目，可能还需要考虑灯光照明等问题。

第七步：餐后反馈。

参加对象就餐后，要注意听取他们对饭菜质量以及餐厅服务态度的意见，以便及时改进。

2. 住宿细节管理

（1）安排住宿的要求

① 住处相对集中。一是有助于旅游活动期间的领导和管理；二是有助于休息时与会者之间的沟通和交流。

② 距离旅游地较近。其中有两种情况：一是旅游点既是会议地又是住宿地，将会议住宿与旅游融为一体；二是旅游点与会展地在一起。一般而言，会展旅游基本安排短线旅行，旅程很少离开会展举办地500千米以上，时间不会超过48小时（大多数为24小时以内）。少数旅程可能超过1000千米以上，时间可以长达一周——甚至可以跨国旅行。此

时，要考虑到住宿地与旅游景点的距离。

③ 设施齐备、确保安全。与会者住宿的宾馆、饭店除应具备基本的生活设施外，还必须具备良好的消防和安全设施，并配备专门的保安人员，确保与会者住地的安全。

④ 合理分配、特殊照顾。房间的分配有时是一个比较敏感的问题，因此，职务和身份相同的与会者，其住房标准要大体一致，以免产生误解。比如，召开一次代表大会，如果各代表团所住的宾馆条件相差太大，会产生一些不必要的误会。有些学术会议，出席者的身份高低不等，安排住房时，有必要做适当的区别。总之，要做到合理、合情。

⑤ 规格适中、勤俭节约。在会展旅游活动费用中，住宿费用往往占很大比例，因此，贯彻勤俭办会的原则，关键之一是尽量节省住宿的费用。要根据会展活动的实际需要来确定所住宾馆的规格，不要盲目追求高规格，动辄租借豪华宾馆，但由与会者自费的则另当别论。

（2）安排住宿的原则

① 个性。在今天这个个性突出的时代，人人都追求着个性，显现着个性，旅游市场对个性服务的需求更为强烈。会展旅游市场从其层次来分可分成会展贵宾（如政府和国际组织领导人、跨国公司企业家及高层管理人员等）和一般会展客人（如参加会展活动的一般中小企业家及一般经营管理人员）；从活动范围来讲又可分为会议客人、展会客人和奖励旅游者等；从性别上又可分为男性客人和女性客人；还可从习惯、爱好上进行细分（如抽烟、不抽烟，喜欢健身等）。会展旅游者有其明显的个性，也是追寻个性化生活方式世界潮流中的一部分。饭店完全应该打破传统的千篇一律的已让许多会展旅游者感到厌倦的"标房"概念模式，提供多样化的个性客房供他们选择；提供适合不同层次、不同性别、不同活动、不同爱好、不同年龄、不同民族与文化的会展旅游者所需求的"个性化"客房，从而使他们获得"个性化"的心理满足。

② 工作。"工作"原则是饭店在设计和布置一个使会展客人满意的客房时所遵循的第二个原则，也就是说饭店管理人员要牢记会展客人决不同于一般观光游览者。会展客人旅行的主要目的是为了"工作"，他们或长或短要在房内办公，准备会议发言和讨论，起草修改文件和对外联系。因此，他们要求饭店客房同时能用作办公室，如桌子要大、座椅要合适、灯光要亮、电话要设置在办公桌上，还要配备常用的文具用品和现代化的办公设施如电脑、传真机、打印机等等，为此许多国内外饭店在这方面做了很多杰出工作，取得了良好的市场效应。

③ 技术。客房对于一般旅客来讲，是休息、睡眠的场所。但对于会展旅游者来说，他们既需要在客房内休息，更需要使用客房内的电子线路接口，随时通过国际互联网进行对外联系。这种特殊的要求，对于一般旅客来说可能是涉及不到的，但对于会展旅游者来说却绝对是不可缺少的。

高新科技的引入需要饭店高级管理层的眼光和勇气、魄力和毅力。要不断地把高科技含量输入饭店，不断地把高科技服务引入客房，才能使我们为会展旅游者提供的客房更具时代特色，才能使我们为会展旅游者提供的服务更上一层楼。

④ 环保。环保原则是饭店的业主和管理者在设计和配置客房时必须充分执行的第四个原则。因为从20世纪90年代，世界已进入了"环保时代"和"绿色时代"，一股以"保护环境、崇尚自然"为宗旨的绿色革命迅速地在全球范围内掀起，绿色时代的到来对旅游业和饭店业提出了新的要求。为了增强饭店业在会展市场的竞争力，树立优秀企业形象，提出可持续发展的战略思想，推出绿色客房、绿色餐厅及其他绿色产品与服务，成为绿色饭店，取得国际绿色通行证——国际标准ISO14001环境认证是十分必要的。

（3）住宿安排工作的程序

第一步：制订住宿工作的方案。

大型会展旅游活动的住宿安排需要先制订方案，内容一般要包括所住宾馆的地点、规格、费用、房间分配原则等。这一方案也可以同餐饮安排方案一起制订。

第二步：统计住宿人数。

住宿人数应当包括需要住宿的记者、与会者的随行人员以及会务工作人员。

住宿人数的统计工作内容主要是：根据会展旅游活动报名表、申请表统计大致人数，并据此预算预订的房间数量；统计实际报到参加人数，这一数字比较准确，是最后落实房间和床位的依据。

第三步：分析与会者的情况。

预订和分配房间之前，还要仔细分析与会者的基本情况，如与会者的性别、年龄、职务、职称、专业以及生活习惯、相互关系等。一般情况下，应当适当照顾女性、年长者和职务较高者。如果安排两人一间的房间，专业相同或相近的与会者同住一间，会有利于他们之间进行交流。与会者如果带随行工作人员，可将他们安排在一起或相邻的房间，以便于他们开展工作，但有专门规定的除外。

第四步：确定预订房间的数量。

预订房间的数量既要考虑与会者的人数和他们的具体情况，同时也要考虑管理和服务的实际需要。比如，有时会务工作部门需在宾馆设立值班室或临时办公室，有时与会者需要在宾馆内会见客人，应当适当预订若干会客厅。如果分组讨论的会议安排在宾馆内举行，还应预订大小适中的会议室。

第五步：预订宾馆和房间。

预订宾馆和房间除了注意上面几点要求外，还要考虑：

① 该宾馆的房间数量能否容纳会展旅游活动的住宿人数。如果是大型会展活动，住

宿人数较多，一个宾馆容纳不下，还要预订多个宾馆，但宾馆之间的距离要尽量靠近，距离太远会给管理以及服务工作带来诸多不便。

② 房间的布局是否集中。房间过于分散同样不便于管理和服务。

③ 房间内的生活设施是否齐全并且完好。

④ 价格是否合理。

⑤ 留有一定的余地，以便遇到特殊情况时可以随时调剂。

第六步：分发房间钥匙。

这项事务一般在与会者到达旅游目的地时，会务工作人员同宾馆工作人员一起操作。

6.2.2 会议与展览旅游的交通管理

1. 会议与展览旅游交通安排

根据展览旅游的定义，展览旅游开始于交通行为又结束于交通行为。因此，展览旅游交通贯穿于整个展览旅游过程之中，不论是参加展览活动，还是展览活动之后的休闲旅游，都离不开交通，展览承办方或其交通部门要对整个活动和旅游的交通进行尽可能全面、周到、细致的安排。

展览活动的承办方通常将所有的会议运输事务外包给专业运输公司，但是展览承办者必须参加决策。如果会议规模较小，就可以自行解决运输问题，但是这种情况较少。如果会议规模较大，大多数都会将会议全部或部分的运输事务外包给运输公司。

在展览运输的问题上，承办方需要求助于专业人士，因为这个领域过于复杂和专业化，很难直接介入处理。承办者必须与几家候选的运输服务提供商进行接触，得到他们的报价，并进行比较，一定要注意分辨哪些公司具有专业水平，而哪些公司能力不足。

展览活动常常需要在旅客运输、行李运输两方面与航空公司进行合作。现在已经有越来越多的航空公司设立了专门处理展览运输的部门，并在其中配备了经验丰富的专家。由于与会者有时集体旅行，有时单独旅行，因此相关的旅行费用也有很大的差别，而且标准相当复杂。和展览旅游的其他方面一样，在运输问题上与服务提供商签订书面合同是十分重要的。

在需要与某个旅行社接触解决展览旅游中的交通问题时，应该要求对方提供其曾经服务过的会议列表，然后仔细察看其中是否有与本次展览类似的先例，以及相关的与会人数、出发地点、具体旅费和其他安排。

汽车租赁公司也可以为展览旅游运输服务。承办方可以与汽车租赁公司协商确定一个价格标准，参展人员在展览旅游期间需要租赁汽车的话，可以使用这个价格标准。

2.旅游者对交通的要求

（1）安全

安全是人类的基本需要之一。尽管外出旅游不是为了求得安全的需要，但求安全的心理却是每一位旅游者出门远游时的共同心理特征。对旅途中不可预测因素的担忧，使人们对旅游交通安全的关注度更高。虽然现代交通的安全性日益提高，交通事故日益减少，但仍有伤亡事故发生。当旅游安全受到威胁时，旅游者可能会考虑改变行程。所以，交通安全是旅游者对旅游交通的基本要求，也是最重要的要求。从事旅游交通工作的各部门和个人都要明确意识到安全工作的重要性，确保旅游者的安全。

（2）快捷

一般来说，旅游的时间都是非常有限的。在有限的时间中，旅游者无不希望能快捷地到达目的地，从而游览到更多的景点，乘兴而来，尽兴而归。可以说交通状况在很大程度上决定了旅游目的地和景点的可进入性。交通行业在其自身发展中应充分考虑到对旅游业的影响，尤其是注意对旅游者心理需求的满足。因为这反过来会影响到交通的良性循环。其中应考虑到以下两个原则。

① 直达原则。交通服务首先应考虑到游客对到达目的地的高度渴望心理，尽量安排快捷直达的交通工具，避免过多地更换交通工具增加游客的经济、体力消耗。直达可以更好地确保游客的财物和人身安全，使游客获得美好的第一印象，为后续的旅游奠定一个良好的开端。

② 省时原则。旅游交通服务应尽量减少旅客的在途时间。旅游中，人们不仅考虑金钱花费，而且在现代旅游中，人们往往选择耗时少的交通工具。因此，旅途耗时多少直接关系到一个地区旅游业发展的状况。

（3）温馨、舒适原则

旅游者在旅游中一个最重要的心理诉求就是消除紧张感，获得轻松感和舒适感。特别是人在旅途，只有消除了紧张感，才能全身心地投入到旅游中，充分享受旅游的乐趣。因此，旅游交通环境的好坏也会对旅游者产生影响。这里的环境既包括交通工具内在的环境，也包括外在的自然和人文环境。

① 内在环境的温馨。旅游不仅是对旅游地区及其景点的游览，实际上也是一个过程。一旦乘坐上交通工具，旅游就已经开始。人们常用"旅途愉快"作为对整个旅途的祝愿。温馨、舒适体现在交通工具的内在环境上，如果交通工具噪音大、颠簸动荡、空气浑浊沉闷、空间狭小、座位不合适、卫生设施不齐备，都会给旅客带来不便，导致不愉快。因此，为旅客营造家庭式的内在环境是交通部门应该重视的问题。现在，许多旅游车、船、飞机装上了影视音乐设备，提供报纸杂志，以增加游客途中的乐趣，使游客倍感温馨。

交通服务富有人情味，也是营造温馨环境的重要组成部分。旅游交通中的服务必须突破现实社会的窠臼，多营造一些虚拟而真实、轻松、愉悦的场景，变商业化、社会化为人情化、家庭化，把人情味渗透到服务的各个环节，给人以平和、亲切、真诚、温馨之感，消除游客的防范、隔膜心理，使游客体会到回家的感觉，从而身心得到放松和愉悦。

② 外在环境的温馨。交通的外在环境在旅游中也扮演着相当重要的角色，它和内在环境互为表里，相辅相成。单调的环境易使人疲劳，比如高速公路，目前，路两旁大部分是水泥柱、铁丝网、稀疏而单一的树木，甚至光秃秃的一无所有，给人一种单调、枯燥、乏味之感。如果多种植花草树木，且注意品种和色彩的变化，就可增加游客视觉的新鲜感和美感，减少和消除单调所造成的视觉疲劳，也有利于司机安全驾驶。再加上沿途的田园风光、地形地貌，游客的心情无疑会倍感舒畅。

3. 旅游交通存在的问题

旅游和交通联系非常紧密。随着旅游业的发展和旅游人数的不断增加，旅游业对交通的需求也越来越多。在各种交通旅行方式中，空中旅行在中长途旅行中占有主导地位；而汽车旅行在短途旅行中占有主导地位，它是多数国内旅游者最喜爱的旅行方式，汽车在地区和国际旅游中也占非常重要的地位；和过去相比，铁路的作用有限得多，铁路在发达国家市场份额相对较大。在欧洲，高速列车的迅速发展大大增加了铁路交通的运输能力。在其他交通工具尚未触及的许多地区，公共汽车捷足先登，但是从数量上讲，公共汽车运输在总交通运输量中还是九牛一毛。水上航运虽然发展速度很快，但在份额上也只占很小的比例。世界旅游业的发展导致交通的发展，这给交通运输设施增加了很大的压力，而且还会产生负面的影响。无论世界各地有什么样的差异，全世界所面临的问题都似乎相同，需要决策者们立即给予关注。具体问题如下：

（1）交通阻塞问题。严重的交通阻塞影响了多数的旅客运输方式，特别是在公路和机场的高峰期。在大城市，很容易发生极其严重的全面交通阻塞现象。交通阻塞意味着耽搁，它大大地浪费了人们的时间和精力。

（2）安全问题。保障交通安全是旅游业的基本要求。

（3）环境问题。如果一个地区不具备额外的游客接待能力，交通发展将破坏环境。在制定交通规划、扩建交通设施时，必须考虑经济、社会、文化和自然资源因素。

（4）季节性问题。旅游需求的季节模式在某些时候也能造成旅游设施过分拥挤，但有时也会发生闲置。在旅游高峰期，交通阻塞、安全和环境等诸多问题会愈加严重。

交通规划者必须面对上述这些问题。交通问题对旅游者的度假经历已经产生并将继续产生不利的影响，它还有可能对旅游目的地造成不利的影响。

6.2.3 游览、购物、娱乐管理

1. 游览管理

游览管理应考虑以下几个方面。

（1）接待能力。要考虑参观、考察、游览的目的地是否具有足够的接待能力。有些项目或线路非常适合，但是如果当地的接待能力有限就有可能被迫取消或改变游览的方式，如分批游览或者减少游览时间等。

（2）内外有别。当参加游览的人当中包括外国人时，要考虑有的项目是否适宜组织外国人参观、游览，是否存在一定的限制、要求等。因此，要了解有关的规定，做好内外有别，注意做好保密安排。如外国客人提出参观不宜参观的项目，应婉言拒绝或者托辞谢绝；有的项目还要报经有关部门批准。另外，要照顾游览者的兴趣。参加游览的人的兴趣、擅长和要求也是项目和线路策划应当考虑的因素。要尽可能地安排大部分游览者都感兴趣的项目。游览者兴趣不大或者毫无兴趣，则组织参观游览就毫无意义。

（3）制订详细计划。安排参观游览的线路、具体日程和时间表，并准确告知游览者，让他们做好思想准备和物质准备。大型展览活动安排的游览活动应该在会议通知、邀请函中加以说明，并列举各条考察、观光项目和线路的报价，以供游览者选择。

（4）落实好交通车辆，安排好食宿。旅游项目也可委托给旅行社实施，但必须选择信誉好、价格合理的旅行社，并与其签订合同。

（5）参观游览，安全第一。在参观游览时，解说员或导游要尽到对有可能发生的危险进行提醒和警示的义务。在参观特殊项目，如实验室、工地时，应事先做好安全工作，向参观者宣布注意事项。每参观完一处，开车前要严格清点人数，避免有人走失，并及时发现问题。

2. 娱乐安排

在旅游中，游览和娱乐几乎密不可分。有的游览景区同时又有娱乐设施，旅游者在游览的同时也可进行娱乐的享受。这里的娱乐安排是指展览方为参加者组织提供的表演、晚会等娱乐活动。承办方在安排娱乐活动时一般要考虑以下问题：

（1）是否安排娱乐节目

在安排娱乐节目时，必须仔细考虑这些活动与展览目的以及主办方形象之间的关系。没有经过周密计划的娱乐节目会显得过于轻率，而且会被视为对主办方资源的一种浪费。当然，娱乐节目也可以被视为对展览活动参加者的一种额外福利。营利性展览活动可以利用娱乐节目来吸引参加者，因而娱乐节目必须具有较高的质量，才能产生足够的吸引力。而非营利性展览活动是否安排娱乐节目则必须从展览活动目的、主办者和资金等角度进行考虑。

（2）预算中是否包括了娱乐节目的经费

娱乐节目的成本应该包括在展览活动的预算之中。随着协商的进展，最初的预算可能需要进行一些调整。如果成本低于原来的预算当然不会造成什么问题，但是如果协商进展表明需要比原来预算更多的资金，展览承办方就要尽快对预算做出调整。预算中不仅要包括演员的报酬，还有旅行、补助、预演、背景音乐等与娱乐节目有关的其他费用。

（3）应该安排什么类型的娱乐节目

娱乐节目应该与展览主题关系最为密切，要使展览主题与娱乐节目之间的关系能让所有的人一目了然。如果这种关系需要解释才能让人明白，就说明安排的节目还不是最佳的选择。娱乐节目还要选择最适合展览活动参加者口味的内容。

（4）娱乐节目要准备多长时间

娱乐节目所需要的准备时间取决于娱乐节目的具体类型，以及它与展览主题的关系。通常，展览活动的主题和核心理念是由展览方面事先制定的，如果需要安排娱乐节目，就要事先进行演出预约。

（5）是否将娱乐节目的组织外包给专业公司

几乎所有的优秀演员都是由专业公司代理的。与专业娱乐公司合作可能需要较高的成本，但是如果不由这些专业公司服务而由承办单位自己组织，往往成本更高，手续更加繁琐。所以，如果将娱乐节目外包给专业演出公司，不但可以保证演出的质量，而且承办方可以节省很多的人力、物力乃至财力。

（6）应该选择什么样的专业公司

选择信誉好、水平高的演出公司是娱乐节目成功的关键。在与几个专业公司洽谈时，应该重点了解他们是否拥有举办演出活动的权限，是否获得了政府和文化部门的许可，他们代理的演员表演过什么样的节目，他们获得的评价都是怎样的。

（7）会议承办者是否应该就娱乐节目安排签订正式的协议

与演员或娱乐公司签订正式的演出协议很重要。这需要得到一些法律方面的建议，不过大多数时候只要签订一份简单的协议书就可以了。大部分协议的目的不仅是为了给将来可能发生的纠纷提供一份可以递交法庭的证据，而且可以将承办者与演员或娱乐公司就演出日期、费用、旅费、补贴、报酬、人员成本、设备成本以及取消预订等事项协商的结果落实到文书中。

（8）会展举办地有哪些可以利用的娱乐设施

演出的舞台可以是一个简单的高台，也可能是一个设备齐全的剧院，有帘幕、通道以及复杂的灯光系统，音响设备、聚光灯和其他一些设备也可能是固定在剧场中的。而展览活动举办地可能也有一些漂亮的景色或背景。若演出需要承办方提供一些道具或乐器，承办方应该在事先准备好并进行调音。

3. 购物安排

一般来说，旅游者的购物行为是旅游者个人的行为，作为展览活动的承办方不宜干涉。而且展览旅游作为一种商务旅游，购物在其中的重要性远不及休闲旅游。因而，本书不对购物安排做详细的介绍。但是从我国目前的旅游商品和商店情况来看，作为展览承办方还是有必要为旅游者提供一些购物方面的信息，如在展览活动的宣传手册或参展商指南、会议指南上推荐一些信誉好、服务好、有特色的旅游商品销售单位或旅游购物商店，为旅游者提供本地购物中心的信息等。若在一些商业城市举行展览活动，展览旅游的目的之一也就是购物了，这时承办方应尽可能地为旅游者提供各种旅游商品信息、购物中心信息以及实用的购物指南，以方便旅游者享受购物的乐趣。

6.2.4 会场、展览场馆与人员管理

1. 会场、展览场馆与设施管理

会场、展览场馆与设施管理的目的在于，保证展会的安全、技术、清洁等方面的正常运行，包括：电力、音响、闭路电视系统和通信装置等各项设备的调试安装及管理维护；展台的布置及展示；等等。管理要求如下：

第一，对会场、展览场馆的配套设施有较高的管理水平，例如，展馆中的电器设备、灯光、音响的正常运行。

第二，维护良好的场馆环境，例如，垃圾的统一处理、货物的整齐堆放、卫生间的清洁等。

第三，能够保证在突然发生紧急情况时，有充分的补救措施和应急能力，能够较快调配人员维持现场秩序。

2. 会议、展览会的人员管理

由于展会服务人员工作在会场、展览现场，直接面向参会者、参展商、组委会、参观者，他们的言行举止、服务规范、服务质量，直接展示了企业的形象和水平。因此，对服务人员的素质要求比较高，而且要求其反应灵敏，应变能力强，能迅速处理各类突发事件。与此同时，会议、展览本身是个动态过程，展会服务也必然是动态跟踪管理和动态服务的过程，所以，展会服务体系还是展会事务与物业管理联系的桥梁，分别在会展前、中、后三个阶段中发挥重要作用。

在展会的人员管理方面，要注重人事招聘和培训两个环节。对优化各部门的人员组合需要做大量工作。如针对工程管理人员薄弱的问题，通过招聘考核及时进行补充，确立主、副分管的合理架构，补充具有一定专业技术能力的工程师到一线进行设备的安装和维

修，确保整个会场的现场管理安全。要通过培训，提高会议现场、展台管理人员的各项技能与素质。在会议和展览过程中，上级应积极指导会议现场、展台管理人员，并合理配备和管理各展区的管理工作人员，以保证活动的顺利进行。

为了维持会展旅游中的安全系统的稳定性，还要配备足够多的保安人员，并要求这些保安人员具备专业素质，遵守展览的管理制度。

3. 会展旅游中导游的管理

（1）会展旅游中导游的特点

由于会展旅游不同于一般的旅游活动，特别是旅游的主体——旅客是一群特殊的群体，所以对会展旅游的导游人员提出了更高的要求。

① 多。ICCA（International Conference and Convention Association）协会的要求，在50人以上才能够列入正式被统计的会议旅游活动。也就是说，会议旅游活动要比一般旅游活动的人数多，可以是几十个人，也可以是几百人，甚至是成千上万人。

所以会展旅游中的导游人员也应达到一定数量，而且应具备一定的整体协调和控制能力，才能在人数较多的展览旅游活动中起到主导作用。

② 繁。由于会展旅游参加的人数多、涉及面广，使得组织环节事情烦琐、结构复杂。例如，同一天抵达的代表可能来自不同的国家，抵达航班就无法统计，这和旅游团队同进同出的抵离规则完全不同，因此，如何接机和送机就需要进行充分准备。

会展旅游参加人员组成复杂，活动组织者需做最详尽的考虑。导游人员不能只按照一般旅游的接待程序和要求按部就班，而是要经过特殊的培训，掌握比较完善、详尽的展览旅游接待服务规范。

③ 高。会展活动本身是一项公务活动，每个参加人员必定代表了一个特定的组织，因此，参加人员的社会、经济或文化层次比一般旅游团队要高很多。

可见，会展旅游组织者无法按普通团队操作，必须在文化娱乐活动等方面花费心思，要努力满足会展旅游者的各种要求，特别要考虑到他们的工作背景，从而使活动给所有代表留下最难忘的回忆。

（2）导游应具备的基本能力

① 独立工作能力。导游在接受任务后要独立组织旅游者的游览参观活动，对某些安排要独立做出决定，对出现的问题要独立处理解决。这种能力是导游必备的能力，是实施旅游计划、使旅游善始善终的基本保证。

② 组织协调能力。在实际工作中，导游不仅要安排好旅游者的生活，还要组织旅游者的游览活动。这一过程中要与饭店、景区等方方面面的人员打交道，导游必须具有良好的组织和协调能力。而且，导游工作是由地陪、全陪和领队三者相互合作、相互协调、共

同努力完成的。

③ 随机应变能力。在旅游者的游览过程中，并不是一帆风顺的，会出现这样和那样的意外事件，特别是突发事件和事故，如有人员走失、发生交通事故等，这些都要求导游临危不乱，一边安抚旅游者的情绪，一边协助相关部门进行解决。

（3）导游管理的内容

虽然与一般旅游活动中的导游相比，会展旅游中的导游要求更高、更专业，但是，作为一种旅游服务，他们所服务的内容是一样的。目前，没有把从事会展旅游服务的导游单独管理，仍旧是在导游这一大概念之中，所以，以下内容主要针对一般的导游而言。

① 导游管理的内容。它包括导游服务质量管理和导游人员的管理。

导游人员的管理是指为保证导游人员工作规范和服务质量，提高工作能力和工作投入程度而制定的一系列规定。包括两个方面的内容：一是加强导游员的业务培训；二是激励导游员的工作积极性。

导游服务质量是指导游员提供的服务所能达到的规定性程序，在使用价值上能满足旅游者的需求程度。导游员提供的导游服务能满足旅客的程度越高，其服务质量也就越高。

② 导游管理的模式。导游管理一般有三种模式：

第一，旅行社管理。旅行社管理模式是我国对导游人员进行管理的传统方式。其主要特点是导游人员完全归属于某旅行社，是旅行社的正式员工。

第二，导游公司管理。导游服务公司是一个中介服务机构，负责旅行社兼职导游人员的日常管理业务、培训及考核，向旅行社出租导游人员并收取中介服务费。

第三，导游协会管理。在国际上，导游人员是社会化的自由职业者，并非为哪一家旅行社所有。这些自由职业者就是通过行业协会来进行管理的。在我国，导游职业社会化已成为一种趋势，这就需要一个强有力的行业性管理机构对全社会的导游人员进行统一管理。以导游协会取代导游公司对导游人员的管理，是另外一种模式。

6.2.5 会议及展览旅游的危机管理

1. 会展旅游危机管理的内涵

会展旅游危机是指影响会展旅游者对会展旅游目的地的信心和扰乱会展旅游正常进行的任何非预期性事件，并可能以无限多样的形式在较长时期内不断发生。

知识链接6.2

会展安全问题[1]

各种突发事件，如流行性疾病、自然灾害、人为破坏等安全问题都可能导致会展项目的延期或取消，更严重的可能带来不可预见的人身财产损失，造成轰动社会的负面影响。

会展安全涉及多个方面，既有人的安全问题，又有物的安全问题，还有信息安全等问题。根据郑向敏教授所做的会展安全研究结果，会展安全包括个人安全、群体安全、设施与场馆安全、展览物安全、信息安全与名誉安全，以及其他意外安全。

个人安全主要是指发生在参加会展活动的个别人身上、具有个别特征的安全问题，如参展商在参加展览会过程中被盗、被骗、被袭击等均属于此类事故，其中大型会展活动所邀请的重要嘉宾，如党政领导、外宾、著名专家、企业家等特殊身份人员的人身、财产、隐私等各方面的安全是会展安全工作的重点。

群体安全是指由于会展活动带来的众多参展人员在各方面的安全问题。

设施与场馆安全主要是指在会议、会展活动中由于设施或场馆本身的问题而引发的安全问题。如，设施设备质量不过关引发的展台倒塌、展品损坏以及人员伤亡事故；场馆本身质量问题引致的人员伤亡或器物损伤的安全事故，等等。

展览物安全是指会展活动中被展物以及与被展物相关的安全问题。

信息安全与名誉安全是指会展活动中有关游客、参展商、主办方、被展物、场馆等利益相关方的信息安全和名誉安全问题。

案例一：2008年10月21日，厦门大学某院院长应台南艺术大学邀请参加第7届海峡两岸传播暨影像艺术学术研讨会，在参观台南市孔庙时遭到一些极端分子蓄意暴力攻击，人身安全与尊严受到严重伤害。

案例二：2004年2月5日晚间，在北京密云县第二届迎春灯展的第六天，因一观灯游人在公园桥上跌倒，引起身后游人拥挤，造成踩死挤伤游人特大恶性事故，37人死亡，15人受伤。

案例三：2008年11月29日上午，上海浦东新国际博览中心E6展厅内发生一起安全事故，一块广告板在搬运过程中从高处砸下，导致1名撤展工人当场死亡，3人受伤。

案例四：2004年香港国际珠宝展上，尽管组织方除了加强保安工作之外，警方还调派大批警装和便装警务人员驻守展场，但开幕后仅半小时就发生两宗钻石失窃案件，总

---

[1] 郑向敏.我国会展业安全形势分析与展望.第四届中国会展教育与科技合作发展论坛,2013.5.杭州.有删改。

共损失22000美元。

案例五：在广东，某电子展的举办单位在临近布展时卷款而逃，人去楼空。参展商花费了巨额参展费、运输费、交通费等，到达目的地后连包装都没机会打开。

案例六：2002年在深圳某礼品工艺品博览会上，一参展企业在展示自己产品过程中，不慎走漏了准备新开发的二代新产品相关技术，待展会结束后准备回公司开发时，居然发现已有同行提前一天将该产品开发上市。另外，在某服装展会的开幕当天上午，一参展企业接待了一位"热情顾客"，该"顾客"又是咨询，又是拍照，说是准备大量采购其具有市场潜力的新款服装。第二天下午，该展商陡然发现在同一展会上居然新冒出了与自己产品款式完全一样的服装，双方因此闹上法庭，才知道开幕那天的"顾客"在窃取真经后连夜赶制出了冒牌货。

案例七：2007年7月23日，上海某酒店用品市场C3区展厅突发大火，过火面积超过近2000平方米，事故造成展厅内大量货品付之一炬，商户损失逾600万元。

会展旅游危机管理是指为避免和减轻危机事件给会展旅游业所带来的严重威胁所进行的非程序化的决策过程。其目的是通过研究危机、危机预警和危机救治达到恢复会展旅游经营环境和会展旅游消费信心的目的，并将危机所造成的损害限制在最低限度。见会展旅游危机管理流程图（见图6.2）。

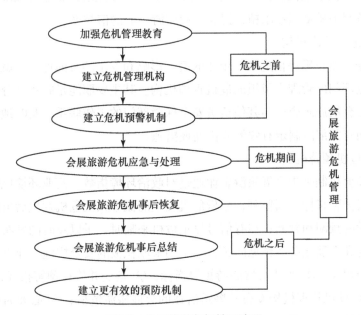

图6.2　会展旅游危机管理流程

会展旅游危机管理涉及很多管理主体，不能单纯地依靠个别主体通过建立危机防范系统、提高经营管理水平等来防范或得到控制，而必须建立起政府、会展旅游企业和行业协会分工合作、共同努力的运行机制。会展旅游危机管理的主体主要包括：

（1）政府。政府的主要职能是通过宏观职能来预测和识别可能遭受的危机，采取防备措施，阻止危机发生，并尽量使危机的不利影响最小化。

（2）会展旅游企业。会展旅游业是敏感度很高的行业，目前我国会展旅游企业经营单一、规模较小的现状不利于会展旅游企业分散风险。因此，要加强会展旅游企业集团化经营，实现规模经济，增强自身实力和抗风险能力。同时还要成立危机管理的领导机构，树立危机管理意识，建立危机管理制度。

（3）会展旅游主管部门。要建立一个有效的危机应急机制，必须要充分发挥主管部门的作用，要加强会展旅游专业人才的培养，加强会展旅游各参与主体的合作，有效防范危机。

（4）会展旅游从业人员。会展旅游从业人员要积极参与培训和学习，树立正确的危机意识，提高危机应对能力，积极参与政府和会展旅游企业的危机救治。

2. 会展旅游危机管理工作步骤

（1）加强危机管理教育

危机管理教育是会展旅游企业预防危机的有力保障。会展旅游企业要对员工进行危机意识教育和危机预控专业知识的培训和学习，培养员工"居安思危"的旅游危机观，使员工树立正确的危机意识和主人翁责任感，提高员工对危机征兆的识别能力；同时通过对一定危机情景的模拟对员工进行演习和培训，通过接触各类危机情景，积累处理危机的技能知识。只有树立了正确危机意识和提高危机反应能力，才能增强企业抗风险的整体能力，才能使会展旅游服务质量精益求精，提高会展旅游企业的信誉度。

（2）建立危机管理机构

会展旅游企业要正确评估危机对企业的潜在影响和发生的可能性，这就需要会展旅游企业高层和专业部门的管理人员组成危机管理机构。其主要职能是收集和分析危机情报和外界信息，建立会展旅游企业与其他负责安全保障部门的工作联系，及时地预测和预防危机的发生，协同有关部门制定有效的危机处理措施。

（3）建立危机预警机制

会展旅游预警机制是指会展旅游企业通过对政治环境指数、商业环境风险指数和自然环境指数等危机预警指标不断监测，分析危机发生的概率以及危机发生后可能造成的负面影响，做出科学的预测和判断；在有信号显示危机来临时，予以及时的发布并警示，从而有利于企业自身和会展旅游者预见问题，并主动采取积极的安全措施。建立危机预警机制主要有以下几个程序：① 收集会展旅游预警指标；② 接受并检查预警指标；③ 分析和处理预警指标；④ 危机管理机构发布并警示潜在的会展旅游危机；⑤ 必要时要对危机管理计划进行预演排练，并不断修正和完善；⑥ 会展旅游危机应急与处理。

① 加强媒体合作，发布危机信息。要以诚信、透明的态度与各类媒体沟通，可设立一个新闻中心适时地向社会公众发布客观、准确、诚实、透明的危机信息。既不能夸大事

实，也不能为了达到某种目的而隐瞒或扭曲事实真相，防止谣言和小道消息的散布，最大程度地消除会展旅游者的恐惧。

② 控制危机发展态势，制定安全保障措施。

★ 危机管理机构发挥快速信息沟通、快速判断、快速反应、快速行动和快速修正等一系列组织能力，采取及时措施防止危机扩大。

★ 任命专人负责与政府和会展旅游主管部门进行安全保障方面的联络，制定安全保障措施。

★ 建立危机监测系统，必要时应组建能用多种语言提供服务的旅游警察队伍和紧急电话中心，随时对危机的变化做出分析、判断并采取应急措施。

③ 保持客户沟通，巩固企业形象。

★ 以电话、传真、互联网以及各种新闻媒体等方式与客户保持沟通，向他们通报企业的情况，争取客户的理解和支持，保持客户对企业的信心，为危机后开展新的会展旅游业务做好准备。

★ 根据自己的实际情况，配合政府和媒体，做一些有利于树立企业形象的广告宣传，吸引公众的注意，巩固甚至提升企业形象。

④ 采取应急措施，化解危机。

★ 建立企业突发重大事件储备金，同时与保险公司合作，投保重大突发事件险种，转移风险。

★ 对于有重要人物参加的会展旅游活动必须对展览现场和会展旅游路线进行安全检查，布置好安全保卫工作，配备专业医护人员和救护设备。

★ 对于会展旅游者的信息安全和财产安全也应采取措施予以保障。

★ 对于政治危机事件，必须要加强与政府和会展旅游主管部门的联系和合作，通报危机事件的进展情况，配合政府的安全应急措施行事。

★ 强化危机管理领导小组的职能，保障展览现场设施安全，提供医疗服务和解决参展商的突发性问题。

⑤ 转变危机为生机，寻找新的发展机遇。会展旅游危机给会展旅游企业带来的不仅仅是损害，也可能带来一些新的发展机会。会展旅游企业应充分把握这些机会，转变危机为生机，使企业获得新的发展。

★ 利用危机期间的经营淡季，抓紧时间对员工进行全面培训，提高员工的专业化素质。这样在危机过后，企业的服务和管理就能够上一个台阶，赢得更多的顾客，从而弥补在危机中遭受的损失。

★ 对硬件设施进行更新改造，增强企业的发展后劲。

★ 资金雄厚的大企业可以较低的收购成本进行购并，走专业化、规模化、集约化的经营发展道路。例如在"非典"时期，中国旅行社总社、上海国旅及上海春秋旅行社都在积极并购，借机实现其战略扩张。

（4）会展旅游危机事后恢复

会展旅游危机的应急与处理主要是为了阻止危机蔓延以及减少其造成的损失，而要让已经造成的损失部分恢复到危机前的状态，则需要通过危机事后恢复来实现。会展旅游事后恢复主要围绕实现以下三个目标：

① 恢复会展旅游目的地形象。会展旅游企业要配合政府和主管部门有效利用报纸、电视等新闻媒体，大肆宣传会展旅游目的地的安全形象，尽快恢复国内外会展旅游者对会展旅游目的地的信心。必要时，可请国家和地方政府领导人出面，亲自对会展旅游主办方和客户进行宣传促销。

② 恢复会展旅游客源市场。会展旅游企业要通过市场调查和搜集相关资料，分析主要客源市场和营销渠道受危机影响的程度，进而针对各市场的特点采取应对措施，相应地调整会展旅游产品结构和价格策略。也可请客源市场旅游媒体、旅游专栏作家、旅游批发商和旅游代理商进行实地考察，做好会展旅游企业形象宣传，引导会展旅游消费，从而刺激、鼓励并帮助客源市场和营销渠道复苏和繁荣。

③ 恢复会展旅游企业内部信心。危机事件发生不仅会使企业经营效益受到影响，而且企业内部员工在工作积极性方面也会同样受挫。因此，在危机后的恢复时期，要有效利用企业文化，重塑企业内部信心，增强企业的内聚力，制定新的发展战略，做好危机过后的新的展览业务，抓住新的客源市场，开发一些新线路、新项目、新产品，策划一些新活动，打造新的会展旅游品牌，实现企业振兴。

（5）会展旅游危机事后总结

会展旅游危机事件消除或告一段落后，会展旅游企业要对危机事件进行详细、全面的总结，主要包括对危机预控管理的总结和对危机事件管理的总结。

① 对危机预控管理的总结。它包括：危机预警机制是否为危机管理提供了有用的指导，存在哪些问题，与其制定成本比较是否合算；演习和危机教育是否对危机的处理起到了作用，有哪些项目有待加强和完善；预警系统是否发出了及时的警报；人们是否对预警系统的警报予以足够的重视并采取了正确的反应。

② 对危机事件管理的总结。它包括：危机在预防阶段是否被识别；识别危机后的反应行动是否有效阻止或延缓了危机的爆发；危机爆发后，会展旅游企业的反应是否迅速、合理；危机处理中的资源供给是否及时，配置是否合理；危机处理中成功避免或减少了哪些损失；危机处理中管理机构运作是否高效；媒体的管理是否合理，向媒体传递的信息是否合理，会展旅游企业的形象维护得如何；危机恢复目标制定是否合理；危机恢复工作是否有效，还存在哪些问题。

（6）建立更有效的危机预防机制

总结工作做完后，会展旅游企业要认真回顾危机处理过程中的每一环节，针对前面的预防系统进行反馈,帮助危机管理机构重新修正预防系统的失误,进行相应的改进或调整,以便建立一个新的更有效的预防机制,从而加强危机管理预案的指导性和可操作性,为应对下一次会展旅游危机做好准备。

6.2.6 质量管理和评估

要进行评估,就必须收集反馈信息,所以,寻求会展旅游者对会展旅游企业所提供的产品和服务的反馈意见是会展旅游满意度调查的一个重要环节。在收集到大量的、真实的反馈意见后,接下来就是进行经济效益评估和质量管理评估。

1. 经济效益评估

经济效益评估包括以下内容:投资估算,成本预测,收入与税金预测,利润预测,贷款偿还期预测,现值与内部收益率的预计,企业投资利润。通过评估这几方面,可以说明此次活动的经济效益是好是坏,从而表明此次活动的可行性。经济效益评估的前提条件是抓好以下基础管理工作。

(1)建立会展旅游经费内部稽核制度,对内部稽核工作的职责、内容、方法和要求进行明确规定,以保证科学、有效地进行展览经费决算、审核。

(2)建立展览信息反馈和效益考核制度。每一展览结束后,展览业务部门应对展出效果进行量化统计和全面、客观评估,对重点展览、重点参展企业要跟踪问效。每一年度结束后,应对全年出展情况进行认真总结。

(3)向参展企业收取的摊位费,其收入和使用按照财政部有关外事服务收入管理的规定办理,并在预、决算中加以说明。

(4)在加强日常财务监督检查工作的基础上,结合决算批复工作,对资金的使用情况进行全面检查、审核。发现不符合财经法规的,要予以纠正,情节严重的按照有关规定进行严肃处理。

2. 质量管理评估

会展旅游的质量评估最终反映在各方参与者的满意程度上。对满意度的调查可以从如下方面进行:

(1)满意度调查表回收率状况;

(2)综合满意度状况;

(3)今后的意愿状况;

(4)从参加到会展旅游进程的满意度状况;

(5)导游服务的满意度状况;

(6)会展旅游结束后的满意度状况;

(7)纠纷处理的满意度状况。

将调查结果汇总分析，可以得到质量评估的最终结果，从而知道此次会展旅游成功与否。

调查评估完以后，还应根据会展旅游调查所得的意见反馈进行改进和完善。会展旅游企业要从这些反馈信息中获得一些开拓新市场在改进会展旅游企业服务质量及策划组织等方面的有用信息。

章前案例分析

美国普华永道（PricewaterhouseCoopers）公司的调查报告揭示了一个基本事实，即会展业是国民经济的助推器，其连带效应十分明显。会展业的繁荣发展对旅游业有着直接的影响和贡献。会展旅游属于连带性质的旅游，因此会展公司（PEO or PCO）以及旅行社（TRAVEL AGENTS）需要结合会展活动的性质和主题，精心策划同期旅游项目，吸引会展活动参与者，使其乐于参加。

本章小结

本章阐述了会议及展览旅游策划的基本原理，分析了会议及展览旅游策划的流程，对会议及展览旅游管理中的服务管理、交通管理、游览购物娱乐管理、场馆与人员管理、危机管理等进行了深入论述。

复习思考题

一、名词解释

会议及展览旅游的"保证三方原则" 会议及展览旅游危机管理

二、简述题

1. 试绘出会议与会展旅游策划的流程图，并对其进行说明。
2. 会展旅游管理的内容有哪些？
3. 简述会展旅游中导游的特点。
4. 展览承办方在安排娱乐活动时一般要考虑哪些问题？

三、论述题
1. 论述会展旅游的危机管理。
2. 论述会展旅游的人员管理。
3. 论述会展旅游的服务管理。

四、案例分析
试根据下述旅行社拓展会展旅游的案例，论述会展旅游的策划策略及其意义。

旅行社是将酒店、餐饮、交通部门等旅游企业串联起来的链条，在对参展人员、与会者及观展者提供旅游接待服务方面具有先天优势；同时，长期与境内外各旅游客源地和目的地的合作，也使其在客源预测及对外招徕会展旅游者方面享有优势。因此，目前越来越多的大型旅游集团以其行业优势和网络优势进入会展旅游市场。

1. "会展接待+X"点菜式产品策略

旅行社将会展期间的酒店、接送、餐饮等基本服务做成主体产品，将其他配套服务及产品做成菜单（X），由客户根据自己的需要灵活选择，自由组合，自助性较强。

近年来，各类会展的组织者与承办者分工越来越明确，特别是大、中型国际、国内会议展览及众多组织的奖励旅游。因为这些活动涉及参加者的吃、住、行、游，需要各方面的密切配合，而会议的组织者由于种种原因无法使上述各部门有效协调起来，这就需要专业承办者来操作。国外会展经济发达国家主要依靠专业的会展公司来承办运作。目前我国虽然已经拥有了一定数量的展览公司，但这些公司规模很小，特别是私营会展公司，雇佣人数一般为2~8人，往往是一位员工身兼数职，难以胜任大型会展业务中的组织、接待工作；他们的经营水平也实在令人难以满意，而且由于不熟悉旅游业务，不懂得将会展活动与旅游等服务性行业结合起来进行，往往亲自安排在会展过程中参展人员的食、住、行、游、娱、购等活动。这不仅降低了会展活动的效率，还会因为对旅游业的不熟悉而降低参展人员在会展活动中对举办地的满意程度，影响会展活动效果。长期以来，旅行社同交通、饭店、餐饮、景区等相关部门保持着密切的合作关系，因此，由旅行社协调旅游业内各部门的工作，将会展接待中的吃、住、行等串成会展接待主产品，将降低成本，提高效率。

为了突破会展旅游服务单纯接待服务的局限，增加旅游业的收益，延长参展人员、与会者及观展者的逗留时间，建议采用"会展接待+X"的产品策略。X既可以是翻译等单项服务，也可以是各种旅游产品。由于会展旅游者的商业意识强，文化素质高，消费能力强，且时间观念强，他们参加旅游活动，通常有很强的独立性，游览一般发生在参展之后，多数是就近或顺道游览。因此，旅行社针对这些会展旅游者开发的后续旅游产品（X）应以中短线为主，组团灵活。

主要包括：① 投资考察游等专项旅游产品。在旅游过程中，旅行社可以安排专业性咨询，提供当地的市场行情、法律法规及经济政策等方面的信息。② 短平快的城市周边游。在日程安排上主要以半日游、一日游和二日游为主，产品特色上突出本土文化和休闲性。以广交会为例，入境参加广交会的游客在会后多选择就近到珠江三角洲各地旅游，具有岭南文化特色和南粤风光的旅游线路最受欢迎。有的来宾希望解除紧张的商务活动带来的劳累，所以一些泡温泉、打高尔夫球、海滨浴等休闲度假式的旅游也颇受追捧。

2. 整体促销

旅行社加入国际专业组织，并利用其在国内外长期的合作伙伴，多渠道搜集会展的相关信息，招徕客源。加入会展业有关的国际协会，成为他们的成员，充分地利用各种机会，了解世界会展旅游市场新趋势和新发展，对融入国际市场，参与竞争并在竞争中与国际接轨具有重要意义。全球最主要的会议和展览协会有国际会议协会（ICCA）、国际专业会议组织者协会（IAPCO）、会议策划者国际联盟（MPI）、国际协会联盟（UIA）、亚洲太平洋地区展览协会及会议联合会（APECC）及奖励旅游商协会（SITE）等。

由政府牵头，旅行社组织旅游业和会展业相关企业"走出去"宣传促销。鉴于国内会展业的发展现状，要将旅游与会展结合起来走出去整体促销，必须由政府牵头，旅行社协办，组织会展公司、航空公司、酒店及旅游景点等，形成一支强大的市场促销力量，运用综合的促销手段全方位、立体化地促销。通常采用的促销方式有参加专业交易会、召开新闻发布会、在相关专业媒体上投放广告及派发宣传品等。

由旅行社牵头，相关部门共同出资将会展决策者们"请进来"考察。会展决策者包括著名会展组织协会的上层核心人员、会展组织协会的会员及其他买家。有计划地邀请会展决策者们到目的地实地考察，使他们对当地举办大型会/展的各种有利因素、会/展设施、接待条件、接待能力等有一个感性的认识，引起他们的兴趣。

3. 旅行社在MICE产品中的组团服务拓展

在会展旅游的组织接待过程中，由于会场/展会布置涉及场地美工、灯光效果、音响效果等因素，会务/展览的安排涉及主题策划、会议设施租用等要素，专业要求较高，因此旅行社同会展公司分工协作，将会场/展会布置、会务/展览策划安排交由会展公司的专业人员安排，旅行社做好其他组团服务。二者的良好对接将有助于提高会展旅游的质量和效率。

会展旅游（MICE）包括会议（meeting）、奖励旅游（incentive）、研讨会（conference）和展览（exhibition）。针对这几类产品的不同特点，旅行社在组团服务中应推出不同的项目。

（资料来源：中国旅游报http://www.cthy.com/news/shownews.asp?newsid=1281）

第7章 节事旅游策划与管理

学习目标

知识目标

- 掌握节事旅游策划的含义、基本特征以及基本要素;
- 熟悉节事旅游策划的一般程序和方法;
- 了解节事旅游策划需要遵守的基本原则;
- 了解节事旅游管理包含哪些内容。

技能目标

- 能够就案例阐述节事旅游策划的基本要素、基本原则、一般程序和方法;
- 能独立完成简单的节事旅游策划方案。

关键词

- 节事旅游策划、基本特征、基本要素、基本原则、程序和方法

第7章 节事旅游策划与管理

案例导入

中国·成都龙泉国际桃花节[①]

桃花节简介

　　天府之国，春来第一花，非龙泉桃花莫属；以花为媒，举办盛会，又首推龙泉"桃花节"。被国务院命名为"中国水蜜桃之乡"的龙泉驿，是国家级成都经济技术开发区所在地，是闻名全国的花果山和风景名胜区，素以"四时花不断，八节佳果香"著称。阳春三月，龙泉漫山遍野，桃花盛霞，梨花如雪，风景如画，吸引成千上万的游客纷至踏来。1987年，龙泉驿区举办首届桃花会，1993年第七届桃花节提出了"以花为媒、广交朋友、促进开发、繁荣经济"的办会宗旨并一直延续至今。1994年，桃花会主办者由龙泉驿区人民政府升格为成都市人民政府，名称随即改为"中国成都桃花会"。1999年，龙泉驿区人大常委会第十四届十九次会议做出将"桃花会"更名为"桃花节"的决定。国家旅游局对外宣布桃花节为"99中国生态旅游大节庆活动之一"。2001年8月，国家旅游局正式批准桃花节为国际桃花节。为此，龙泉连续举办了15届的区域性盛会走出盆地，走出国门，走向世界。截至2007年，桃花节共举办了21届。

桃花节的起源及发展

　　1. 同窗聚会"龙泉水蜜桃种植第一人"

　　1942年春，晋希天在山泉镇自我的桃树下与同窗好友品茗赏花时吟诵了一首小诗：龙泉山中桃花园/桃花开满龙泉山/今年赏花人两桌/半个世纪万倍多。这次10余人的赏花聚会成了后来桃花节的雏形。

　　2. 首届桃花会

　　1986年3月中旬，时任区委书记谢安钦发现龙泉街上许多人邀朋唤友来龙泉山上赏花，提出了"既然龙泉人都有此赏花雅兴，为啥不请城里人来此观花赏景呢？"的想法，此想法立即得到了区委其他同志的赞同。1986年3月25日，区委、区政府邀请了省、市建委、省、市水电部门、部分新闻单位、学者200余人，在区工会俱乐部举行了桃花观赏会，到桃花沟赏花，受到了与会者的好评。1986年10月，为筹办首届桃花会，区委、区

[①] 资料来源：腾讯旅游，中国·成都龙泉国际桃花节，http://www.itravelqq.com/2010/0903/63062_3.html，有删改。

政府成立了桃花会筹备领导小组，并从各单位抽调了20多名精干的同志组成桃花会办公室。1987年3月11日至20日，龙泉区委、区政府举办了首届桃花会。截至2013年，一年一度的桃花节（会）已成功举办了27届。

3. 中国成都桃花会

1994年，龙泉桃花会首次由市政府主办，区委、区政府和成都经济技术开发区管委会承办，更名为"中国成都第八届桃花会"。

4. 中国成都·国际桃花节

2000年11月6日，四川省人民政府正式批复，同意举办2001年中国成都·国际桃花节暨国际客家学术研讨会。明确了2001年桃花节由成都市人民政府、四川省旅游局、四川省人民政府侨务办公室和四川省社会科学院主办，区委、区政府和成都经济技术开发区管委会承办。2001年8月，国家旅游局批准将成都桃花节命名为中国·成都国际桃花节。

中国·成都国际桃花节经典回顾

2000年：国家级经济技术开发区挂牌庆典，在庆典组的高度重视、精心策划和周密组织下，于3月18日在花都转盘举行。为使这一活动取得圆满成果，庆典组多次研究，反复论证，制订了详细的实施方案，成功地邀请了国家有关部委负责人以及省、市主要领导到会。随后由成都军区战旗歌舞团参与的桃花节开幕式文艺演出质量高、演员阵容强、演出效果好，有近两万名各级领导和群众参加了挂牌庆典仪式，观看了文艺演出。

2001年：在3月18日隆重举行的"一节一会"开幕式上，应邀参会的泰国、美国、韩国、加拿大、法国、新加坡、马来西亚、菲律宾、港澳台等13个国家和地区的政界要人、企业家和专家学者共1000人聚首龙泉。其中，重要嘉宾有香港崇正总会会长黄石华先生、泰国国家警署副总指挥顺通西权先生、香港曾氏兄弟集团董事曾良才先生、法国亚吉银行亚太总裁刘柯宁先生等。如此多的海外嘉宾云集龙泉，超过了以往任何一届桃花节。继开幕式之后，第七届国际客家学术研讨会、成都经济技术开发区招商引资洽谈会、投资说明会、记者招待会、项目签协仪式、项目摆台式对接洽谈等活动也紧锣密鼓、好戏连台；与此同时，《人民日报》《中国改革导报》《香港大公报》等30余家中央、省、市、区新闻媒体全范围跟踪采访报道"一节一会"盛况，在省内外营造了热烈的节日气氛。

2002年：3月18日上午，规模空前的开幕式在世纪广场隆重举行。出席开幕式的除省、市领导与部门领导外，还有美国、日本、德国、新加坡、印度尼西亚、马来西亚、港澳台等国家和地区的政界要人、客商和专家学者等1300多位中外来宾。其中，有台湾地区旅游职业工会主席马潮先生、美国驻成都领事馆经济领事陶可思先生、美国商品展示交易中心主任钱禹夫先生、亚细安客联会总会长吴能彬先生。开幕式结束后，举行了大型文艺演出。此次演出是历届桃花节档次最高、规模最大、声势最强的文艺演出：一是演出现场面积为5万平方米，全区3万余名干部群众和驻区部队官兵同海内外嘉宾一同观看了文艺演出。场地之大，观众之多，都创下了历史之最。二是此次文艺演出以四川歌舞剧院、四川交响乐团为班底，特邀了国内流行乐坛顶尖的实力派歌手毛阿敏、华裔顶级美声歌唱家廖昌永，还有其他著名歌星倾情演出，可谓群星灿烂，演出阵容为历届之最。

2004年：中国·成都国际桃花节云集了许多重要领导、嘉宾和客商，极大地提升了龙泉作为"成都浦东"的新区形象。3月18日晚，盛大的开幕式在四川省体育馆隆重举行。省、市领导出席了开幕式。出席开幕式的还有印度尼西亚、埃及等国家的驻华大使，美国、德国、法国、意大利、英国、荷兰、韩国、日本等国家和中国香港、中国台湾、北京、上海、大连、深圳、江苏等地区的客商。开幕式结束后，举行了大型文艺演出。此次文艺演出呈现了几大特色：一是首次走出龙泉，在成都市区举办开幕式暨大型文艺演出；二是档次最高。此次文艺演出以享誉海内外的东方歌舞团为班底，知名导演于守山任总导演，邀请了著名歌手宋祖英、孙楠、姜育恒等人参加演出，中央电视台主持人主持晚会，可谓群星灿烂，演出整体阵容强大，为历届之最；三是创意最新。本次晚会舞台、灯光由中央电视台专业人员设计搭建，充分展示了龙泉桃乡风采，营造了热烈、隆重的节目氛围。

2007年：第21届中国·成都国际桃花节暨四川省"和谐城乡游"启动仪式于3月18日在成都锦江大礼堂广场隆重举行。出席开幕式的有省、市相关部门领导、34位四川省国家4A级旅游景区代表、60位海外博士代表、50位台湾客属代表团、甘孜县文化代表团、21对在3月18日举行婚礼的新人以及中央、省、市媒体等近千名嘉宾。全省唯一的4A级古镇——洛带古镇代表全省34个4A级景区宣读了创建和谐景区倡议书。整个开幕式简洁、隆重，成都电视台进行了现场录播，海内外30余家知名媒体进行了现场报道。开幕式进一步提升了国际桃花节的品牌形象，达到了展示龙泉形象、扩大对外影响、推动经济社会发展的预期目的。

2008年：第22届中国·成都国际桃花节以"多彩生活，风情桃乡"为主题。开幕式结束之后，举办了一系列的活动："中国龙泉驿—美国桃郡"桃乡风情文艺晚会，"雪域之美"甘孜藏族风情文艺演出，"春天颂"全区艺术团节目展演，第三届中国乡村诗歌节，第八届洛带火龙节，"又见桃花红"书画笔会，舞台剧《湖广人填四川》演艺活动，"美国桃花"风情活动，"藏风桃花"风情活动，"和谐桃花"大型赏花活动，"今年桃花二月开"山泉农民吟诗闹草堂活动，2008成都市群众登山健身大会暨区第七届登山邀请赛，"全民健身迎奥运、十万市民登长城"暨中国·成都国际桃花节登长城邀请赛等大型活动。

2012年：第26届中国·成都国际桃花节五大重点活动：一是三万农民乔迁新居暨深化"三新"活动启动仪式，二是百名藏族歌手歌唱共产党活动，三是"践行雷锋精神——共建'三最'龙泉"系列活动，四是浪漫桃花节——2012中国·成都第二届国际婚庆文化节，五是国际排舞表演，将邀请以街舞、恰恰等为代表的国际知名排舞表演队演出。另外，围绕建设最能支撑"世界级、万亿级的国际高端产业基地"的"汽车龙泉"，组委会精心植入了系列主题活动。主要包括：一是"天府新区国际汽车城招商投资说明会暨项目签协仪式"，二是天府新区龙泉起步区暨成都国际汽车城重大项目开工仪式，三是成都国际汽车城重大产业项目集中竣工暨关键零部件投营仪式，四是"龙泉造"新速腾下线交车仪式及万人试驾活动。组委会还精心设计了成都·龙泉驿武侠文化节，设置有首届"中国武侠小说奖"颁奖礼、七大门派掌门人武侠艺术表演、文化名人书画龙泉等子活动。

随着政府举办桃花节的能力越来越强，中国·成都国际桃花节的形式越来越多样化，内容越来越丰富、饱满，对旅游发展的推动作用也越来越大。据统计，近5年来，每年桃花节吸引游客300万人次以上，吸引投资200亿元以上，中国·成都国际桃花节的品牌价值和拉动作用十分明显。

7.1 节事旅游策划的基本特征

旅游节庆是指为了吸引旅游者而策划的在特定时间内举办的一系列庆典活动，节庆旅游则是指以节庆为吸引物而引发的旅游现象。蒋三庚在《旅游策划》一书中指出，节事旅游是指具有特定主题、规模不一、在特定时间和特定区域内定期或不定期举办的、能吸引区域内外大量游客参与的集会活动。[1] 节庆旅游的载体是旅游节庆中一系列丰富多彩的节庆活动。

任何一项节事旅游都离不开精心的策划。策划贯穿于节事旅游的各个阶段：策划为节事旅游提供行动指南和纲领，为节事旅游的发展提供新观念、新思路；策划可以增强节事旅游的吸引力，是节事旅游取得成功的重要保障。

节事旅游策划是一项复杂的工程，它是节事活动策划与旅游策划的结合体，除了具有策划的目的性、创意性、超前性、综合性、具体性等特点之外，节事旅游策划还具有自己特有的基本特征。

---

[1] 蒋三庚.旅游策划[M].北京：首都经济贸易大学出版社，2002：122.

7.1.1 目的性

节事旅游策划是策划的一种,目标是策划的起点。任何一项策划必须是为实现某一个或者某些特定的意图和目标而进行的,节事旅游策划也是一样。节事旅游策划旨在为节事旅游的发展提供指南和纲领,凸显节事旅游的经济效益,增强节事旅游主办方的竞争力等。节事旅游策划是实现旅游发展目标的有力保证。

7.1.2 文化性

不论是传统的民俗旅游节事活动,如北京地坛文化庙会、上海城隆庙会、陕西法门寺庙会、西双版纳泼水节、彝族火把节等,还是现代商业旅游节事活动,如曲阜国际孔子文化节、各地观光旅游节、美食节等,都是以当地的文化为依托的。文化是旅游节事的内核,它贯穿于策划行为过程的始终。因此,在进行节事旅游策划时必须突出文化性。没有文化内涵的节事旅游不会长久,是缺少灵魂的吸引物。只有有了文化因素的参与和渗透,节事旅游才会充满想象力和创造力,内容才会变得越来越饱满,形式才会越来越多样化。

潍坊国际风筝节[①]

潍坊国际风筝节是风筝运动最有影响力的活动,每年举办一次。潍坊国际风筝节一般定于每年4月20日至25日在风筝之都潍坊举行。1984年举办第一届潍坊风筝节以来,吸引大批中外风筝专家和爱好者及游人前来观赏、竞技和游览。旅游者以4月20日前抵达潍坊为宜。

风筝与潍坊:风筝是潍坊的象征

早在20世纪30年代,潍坊就曾举办过风筝会。新中国成立以后,特别是改革开放以来,潍坊风筝又焕发了生机,多次应邀参加国内外

图7.1 潍坊国际风筝节

---

① 资料来源:潍坊好网,http://weifang.hiao.com/content/2013-04/01/content_9672066.htm。

风筝展览和放飞表演。1984年4月1日，首届潍坊国际风筝会拉开帷幕。1988年4月1日，第五届潍坊国际风筝会召开主席团会议。会上，与会代表一致通过，确定潍坊市为"世界风筝都"。1989年第六届潍坊国际风筝会期间，成立了由美国、日本、英国、意大利等16个国家和地区风筝组织参加的"国际风筝联合会"，并决定把总部设在潍坊。从此，潍坊成为世界风筝文化交流的中心。

潍坊是风筝的发祥地

位于市区东北15公里的杨家埠村，便是风筝的故乡。杨家埠风筝以做工考究，绘制精细，起飞高稳而闻名，分为串子类、板子类、立体类、软翅、硬翅和自由翅六大系列，60多个品种。杨家埠木版年画，则是驰名中外，与天津杨柳青、苏州桃花坞并列齐名，被称为中国的三大画市。年画与风筝为姊妹艺术，始于明（代）而盛于清，均有着500多年的历史。在这里可以看到明清时期典型的民间建筑四合院式的风筝与木版年画作坊，并能看到艺人们刻制年画、扎制风筝技艺的全过程。历届风筝节的中外风筝佳作，在潍坊风筝博物馆——迄今世界上最大的专业博物馆——陈列展出，题材广泛、花样繁多、扎技精湛、造型各异，令人眼花缭乱、目不暇接、留连忘返。

潍坊国际风筝节的活动内容

包括：举办开幕式，放飞仪式，国际风筝比赛，国内风筝大奖赛，评选风筝十绝，参观风筝博物馆，观看杨家埠民间艺术表演，参观民俗旅游村，与农民同吃、同住、同娱乐等。

潍坊国际风筝节的意义

潍坊国际风筝会是我国最早冠以"国际"、并有众多海外人士参与的大型地方节会。其创立的"风筝牵线、文体搭台、经贸唱戏"的模式，被全国各地广为借鉴。国际风筝会的举办，让世界了解了潍坊，也使潍坊更快地走向了世界，极大地促进了潍坊经济和旅游业的发展。为了探索在市场经济条件下打好节会牌、唱好节会戏的新路子，从第16届开始，尝试市场化运作的办会模式，使风筝会越办越好，吸引了众多游客。风筝会期间还同时举办了鲁台贸洽会、寿光菜博会、潍坊工业产品展销会、昌乐珠宝展销订货会、临朐奇石展销会等经贸活动。据不完全统计，风筝会期间，前来潍坊进行体育比赛、文艺演出、经贸洽谈、观光旅游、对外交流、理论研讨、新闻报道、文化交流等活动的国内外宾客近60万人。

7.1.3 特色性

随着旅游不断发展，许多新的节庆被创造出来，节庆旅游正在如火如荼地进行中。这些节庆富有时代性、功能性和产业性，活动形式愈趋多样化，内容愈趋广泛，节庆旅游成为各级政府发展旅游的香饽饽，比如洛阳牡丹花会、曲阜国际孔子文化节等。但是，随着节庆旅游的大力开展，许多二、三线城市出现了盲目仿效、狂热跟风的现象。在这个过程中出现了很多同质化文化内涵的节庆，结果可想而知，政府花了大量的时间、精力和钱财发展节事旅游，却因为节事活动本身不具有地方特色而导致无人问津。

因此，节事旅游策划要挖掘节庆的个性色彩，紧抓特色不放手，着眼于特色寻找旅游与节庆的和谐结合点。只有这样的节事旅游才能具有民族特色、地域特色、文化特色和时代特色。

知识链接7.2

北极光节系列节庆活动情况[①]

（一）北极光节

北极光节最初称夏至节。6月中旬，中国多数省、市处在热浪滚滚、暑热难耐之际，漠河则是一番清凉、幽静的景致，宛若人间仙境。大面积天然林海资源造就了这里清风扑面、天高气爽、云卷云舒、鸟语花香的生态环境。

北极光节每年举办一届。1991年，首届中国·漠河夏至节以文艺演出为主，县北极光艺术团表演了自编自演的综艺节目，举行了千人露天舞会，观众达1.1万人次。1993年，在北陲剧场门前举办了开幕式，在北极村举行了文艺演出和篝火晚会，观众达3.01万人次。1997年，第七届中国·漠河夏至节举行了"北极村之夏"大型歌舞晚会，为庆祝迎接香港回归，夏至节一直持续到7月上旬。1999年，第九届夏至节文艺表演规模盛大，举行了"万人大合唱"，在北极村江边举办了1.53万人参加的篝火晚会。

2000年，夏至节更名为"中国·漠河北极光节"，改变了以本县演出为主、由中外游客参与的文艺演出和篝火晚会的模式，首次邀请中国歌舞剧院、总政话剧院、海政歌舞团、黑龙江艺术学校等演艺团体，组成了"边疆儿女情"艺术团演出，观众达2.9万人次。

此后，北极光节的内容和形势变得更加多样化，档次和水平都得到了极大的提高，前来旅游的人次也逐年攀升。

---

① 资料来源：漠河包车旅游网，http://www.mohelvyou.net/news/1/20130523569.html，有修改。

2010年第二十届北极光节，以突出生态特色、厉行节俭创新、借助央视主流媒体、扩大宣传效应为目标，借助CCTV第十九届南非世界杯转播之机，与中央电视台国际高端精品栏目《城市之间》合作，举办了"不夜的漠河"大型主题晚会，录制了《奥利弗逛漠河》专题片；组织、参加了在苏州举办的国内版《城市之间》南方赛区的总决赛，在与上海、南京、无锡、苏州、潍坊、秦皇岛、三亚七个城市、五场激烈对抗中，漠河勇夺冠军。7月份，漠河参加了法国国际版《城市之间》比赛，在与法国、俄罗斯、白俄罗斯和美国的城市激烈角逐中荣获第三名。这些比赛实况在CCTV第一套和第五套播出后产生了积极的影响，极大地提升了漠河的知名度和美誉度，实现了旅游文化与体育文化的有机结合。

（二）冬至节

冬至节是漠河节庆文化系列活动的又一个亮点。为把漠河的旅游业夏季做强、冬季做热，实现均衡发展，2001年冬至，举办了首届"中国·漠河冰雪文化节"，主要举办以冰雕和雪塑作品展为主题，集书法、绘画、摄影、文学作品创作征集为内容的系列活动。2006年，第六届冰雪文化节在原有内容的基础上增加了旅游纪念品制作、秧歌、花灯大赛，举办冰上运动会等冰雪文化系列活动。2008年第八、九届冰雪文化节，举办了中国·漠河北方少数民族歌舞服饰展演大赛和首届中国漠河"北极之恋"国际摄影大赛。

（三）中国·漠河北方少数民族歌舞服饰展演活动

2008年为丰富冬季冰雪文化活动的内涵，打造"北"文化品牌，提升中国漠河的知名度，促进旅游产业又好又快发展，彰显我国北方诸民族优秀的歌舞和服饰文化，漠河政府以文化交流、合作、发展为主题，举办了由黑龙江、吉林、辽宁、内蒙古四省区民委和文化厅主办的"中国·漠河北方少数民族歌舞服饰展演"活动。参加展演的有：黑龙江省的牡丹江朝鲜族代表队、佳木斯市的同江赫哲族歌舞团、大庆市杜尔伯特蒙古族歌舞团、齐齐哈尔市梅里斯区达斡尔族群众艺术馆、呼玛县白银纳乡鄂伦春民间艺术团；内蒙古自治区呼伦贝尔市莫力达瓦达斡尔族自治旗乌兰牧骑、鄂伦春旗乌兰牧骑、鄂温克旗乌兰牧骑和鄂温克旗锡尼河布利亚特服饰表演队；吉林省长春市朝鲜族群众艺术馆。共计10个代表队、360多名演职人员，演出9个专场、133个节目。

中国·漠河北方少数民族歌舞服饰展演，为北方省、市的少数民族展示改革开放30年来取得的丰硕成果搭建了艺术平台。具有浓郁特色的北方少数民族歌舞服饰文化展演活动，使人们在感受北方少数民族文化艺术魅力。同时，进一步弘扬了我国北方少数民族优秀的传统文化，更好地树立了北方少数民族开放、文明、纯朴、包容的新形象；进一步促进了各地区之间文化艺术工作的相互交流与合作，达到了感情的相互沟通、友谊的不断加深，文化的不断发展与繁荣的目的；为推进黑龙江省少数民族文化加快发展发挥了积极的作用。

（四）北极光女子管乐团

为打造北极特色文化品牌，2003年10月成立了北极光女子管乐团，2008年对北极光女子管乐团和北极光艺术团进行了资源整合，现有队员103人。几年来，北极光女子管乐团依托神州北极的地缘优势，以打造北极特色文化、服务旅游产业、促进文化大发展大繁荣为己任，积极打造管乐之乡，为群众提供了高雅的文化艺术精品。

（五）冰雪汽车越野赛

漠河冰雪汽车越野赛，始于2004年的"中国北极大兴安岭漠河·黑龙江源头冰雪汽车挑战赛"。每年的3月中旬举行，目的在于丰富我国汽车越野赛的内容，带动东北地区和内地汽车运动的发展，打造北极冰雪文化，推动漠河旅游产业的发展，彰显北极漠河的独特魅力。由于赛事规模一年比一年大、档次一届比一届高、影响力越来越大，深受国内外汽车爱好者的喜爱，于2006年第三届全面提档升级，被国家体育总局汽车摩托车运动管理中心正式确认为国家专业国际赛事，并纳入中国汽车联合会赛历。

漠河北极村一系列节庆文化活动，使文化事业拉动了旅游经济的发展。2006年以来，年接待游客和旅游收入年均增长45%和61%。在旅游文化产业迅速发展的今天，北极光节作为当代以岁时节令为基础衍生的大型文化节，是黑龙江省生态旅游的一大亮点。在近20多年发展中，北极光节从最初的文艺演出、篝火晚会等单纯的群体狂欢，不断衍生为新的社会活动和经济活动，充分调动了各领域、各部门以及群众文化力量的积极参与，形成了漠河全民参与的主题文化节庆活动。

图7.2　漠河冰雪汽车越野赛

7.2　节事旅游策划的基本要素

节事旅游策划是指策划者在一定目的的驱动下，对涉及节事旅游的信息进行全面把握、掌控、分析、筛选、整理的基础上，凭借科学的方式、方法，制订出符合要求的节事旅游策划方案，并且在执行中对方案进行不断调整的整个过程。在这样一个复杂的过程中，包含了节事旅游策划的基本要素——主体、客体、环境。

7.2.1 节事旅游策划主体

节事旅游策划主体就是策划者。策划主体可以是单独的个体，也可以是群体，可能是政府人员，也可能是社会个人和团体，还可能是民间个人和组织。比如各省市旅游局某个策划员或者整个策划部门，社会专业旅游策划机构，大学会展专业的教师和学生。他们之中，有的是旅游节事的设计者和发起者，有的是节事旅游的组织者、宣传者、实施者。他们在节事旅游策划的不同阶段、不同环节发挥着不同的作用。

7.2.2 节事旅游策划客体

节事旅游策划客体就是节事旅游策划的对象，包括所有与旅游节庆相联结，并与策划主体构成策划与被策划关系的人、物以及行为。其中，人作为客体的情况，比如策划少数民族特色的旅游节庆时，当地土生土长的居民就是策划客体；物包括有形的和无形的：有形的物，如富有民族特色的建筑物、针织品、乐器，还有人们的精神文化载体，如民族音乐、电影、戏剧等；无形的物，如少数民族一直保留的风俗习惯、历史文化等。行为主要是指能够对旅游节事活动的设计、组织、宣传、实施带来影响的各种行动举措，如为旅游节事活动进行排练、为旅游节事活动筹备新闻发布会等。

7.2.3 节事旅游策划环境

节事旅游策划环境包括自然环境和社会环境。

节事旅游策划的自然环境是指节事旅游策划所处的时间、地点、自然条件（如自然资源、气候等）。节事旅游策划的社会环境是指影响策划活动的社会物质和精神条件的总和。

我国地大物博，文化资源精深、博大，不同的区域其自然环境大不相同。旅游节事的策划要周全地考虑到自然环境的束缚，充分利用大自然赠与的美好景色和奇观，根据不同地域不同的思维、不同的风俗习惯、不同的价值观、各具特色的历史文化，充分发挥策划的创意性思维，打造出独具特色、富有生命力的旅游节事。只有这样的旅游节事才能衍生出可持续发展的节事旅游。

7.3 节事旅游策划的基本原则

7.3.1 大众化原则

从某种意义上说，大众的关注度和参与性是节事活动的生命线。要贯彻节事旅游的大众化原则，在进行节事旅游策划前，必须充分了解大众的旅游动机。如德国筹办2000年汉诺威世博会总投入达33亿马克，但由于对旅游者动机把握不够，从2000年6月1日开始的153天里，世博会仅吸引1800万人，距4000万观众的预期相去甚远，导致24亿马克的高额亏损。可见，归纳、总结参加大型事件活动旅游者的出游动机、游客体验以及游客的满意度等，是开发大型节事旅游市场的重要内容。应根据本地的地脉和文脉，设计独特的适合旅游者需求的旅游节事产品，并针对目标市场采取独特的销售策略，提高市场促销的针对性与有效性。节事旅游虽然不是完整意义上的旅游产品，但组织、开展节事旅游的最终目的是为了盈利，所以节事产品在进行设计时，设计者必须充分考虑客源市场需求特征，对客源市场的人口构成、文化层次、经济状况、风俗习惯和旅游需求等因素进行综合考虑，尽可能达到所推出的系列节事产品可以在最大程度上吸引更多受众的目的。

7.3.2 激发公众兴趣原则

应为居民创造有利条件，激发他们的参与兴趣。如：邀请居民参与大型节事活动的策划；公布相关的节事旅游信息；定期召开发布会；给予当地企业承办相关活动的优先权；不定期召开居民意见征询会；举办节事活动图案、主题征集和与大型节事相关的知识竞答等活动。

公众态度影响游客对节事旅游的感知及该节事在游客心目中的价值。同时，公众本身也是大型节事旅游的重要客源市场，也是后继效应发挥的重要推动力量。

7.3.3 区域合作原则

大型节事活动带来的人流、资金流、信息流等有助于打造"大型节事旅游圈"，但目前我国较多节事旅游圈是一种形式上的连接。为获得规模效益和集聚效益，需建立节事旅游圈协调机构与市场运作机制，在空间上和开发时序上提高大型节事旅游与城市发展规划的结合程度，加强旅游圈内部旅游设施、交通和城市建设的联系与合作，加快节事旅游信息化进程。另外，要积极塑造节事旅游圈的旅游整体形象，强化宣传效应，吸引潜在旅游者的广泛关注，强化人们对"大型节事旅游圈"的感知。

我国大部分节事旅游的活动策划目前都还是由政府单方面直接委托部分专业机构或咨询公司进行的，个别地方的节事旅游还是完全处于政府包办状态。政府部门本身有自己的功能定位和职责所在，节事旅游策划只有面向市场、委托专业旅游策划机构，节事活动策划才能避免陈旧、永葆青春；而且这种委托还需要采用公开竞标的方式，选取综合效益最优方案，避免政府单方面委托过程中的寻租行为。

7.3.4 市场化原则

节事活动进入市场化运作必须遵循市场规律,注入"成本与利润""投入与产出"的理念。源源不断的资金既是节事活动历年不衰的阳光和土壤,也是节事活动得以传承的基础。但资金不能依赖政府财政投入,应建立"投资—回报"机制,同时,逐步提高知名度和影响力,吸引大企业、大财团以及媒体的参与,形成"以节事养节事"的良性循环发展模式。

以我国青岛啤酒节为例,青岛国际啤酒节作为青岛市的重要节庆活动,创办于1991年,至今已经举办了15届,是国内最早创办的节庆之一。经过15年的培育和发展,青岛国际啤酒节无论是在经营思路还是在体制设计上,都已经与举办之初有了很大的不同:1991年至1995年,青岛国际啤酒节主要依靠政府投入;1996年至1998年,从第六届国际啤酒节开始,提出了"民办公助"的办节思路,政府不再给啤酒节资金上的支持,而是提供一些相关政策上的支持,主要依靠企业出资;从1999年至2005年,政府已经开始实现了零投入。

7.3.5 产业化原则

要围绕节事活动,从项目策划、筹资、广告、会务、展览、场地布置、彩车制作、观礼台搭建,到纪念品制作,都以招标投标、合同契约的有序竞争方式进行,并逐步形成新兴的"节事经济"和"节事产业",更有效地促进节事营销的深入和发展。

7.4 节事旅游策划的一般程序

7.4.1 节事旅游成功的条件

由于节事旅游是以举办地综合实力为基础,在政府积极配合、媒体高度关注、公众主动参与的前提下,围绕特定主题开展的大型活动,其主要目的是展示城市良好的形象,增加其吸引力和提高其经济收入,因此,节事旅游成功举办需要具备一些必备条件。

1. 区位环境适宜

并非任何城市或地区都适宜开展节事旅游,区域环境对节事旅游的形成和连续成功举办有着重要影响。

（1）优质的文化环境

节庆活动的开展必须以当地独特的文化为依托。没有与众不同的地方文化特征，便不可能产生个性化鲜明的节事文化；而没有个性的节事文化，就不会产生魅力十足的节事活动。这种文化的关联性影响和决定着节事活动的主题，如西班牙的奔牛节、巴西的狂欢节、中国四川西昌的火把节等。

（2）便利的交通条件

节事活动发展的最高目标就是使其本身成为标志性节庆，而成为标志性节庆的标准之一就是城市交通的便利性。我国的香港和东南亚的新加坡之所以能成为世界级的会展之都，其高效、快捷的公共交通系统就是一个不可或缺的重要因素。

（3）良好的经济环境

办节要用实力说话，没有一定的经济基础，节事活动是很难维持下去的。例如承办奥运会的世界各国城市均为此支付了巨额的投资：1976年的蒙特利尔奥运会耗资58亿美元；1980年的莫斯科奥运会耗资90亿美元；1988年汉城奥运会的全部成本40亿美元；1992年巴塞罗那奥运会总投资96亿美元。

2. 节事主题突出

公众参与大型节事旅游涉及政治、文化、科技、教育、体育等社会各个方面和各个领域，但总是在一定时间和空间范围内举办，总要围绕一个主题进行，呈现鲜明的专业性。如历届世博会均有不同的主题（见表7.1）。

表7.1 1982年以来历届世博会主题

年份	地点	主题
1982	美国 诺克斯维尔	能源——世界的原动力
1984	美国 新奥尔良	河流的世界——水乃生命之源
1985	日本 筑波	居住与环境——人类家居科技
1986	加拿大 温哥华	交通与运输
1988	澳大利亚 布里斯班	科技时代的休闲生活
1990	日本 大阪	人类与自然
1992	西班牙 塞维利亚	发现的时代
1992	意大利 热那亚	哥伦布——船与海
1993	韩国 大田	新的起飞之路
1998	葡萄牙 里斯本	海洋——未来的财富
2000	德国 汉诺威	人类——自然——科技——发展

续表

年份	地点	主题
2005	日本 爱知县	超越发展：大自然智慧的再发现
2008	西班牙 萨拉戈萨	水与可持续发展
2010	中国 上海	城市：让生活更美好
2012	韩国 丽水	生机勃勃的海洋和海岸

3. 地方性与民族性特色

节庆活动有很强的地方性和民族性，它的产生、形成、发展和衰亡，与各地的自然环境、人文环境等有很密切的关系。例如，我国东北地区哈尔滨的冰雕节就与当地的气候环境有关，在低纬度地区是很难举办此类活动的；而"火把节"盛行的地区大多在高原地区，昼夜温差大，少数民族居住在山寨之中，夜里气温低下，点燃火把，既可照亮又可驱寒。又如维吾尔族、塔吉克、乌兹别克盛行的节庆活动，多数离不开草原，赛马、叼羊等比赛均是马上游戏。

要办好具有特色的节庆活动，必须深入研究当地的自然环境、社会经济环境、历史文化和民俗风情，才能产生一流的创意、确定一流的主题、办出一流的效果、创造一流的效益。

4. 节事旅游目的地社会稳定

节事旅游目的地国家或地区的政治、经济发展态势，以及旅游业的总体发展状况等，均能不同程度地影响大型节事旅游的举办。1991年海湾战争和2001年9·11事件，使全球国际旅游业在当年出现大幅下滑并波及次年。2003年SARS流行，极大地打击了我国旅游业的发展：3～7月入境人数比上年同期下降18.81%；全国旅游外汇收入比上年同期下降达34.77%；并导致大型节事的举办时间或场地的改变（见表7.2），极大地抑制了大型旅游节事的开展。

表7.2　SARS发生期主要节事的变化情况[①]

大型旅游节事	原定时间	变动方式
第4届女足世界杯	9月	易地美国
第27届苏州世界遗产大会	6～7月	易地巴黎
第14亚洲女足亚洲杯	4月	延期
2003年中国国内旅游交易会	6月	延期
2003年上海国际车展	4月	提前闭幕

---

① 资料来源：杨兴柱，陆林. 大型节事旅游基本特征及发展对策的初步研究［J］. 人文地理. 2005（2）：47—50.

续表

大型旅游节事	原定时间	变动方式
第7届中国艺术节	秋季	延期
中国国际农牧业及食品工业展览会	4月	延期
2003年东亚足球四强赛	5～6月	延期
第17届香港国际旅游展	6月	延期
第4届中国西部国际博览会	5月	延期

7.4.2 节事活动的筹办

节事旅游策划必须充分考虑客源市场需求特征，对客源市场的人口构成、文化层次、经济状况、风俗习惯和旅游需求等因素进行综合考虑，尽可能达到所推出的系列节事产品可以在最大程度上吸引受众的目的。

旅游节事活动的筹办应抓好定位、组织、促销、承办四个环节。[①]

1. 定位

定位是指在多种旅游节庆活动的图表上，为即将举办的节事活动寻找一个合适的坐标，并做一个总体的科学的框架设想，这个设想的主要内容要具有宗旨定位、主题定位和市场定位等。宗旨定位，又称为根本目的定位，它是旅游节事活动的第一位定位，或称作统帅性定位，对其他定位具有指导意义。节事活动所做的一切，不能有悖于这个宗旨。主题定位，包括品牌定位、特色定位和内容定位。考虑主题定位时，要根据本地的资源特色，紧扣城市的形象定位，寻找"唯一性"和"特殊性"，大主题应鲜明而固定，内容应该不断出新。市场定位是指寻找市场机会（或曰投资机会）、提出效益目标的定位。在市场定位前，必须做认真的市场调查，进行可行性分析和SWOT分析，洞悉举办城市的优势、弱势、挑战和机遇，以便有的放矢地进行筹备和促销，确保预期目标的实现。筹办节事活动有许多工作要做，如确定广告语、会徽、吉祥物、纪念品等，但相比之下，定位事关全局，最为重要。

2. 组织

节事活动的组织工作千头万绪，不胜枚举。只有提纲挈领，纲举目张，才能收到事半功倍的效果。一般来说，应重点抓好以下四方面的工作：

（1）联办单位和参与单位的分工和协作。大型旅游节事工作是系统工程，做好联办

---

① 资料来源：杨正泰，上海海达旅游发展研究院，转引自中国网，本处有修改。

单位和参与单位的组织工作，非常重要。1998年上海旅游节由市旅委牵头，20个区县政府，以及旅游、文化、体育、园林、餐饮、经贸、铁路、航空、新闻等29个部门共同参与。由于分工明确、配合默契，组织了100多项气势宏大、丰富多彩的旅游活动，形成了市区联手、条块合作、广泛参与的大格局，覆盖面涉及各行各业、街道和乡镇。这届旅游节获得成功的重要原因之一，就是组织工作做得较好，使联办单位和参与单位充分发挥了自己的主观能动性。

（2）艺术演出和体育表演的组织。艺术演出和体育表演是节事活动必不可少的内容，也是提高亲和力和吸引力的主要手段。在澳大利亚，露天游乐场、水上滑冰和烟火节无一不是以令人难忘的演出和参与性项目吸引游客的。因此，组织国内外一流水准或高水准的艺术团体和体育队伍献艺，邀请拥有各种特技绝活的民间艺人表演，动员当地广大公众参与，才能为节事活动增光添彩。

（3）后期保障体系的组织。旅游节事活动是经济活动、文化活动和旅游活动的大融合，后勤保障系统涉及交通运输、商业、文化、环境卫生、金融、公安等部门以及其他服务部门，较为复杂。节事活动的对象是旅游者，旅游者十分重视经历和体验，这就要求各部门人员树立"以人为本"和"服务至上"的观念，提供高质量的服务。对后勤保障体系的组织，不仅仅是落实人员、物质，还要落实思想教育和到位的服务。对后勤保障体系的工作，决不能掉以轻心。

（4）新闻媒体的组织。新闻媒体在节事活动前的宣传炒作、在节事过程中的现场采访以及在节事活动后的跟踪报道，对于扩大旅游节事活动的社会影响和经济效益极为重要。节事组织者不仅是请来媒体就了事，还要为他们提供工作方便，如尽早向他们通报情况、提供信息、推荐典型、提出要求，以便及时发布信息，引导游客参与和消费。因此，节事活动组委员会中应有专人负责与媒体的联系，并配合媒体做好工作。

3. 营销

一流的策划、一流的产品，再加上一流的营销，才能创造一流的效益。旅游节事活动时间短，产品性质特殊，临时调整难度大，对营销的要求较高。除一般营销手段外，各地还创造了许多颇有参考价值的经验。具体做法是：

（1）组建专业性中介公司，努力推进市场化运作。专业性的中介公司专门从事旅游节事活动的筹备、策划、宣传、包装，营销也是其中心任务之一。专业性中介公司投入运营，能使促销工作更加市场化和专业化。

（2）建立网站和网页，通过互联网促销。现在许多城市都有自己的网站和网页，都能通过互联网发布信息、进行促销。例如上海国际艺术节能提供网上购票、网上结算服务，这不仅使旅游产品和国内外旅游者紧密地联系在一起，而且提供了低成本和高效率的服务，开辟了全新的促销渠道。

（3）抓住特色，超前宣传，造成轰动效应。

（4）组合产品，联合促销。不少城市二节或多节联办，形成一条节事链和几个旅游系列，这不仅能吸引游客，而且有利于促销和提升经济效益。联合促销的产品，必须是名品和精品，因为只有名品和精品，才能开拓市场、创造非凡的效益。在2001年上海旅游节期间，英国皇家芭蕾舞团、法国国家交响乐团、中国交响乐团、柏林广播交响乐团、NHK交响乐团以及阿什肯纳吉、卡雷拉斯、傅聪、多明戈等名团名家名剧来上海演出时，形成好戏连台的强势，效益空前。西班牙著名歌唱家多明戈首次来上海大剧院演出，最高票价3000元人民币一张，首先售完，其他2500元、2000元、1500元价位的票也在10天内全部售完。正票卖完后，加座票也被抢购一空。大型景观歌剧《阿依达》的戏票共4.5万张，在演出前一个星期也宣告售罄，这就是名品价值和精品效应。

4. 承办

承办是落实策划和构思的过程，也是出成果和出效果的阶段。关键工作有三项：一是建立旅游节事筹委会或筹备小组，以便统筹全局、统一事权；二是制订一个总体方案，确定节事活动的时间、地点、活动内容、组织方法、经费框算、应急方案等；三是制订行动计划和倒计时工作进度表，使承办工作有条不紊地进行。

承办工作必须分工明确、责任到人，做到事事有人管、件件有人抓。工作人员必须有高度的事业心和责任感，对工作兢兢业业、一丝不苟。一些专业性很强的工作，应该聘请专家担任顾问。

如果是筹办国际性节事活动，还需要特别注意以下问题：

① 在选择主题时，要有较为宽泛的文化背景（如地域文化、历史文化、宗教文化、商业文化、饮食文化等）做基础。在确定节事名称时，应有鲜明性和包容性，使中外宾客一目了然，并使他们感到自己身处主题范围之内。

② 市场定位时，要考虑有可供开发的互利的商业市场，能够为组织者和参与者在文化或经贸合作方面提供双赢或多赢的机会，重视提升或增强节事活动的后续效应。

③ 除重视安排翻译力量、组织志愿者活动、合作方二地联播电视节目外，在策划和组织文艺演出和体育表演时，要控制和减少语言不易沟通的节目，更多安排音乐、舞蹈等以艺术语言和形体语言为主的、一看就懂的节目，以便形成共鸣，增强效果。

④ 在接待外宾和提供服务时，要洞悉外国的国情和时事，了解外宾的政治主张和宗教信仰，尊重他们的风俗习惯和合理要求，不要因无知得罪人，防止好心办坏事，引起不必要的麻烦和纠纷，给外宾留下不良印象。

⑤ 在筹备工作中，要对节事活动所在地的公众进行教育，要组织好公众的活动，增加公众的参与程度，使他们成为节事活动的主人和主角，这样的节事活动才会受到各国宾客的欢迎和赞扬。

⑥ 要结合本地实际，学习和借鉴发达地区和发达国家的经验，精心策划、精心筹备、精心组织、精心落实。

不言而喻，不是所有的地方性节事都能成为国际性的节日，只有那些创意好、立意新、定位准、特色明显、内容丰富、效益显著、深受公众欢迎的地方节事才有可能传承下去、发展起来、走向国际化。

我国幅员辽阔、民族众多、历史悠久，又处于旅游业蓬勃发展的时期，只要我们重视研究节事活动的特点，掌握举办节事活动的诀窍，认真学习发达地区和发达国家的先进经验，选好、选准突破口，我国许多城市的节事活动一定能从地方性走向国际化，为振兴本地经济，为我国和世界旅游业的发展做出更多的贡献。

7.4.3 节事旅游策划的过程

节事旅游策划是一项复杂的系统工程，包括确定节事旅游活动主题、拟订节事活动方案（含费用预算和宣传方案）、方案审批、方案实施（包括工作协调）及节事旅游活动效果评估等繁杂的工作（见图7.3）。

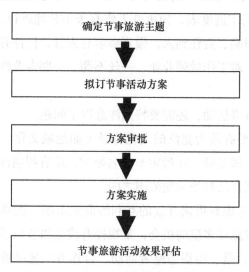

图7.3 节事旅游营销策划的步骤

1. 节事旅游活动主题选择

成功的节事旅游活动主题能够成为目的地城市形象的代名词，能够迅速提升城市的知名度。所以，对活动主题的选择不能随心所欲或掉以轻心，要注意把握以下几点。

（1）市场调研

节事旅游主题的确定，必须经过审慎的市场调研，使其既能反映目的地特色，又能满足节事旅游者的心理需要，激发其旅游的动机。

海南三亚是我国著名的旅游度假胜地,但在高端游客消费层的发掘上始终没有突破性的进展。怎样利用三亚独特的资源品牌,吸引更多的高层次旅游消费者呢?

三亚的决策者们在旅游市场调查中发现,韩国旅游者有几个新动向:第一,出游多选择近距离目的地,且对我国有较高的认同感,有65%的韩国人都将中国作为首选的旅游目的地;第二,韩国游客更偏好阳光明媚的海滨度假地,而三亚号称"东方夏威夷",是理想的度假天堂;第三,韩国年轻人结婚,一般多选择蜜月旅游的方式,而号称"幻想之岛"的韩国济州岛受季节影响,一年当中只有6—9月适合游泳,而且,一到夏季就人满为患,根本没有度假的情调,因而对于高收入的韩国青年来说,济州岛的吸引力是较低的;第四,与三亚资源相似,号称"蜜月天堂"的马尔代夫又距韩国较远,旅游花费时间长、费用高,因此,三亚对他们来说是非常合适的蜜月度假地;第五,中国传统的婚俗文化为韩国青年人所喜爱。针对上述分析,三亚市推出了"天涯海角国际婚庆节",结果在韩国一举打响,迅速占领了韩国蜜月度假市场。

（2）依托当地文化资源

2003年陕西华商报策划的"金庸华山论剑"节事旅游活动,依托的就是华山深厚的道教文化内涵以及金庸先生本人所创造出来的"金庸现象"。金大侠以陕西的华山、"书法之乡"碑林、佛教圣地法门寺为基地,分别开辟了三大论坛,即"华山论剑""碑林谈艺""法门说禅"。此次活动不仅使文化名流们天下大聚会,更重要的是为陕西旅游做了一次美妙的宣传。

（3）捕捉热点

这是激发节事旅游者旅游动机、创造旅游需求的策划要领之一。陕西宝鸡市原先有个"炎帝节",由于其在时间上与黄帝陵公祭有冲突,虽固有"炎帝故里""青铜器故乡"的美名,旅游业却迟迟火不起来,与其所拥有的"中国旅游城市"的身份极不相称。对此,当地策划者决定改变思路,即依托号称"中国气候南北分界线"及"中国生物基因宝库"的秦岭做文章,推出"太白观花赏雪节",并将其定位为"中国天然的第四纪冰川地貌博物馆""中国高差最大的国家地质公园""离城市最近的城市公园"。2004年,该节的组织者又成功申办"中国森林旅游博览会",进一步提升了宝鸡作为一个独立的旅游目的地的国内旅游形象。

（4）主题鲜明

主题是向节事旅游者展示节事旅游目的地现象的简洁、明快的宣传广告,它揭示并聚焦了节事旅游活动的吸引力。主题口号设计的好坏,直接影响游客的心理和旅游行为。

江西景德镇国际陶瓷节的宣传口号是"到中国怎能不到景德镇",英文译作"To know China to china"。策划者巧妙地利用英语单词"china"中所包含的"中国"和"瓷器"的概念,使这个古老的瓷都一举打入国际节事活动市场。

2. 拟订节事活动方案

确定了节事活动主题之后,就要着手制订节事活动方案,要注意方案的可行性和可操作性。下面以荆州国际龙舟节营销策划①为例,说明节事活动的策划过程。

(1)营销宗旨

使龙舟节成为一个地方标志性的节庆活动,突出龙舟竞渡,特别是龙舟文化,以营造古城荆州充满生机和活力的整体氛围,放弃第一,追求唯一。

(2)问题分析与市场机会

大多数体育节事的策划者容易将节事的营销简单等同于促销,从而缺乏完整的整体活动营销规划。在现实操作中,他们主要从节事产品的角度出发,考虑更多的是尽可能地增加门票及相关收入,忽略了从市场需求的角度来进行旅游城市的经营和社区整体功能的系统性策划。并且,在采用广告和公共关系等多种促销手段的同时,往往不太重视潜在旅游市场的细分,对于体育节事产品的价格定位也比较模糊,缺乏与消费者的联系沟通,导致营销行为的不完整性。根据产品的特性、吸引力及交通状况,将荆州龙舟节赛事活动的客源市场细分为:

一级市场:湖北省内旅游者。省内居民本身对于龙舟和屈原就有着浓厚的情感,通过适当的宣传促销容易激发起他们潜在的旅游动机,且路程较短,交通方便,易于成行。虽然此类旅游者的旅游消费可能较少,但是他们的到来可以有效地积聚人气,形成节庆氛围。

二级市场:湖北省周边省、市和地区的旅游者。湖北地处华中腹地,交通便利,具有较强的进入性,且消费水平与周边省、市相当。在龙舟节举办的五一期间吸引这些中短途的旅游者进行2~4天的旅行活动,无论是在消费时间或时间上都较为适当。

机会市场:海外华人华侨。龙舟节除了国际性的参赛队伍之外,由于文化的差异,龙舟节要吸引更多的境外游客似乎比较困难。但是作为长年生活在海外的华人,本身就具有强烈的民族情感,那么龙舟节以此作为卖点,应该可以吸引一部分高消费水平的华人华侨,一方面可以增加节庆收入,一方面也可以扩大海外影响。

(3)营销方案

由于体育节事产品的公共性特点,在市场营销总体方式上也应分为两个层面来进行。一是以政府为主导的城市形象宣传,二是由承办企业或旅行社跟进的项目产品促销。通过前面产品市场机会与问题的分析,初步形成以下策略建议。

产品:将龙舟节定位于五一期间的休闲大餐,既不会旅游劳累、爬山涉水,又能真切感受到具有国际性的趣味赛事和山清水秀的古城风采,并通过每年的连续举办,使其成为

---

① 熊元斌,胡宇.体育节事的旅游价值与营销策划[J].武汉体育学院学报,2005(8).

一个知名品牌。在体育活动的基础上，进行相关纪念品和娱乐活动的开发，让举办体育节事的场所、城市社区和目的地共同赢得市场优势。更为重要的是，在旅游总体风格的前提下，每年举办的龙舟节都要有鲜明的特色，其总体规模和影响力要有逐年上升的趋势，具体的活动项目要围绕风格和主题来选择，且各项目档次质量要一致。

价格：以体育节事的具体运作成本为基础，参考省内三、四日游的旅游价格，在门票定价上尽量拉大批零差价，调动旅行社的积极性，并给予适当数量的折扣，鼓励多购。这样既能保证较为稳定的门票收入，又能较好地聚集体育赛事的人气。并可实行分等级制，将头等或贵宾票保留给机会市场和豪华旅游团的客人。在其他附属产品的定价上则可根据市场原则，参考同类型产品的价格，在保证质量的基础上不做较多的限制。

分销渠道：主办方可保留少部分项目的门票用于政府接待，大部分则可通过市内、省内的旅行社进行销售。并将龙舟举办以外的时间与之结合起来，承诺给予在其他时间来古城荆州旅游的客人以更多优惠政策。

促销：交由企业或旅行社的各个分项目营销应服从整体营销宣传策略，树立龙舟节形象，同时特别注重树立举办地古城荆州的城市形象。从长远来看，以城市形象为主题的宣传不宜变动过大，应冠以一致的口号，如"龙舟情、三国结、荆楚风"等，但在细节上力求新颖，强调每年节事活动项目的改进，突出荆州的旧时风貌和时代变迁，力求同时给予新、老旅游者以新鲜感和亲切感。一般认为，旅游广告要在消费者做出购买决策的时间进行，而不是真正开始购买的时候。因此，此类宣传应着力在重点时段，即每年长假特别是春节前后，在各大报刊及电视台投入一定预算，刊登一致的广告宣传。而短期的促销则应掌握适当的时机，建议在3月底4月初，前期在省内报刊推出具有本届龙舟节特色的形象广告，稍后在五一黄金周前的旅游专版广告中以各代理旅行社的名义进行具体宣传。同时积极利用新闻媒介，召开"龙舟歌会"等类似活动的新闻发布会，通过明星效应，制造新闻事件以提高节事活动的知名度。

在体育节事的促销活动中，应充分利用SWOT分析的结论来进行策划，建立良好的市场情报和研究信息库，更好地了解举办地的消费者的特点、目的和需求，对所有的促销活动进行有效的监控，以达到预期的效果。

3. 方案的审批

节事活动方案拟订之后，还要报请上级主管部门审批，得到当地政府的认可和支持。因为节事活动往往是大型社会活动，牵扯到众多的服务企业、新闻媒体和工商、卫生防疫、公共安全等部门，是一个系统工程。没有当地政府的支持和参与，是不可能成功的。

在向上级主管领导呈送方案的同时，还要附带申报活动的请示报告或情况汇报。

关于举办"中国古镇商务博览会"的情况汇报

××秘书长：

城镇是人类最伟大的创造之一，是一种文化积淀。

四川城镇众多，历史悠久，全省目前共有国家级和省级历史文化名城（镇）53座，居全国之最。由于中国历史上最大规模的几次移民均发生在我省，故这些城镇特色各异，是我省的一笔宝贵的文化遗产，也是中国历史文化的重要组成部分。

四川作为一个旅游大省，自然资源丰富，全省大部分风景名胜区已着手进行了规划，初步具备了一个旅游大省的基础。然而在人文方面，却有许多被忽略的东西。除了主要几个主要大遗产外，四川还有许多人文资源，53座历史文化名城（镇）正是这种亟待开发的人文资源之所在。

党的十六大报告指出："农村富余劳动力向非农产业和城镇转移，是工业化和现代化的必然趋势。要逐步提高城镇化水平，坚持大中小城市与小城镇协调发展，走中国特色的城镇化道路。"

一方面树立科学的发展观，奋力实现"三个转变"，加快我省旅游业发展，招商引资，推进城乡一体化；一方面"以开发促保护，以经营求提升"，传承中华民族的文化精神记忆，让城市与乡镇在经济、文化、生态、空间等要素上交融，协同发展。为此，我们建议，每年在成都举办一次"中国古城镇商务博览会"（以下简称"古博会"）。

为成功举办"古博会"，我们与省旅游局、省文物局以及成都市建委等有关单位进行了多次商谈、交流，得到普遍赞同和支持，并讨论了比较完善的行动方案。

大家认为，举办"古博会"是顺应形势、为推动城乡一体化建设寻找契机的大胆尝试；是打造会展经济、构筑与全国以及全世界进行交流的一个好题材。古城镇是不可移动但能触摸并身在其中的文物，开发古城镇有利于双休假日经济和旅游房地产开发。许多古城镇地处偏远，年久缺修，光靠国家和保护资金是远远不够的。通过展会平台昭示全国，以找到好的结合点，达到多赢的目的。

此外，要办好"古博会"还需努力争取国家建设部、国家旅游局以及国家文物局、国家历史文化名城（镇）评审委员会的支持，这样才能将"古博会"办成在全国以及在发展中国家里有影响力的盛会。举办"古博会"所需资金由会展中心投入，按市场化运作。

2005年,地处成都南延线上的世纪城·新国际会展中心展馆即将建成使用。我们计划将"古博会"的举办安排在这个新场馆,以此告之全国:中国西部"会展之都"——成都,扬帆启航了!

  建议指导单位:国家建设部
       国家旅游局
  建议主办单位:国家文物局
       四川省人民政府
       成都市人民政府
       国家历史文化名城(镇)评审委员会
  建议承办单位:四川省建设厅
       四川省招商局
       四川省旅游局
       四川省文物局
  建议协办单位:四川省城乡规划设计院
       成都国际会展中心

  时间:2005年
  地点:成都新国际会议展览中心
  特此汇报,请予批复。

成都国际会展中心
二〇〇四年十二月二日

  4. 方案实施

经政府主管部门批准后,就由主办单位具体组织节事活动,按照既定目标,争取实现最理想的经济效益和社会效益。

  5. 节事旅游活动效果评估

每次节事活动过后,组织者应对本次活动的综合影响进行评估,以总结经验教训,为后续节事活动提供借鉴。下面以2000年悉尼奥运会和2004年雅典奥运会的旅游效应[①]为

---

① 资料来源:邹统钎,彭海静.奥运会的旅游效应分析[J].商业经济与管理,2005(4).

例，说明节事活动效果评价方法。

像奥林匹克运动会或世界博览会这样的大型节事，一向与大规模的公众消费、相关设施和基础设施的建设、城市地区的再发展和再繁荣等问题相联系，这些都会对城市经济造成相当大的影响。然而，也有学者通过研究发现，大型节事未必能带来游客数量和投资的持续增长，并不是所有的节事都能成为旅游吸引物或提升主办城市的形象。如果节事没有得到很好的规划或营销，很可能不会引起当地居民以及旅游者的兴趣，从而招致失败。此外，节事旅游不能达到预期目的的原因还有：没有充分认识到节事的多重作用、影响；没有将节事营销融入目的地规划与营销框架中；目的地没有充分地利用节事的吸引力进行产品开发、提升目的地形象。

（1）悉尼奥运与雅典奥运的短期旅游效应

确定奥运会举办城市后，该城市会立即成为全世界关注的焦点，游客激增。由于1997—1998年的亚洲金融危机，澳大利亚的入境旅游受到影响，出现了短暂的下降趋势。但是很快得到反弹，从1998年到2000年，以平均每年14.04%的速度增长。在奥运会举办的14天中，接待外国旅游者约50万。2000年澳大利亚的入境游客创历史纪录，达到4931万人，比1999年增长了11个百分点。奥运后三个月内，入境旅游增长15%，并增加了3.2亿美元的外汇收入。在奥运后的两年里，由于受到2001年的9·11事件影响，这种快速增长的势头有所减缓，但依然比举办奥运会前接待入境游客人数最高的年份1999年增长了约8%。

相比之下，希腊旅游不仅没火，反而萎缩，特别是近两年来连连滑坡。而到希腊的邻国土耳其等其他地中海目的地的游客却不断增加。即使在奥运年——2004年，前往希腊观光的游客也没有出现增加的迹象，反而呈现出明显的下滑趋势，估计比2003年减少了6%—10%。另据希腊酒店联盟统计，与2003年同期相比，2004年前四个月，希腊各地酒店的入住率和预订率分别下降了10%~30%不等。

（2）悉尼奥运与雅典奥运旅游效应的影响因素分析

奥运会的入境旅游效应受到多方面因素的影响，如主办城市申办奥运会的目的、主办城市的旅游吸引力、主办地旅游业发展状态、主办地利用奥运会的旅游促销力度、主办城市的地理位置和环境、奥运会周期所处的旅游发展大环境以及整个世界经济大环境等等。

首先，分析造成希腊奥运会负旅游效应的原因。

第一，国际大环境差强人意。雅典奥运所处的国际大环境带来了诸多不利，这主要反映在两个方面：一是世界经济的疲软以及欧元对美元的升值，使得外国游客特别是欧美游客减少。一年多来，欧洲的经济复苏一直比较缓慢，而美元对欧元的持续贬值又使得美国人不愿意到欧洲旅游。二是安全隐患带来负面影响。近年来，世界上接连发生一连串的恐怖袭击事件，人人谈恐色变，都害怕恐怖分子将雅典奥运会作为袭击对象。2004年5月初雅典南部卡利西亚区发生了爆炸事件，更让人们对雅典奥运会的安全问题感到担忧。此外，世界各地媒体对奥运安全问题的炒作，也使许多游客望而却步。

第二，奥运与旅游的"捆绑"计划实施得太迟。希腊政府没有充分利用举办奥运会的有利时机进行旅游促销活动，没有把城市的变化宣传出去，以致让大好机会付诸东流。希腊政府对旅游业重视不够，前政府根本没有设置旅游部，既不制订系统而有力度的旅游促销方案，也不投入资金开发新项目。在奥运会开幕前夕，为了刺激奥运门票的销售，争取更多的外国游客，希腊旅游部门才在最后时刻进行了促销和宣传活动；希腊政府也才拨出专款500万欧元，用于向全球推介雅典奥运会、宣传希腊旅游业。然而正如奥组委的有关人员所指出的，希腊政府在两年前就应该开始促销活动。

第三，旅游费用上涨。希腊旅游企业协会主席斯特夫洛斯·安德列亚季斯指出，游客已经被希腊作为昂贵目的地的形象吓跑了。据报道，2004年第一季度，希腊房租平均增幅高达50%～100%，有的甚至提高了8倍。例如，雅典皇家奥林匹克宾馆2月份，每间房子每日价格是125美元，到6月份已涨至400美元，几乎所有旅行社的旅游指南手册上每条线路标注的价格都注明"此价格8月无效"，这些令不少游人望而却步。据希腊有关媒体报道，希腊2004年一季度的酒店订房率比去年同期下降了21%。这种状况迫使国家旅游局不得不出面制止，但也无济于事。

第四，入境手续烦琐。希腊政府出于安全考虑，对入境客人要求持有双签证，即赴欧洲国家的申根签证和希腊政府单独发的签证两证俱全，手续烦琐令众多游客望而却步。

接下来，分析造成悉尼奥运会正旅游效应的因素。

第一，制定奥运旅游战略。以往的奥运举办城市和国家也都做了一些与奥运相关的旅游推广，但是，明确将旅游发展作为目标利益的只有悉尼奥运会，制定奥运旅游战略也是独此一家。澳大利亚旅游预测委员会（TFC）通过研究历届奥运会对旅游的影响，对悉尼奥运会对旅游的影响进行了预测，并形成名为"2000年奥运会澳大利亚旅游业的潜在影响"预测报告。澳大利亚旅游委员会在这份预测报告的基础上，形成了奥运旅游战略。

第二，推广"澳大利亚品牌（Brand Australia）"。在悉尼奥运会申办成功之后，澳大利亚将国内的世界级知名动物（袋鼠、考拉）与旅游景区景点和土著民族文化优化整合，策划出了"澳大利亚品牌"战略，即将整个国家作为一个整体旅游目的地对外促销，将澳大利亚的国名作为旅游品牌通过媒体向国外推销。结果大大扩大了澳大利亚的国际知名度和影响力，吸引了大量国际旅游者到澳大利亚旅游。澳大利亚品牌体现了澳大利亚壮观的自然环境、澳大利亚人的独特性格以及澳大利亚生活方式和文化中的自由精神。澳大利亚品牌成为所有的澳大利亚公司进行旅游产品推广时的王牌。

第三，实行全球媒体关系战略。作为澳大利亚国际旅游市场推广者之一的ATC（Australia Trip Com.），实施了全球媒体关系战略（Globe Media Relations Strategy），与世界各地的媒体广为合作。ATC 的媒体计划主要包括两个方面：一是与电视广播权拥有者的合作。通过与世界各地的广播电台、电视台合作，ATC 目标对准奥运两个星期、全世界3600万个播放时段、37 亿听众和观众，为澳大利亚做整体宣传。有数据表明，在1997年至2000年间，ATC创造了价值38亿澳元的关于澳大利亚的报道。二是"到访记者计划"。计划是由ATC 和澳大利亚各州、领地及行业伙伴联合进行的一项媒体推广活动。ATC 为这一计划寻找记者，并协助安排日程，联系赞助，追踪、评估、散发有关公共关系资料。在奥运前的五年里，ATC大约邀请了5000 名记者到澳大利亚采访，其产生的宣传价值也从1996年的6.7亿澳元增加到2000 年的30亿澳元。

第四，为旅游业设计行业市场活动计划。ATC 同国际奥委会的门票销售代理进行合作，推出前奥运和后奥运旅游包价线路。在美国出售的第一批包价线路——"四口之家澳大利亚豪华三周游"，其销售总额高达10万美元。这对奥运组委会、销售代理和旅游业都是非常可观的数字。1999年年末，ATC 开始推出"2000 年澳大利亚——欢乐与运动"主题年活动。仅在亚洲为宣传这一主题就耗费了400万澳元。这一口号被广泛用于ATC 的广告中。在2000年全年的促销活动中，ATC 还同其他业内人士推出一系列特别线路和包价，以吸引更多的国际游客。

7.5 节事旅游策划的一般方法

节事旅游策划是指策划主体在目的的驱动下，在对现有的信息进行全面、系统的分析与筛选之后，发挥主观能动的创意性思维制订出所需的策划方案，并在方案实施的过程中根据需要与要求进行动态的调整的过程。

由此可以看出，节事旅游策划首先要明确目的，也就是确立策划的主题。确立策划主题的依据就是要对市场进行分析，得出策划的目的。然后，为了达到策划的目的，策划主题需要对现有的环境和资源进行分析，即如何在现有的条件下实现目标。最后就是如何发挥思维能力得到创意，并最终于策划书的形式体现出来。

要做到这些，就需要采取一些方法，也就是节事旅游策划的一般方法。

7.5.1 市场需求分析法

市场需求分析法是指通过对旅游市场需求进行分析，了解市场对节事旅游的期望与要求。市场需求就是节事旅游策划想要达到的目的。通过对目标市场的调查、研究，了解目标市场对旅游节庆的看法，如旅游者对哪一种文化感兴趣，对什么形式的节庆活动内容有所期待，现有的节庆对旅游者是否有吸引力，等等。还可以了解节事旅游的受众大概在什么年龄段，市场规模有多大。也可以在调查的过程中知晓可能会影响到节事旅游策划的限制因素，从而提前做好谋划，避免资源浪费。在市场需求调查的过程中，还有可能听取市场的反馈意见，为策划带来灵感和创意。

7.5.2　资源分析法

通过对旅游节事举办地节事旅游资源的分析，调查所有资源各自表现出来的优势和劣势。策划者根据旅游资源的基本情况，列举出能够用于开发旅游节庆的资源所对应的节庆的主题、方式及内容。最后，对所有可能策划的节庆进行评估，排列出各个旅游节庆的重要程度，为旅游节事策划提供参考的依据。

知识链接7.4

云南德宏："孔雀之乡"为何有美丽无浪漫[①]

每年4月的泼水节，德宏各个地方都成了欢乐的海洋。期间，这里会吸引无数的各地游客慕名前来旅游并参与体验。原汁原味的傣家风情、景颇文化都是德宏旅游的卖点，"旅游业"已经成为推动德宏社会经济发展的重要产业。

然而，在规划了诸多旅游项目后，德宏至今没有一个品牌能够在全国叫得响，这成为德宏旅游的一个最大短板，人们在旅游的构想中无法用一种明确的旅游主题来形容德宏。因此，德宏的旅游业至今还未能走上可持续发展的道路。那么，未来德宏旅游业将怎样"突围"？

沉寂于边贸起伏

德宏自然风光优美，自明代以来就是西南重要的翡翠玉石集散地，有着丰富绚烂的民族宗教文化、民族饮食文化。这里素有"孔雀之乡""神话之乡""歌舞之乡"之美誉，有着浓郁的民族风情和独特的旅游资源。

改革开放以来，德宏旅游业走过了一段"辉煌—徘徊—复兴"的历程。20世纪80年代初期，基于我国刚刚实行改革开放政策，人们对外部世界抱有强烈的好奇心，而德宏的区位优势成为全国人民了解世界的一个窗口；也基于当时物质财富的严重匮乏，在德

---

① 资料来源：中国旅游报，http://www.toptour.cn/detail/info87926.htm。

图7.4 云南德宏傣族泼水节

宏可以便捷地买到缅甸、泰国生产或通过缅甸、泰国转口贸易而由欧洲生产的日用工艺品及各种琳琅满目的小商品。随着边贸的兴起，德宏旅游业快速发展起来，特别是1992年邓小平南巡谈话以后，沿边开放进程加快，德宏成为全国人民向往的地方，民谚把德宏列为"西德意大利（西双版纳、德宏、玉溪、大理、丽江）"的热门板块之中。

但由于受社会经济发展历史阶段的局限，政府和人民并没有充分认识到旅游的功能、地位、前景，旅游作为国民经济的重要产业还没确立，故旅游发展具有很强的自发性特征——伴随边贸而发展。旅游是作为经济活动的副产物出现的，及至90年代中期，随着边贸的徘徊和昆明、版纳、大理等老品牌的提升和丽江、迪庆、腾冲等新品牌的诞生，加上毒品和艾滋病问题的负面影响，德宏旅游业进入徘徊时期，占全省的份额逐步下降，从民谚所称的"西德意大利"格局中退了出来。

资源丰富待开发

德宏州旅游局相关负责人说，德宏旅游资源在云南省是组合配套最完美的地区，良好的自然条件、优美的自然风光、厚重的历史底蕴、丰富的民族文化、多彩的民风民俗、和谐的社会氛围、优越的区位优势和独具特色的民族文化、边地文化、生态文化、珠宝文化、抗战文化，构成完整的旅游资源禀赋。许多专家认为，德宏"最具资源禀赋和旅游气质，天生就是一块做旅游的料"。

旅游资源丰富无疑是德宏的一大优势，分布较广泛而又相对集中，很多旅游资源利于开发。但因全州旅游业起步晚、基础弱、知名

图7.5 德宏景颇园

度不高，目前还没有形成既有地方特色又有知名度的旅游景区，相比于大理、丽江、版纳等州市还有所不及。一些具有发展潜力的旅游景点也由于没有开发而游客稀少。

特色旅游怎样"突围"

"云南旅游的'一次创业'打造了'昆明—大理—丽江—香格里拉'知名品牌旅游线路，形成了云南旅游的第一只翅膀，在云南旅游'二次创业'的进程中，云南省委、省政府明确提出，要把'昆明—大理—芒市—瑞丽—腾冲'这样一个集边境风情、休闲度假、康体养生的资源板块，打造成云南旅游的第二只翅膀。"省旅游局市场处一位工作人员表示。

德宏现在最需要的是整合和打造品牌，对资源深挖掘、精打造。"美丽德宏、浪漫之旅"要的就是突出"美丽、浪漫"，美丽已经有了，但如何才能游得浪漫却还没有十分清晰和明确。泼水节不是天天有，采花、打山歌也不是日日唱，面对此，浪漫从何而来？需要政府认真探究。有关专家认为，德宏少数民族较多，节庆也多，这就需要大力挖掘并大力发扬各个少数民族的节庆文化。

7.5.3 头脑风暴法

头脑风暴法主要是召开专家座谈会，把专家们的意见和分析有条理地汇总起来，形成统一的结论，最后在此基础上提出有针对性的旅游节庆策划创意。采用头脑风暴法时，要明确节事旅游策划的目标。专家们充分发挥创造性思维，集思广益，智慧碰撞，通过互相之间的激发与联想，为节事旅游策划出谋划策，解决策划中遇到的瓶颈，得到最后的最佳方案。这种策划方法能够挖掘专家潜在的创造性思维，为节事旅游策划生产优秀创意。

7.6 节事旅游的管理[①]

7.6.1 当前我国节事活动存在的主要问题

举办"以节招商，文化搭台、经济唱戏"的城市节事活动，推介具有地方特色的旅游资源和产品，塑造城市整体形象，促进城市经济和社会事业的加速发展，已在全国形成了热潮，并渐渐形成了一种政府显示政绩的"时尚"。在我国城市节事活动层出不穷、愈演

---

① 本节参考资料来源：戴光全. 城市节庆·地方品牌·城市形象：理论与案例. http://home.zsu.edu.cn/tourcenter/sbtd/dgqjl.htm. 吴必虎. 我国城市节事活动的开发与管理研究. 转引自中国网.

愈烈的时候，不难看到其中的良莠不齐的状况。综合分析，我国的节事活动中存在的问题主要有：

1. 品牌知名度高、走向国际化的节事活动比较少

目前在我国，大到北京、上海这样的直辖市，小到较小的行政区县，几乎都有节事活动，而且举办的数量和次数还有继续增加的趋势。这说明城市都已认识到举办节事活动能够带来的诸多积极效益。但是，纵观我国目前举办的名目繁多的城市节事活动，尤其是与国外比较成功的节事活动相比，不难看到，我们的节事活动品牌知名度低，举办届数短，能持续举办并发展成为国际节事活动的只是凤毛麟角。目前我国高规格、大规模、高品位、高档次，并已经成为城市的形象代表和著名品牌的节事活动，仅有为数不多的几个，如大连服装节、青岛啤酒节等。

2. 地域分布不均衡，东部多，西部少

城市节事活动的举办与城市社会经济的发展有着密不可分的关系。我国社会经济的发展在地域上存在着较大的差异，使得城市的节事活动在空间上也出现了分布不均衡，形成东部多，西部少的格局。

3. 主题雷同比较多，特色节庆活动较少

特色原则遵循得不够，是导致很多城市节事活动寿命短浅或效益不好的首要原因。对于城市节事活动的参加者来说，活动的主题是否具有特色是产生吸引力的根本所在。城市节事活动要做响，市场要做大，靠的就是独特的主题。而现在我国的节事活动在主题选择上大多雷同。比如光是以茶文化为主题的节事活动，就有日照茶博会暨茶文化节、中国重庆国际茶文化节、中国安溪茶文化节、蒙顶山茶文化节、思茅地区茶文化旅游节、湖北国际茶文化节等几十个。

地理相邻的地域由于自然条件、地理环境、历史文脉等方面的共通性，导致了在资源方面的相似性。如桃花节，上海在举办，常德在举办，湖南桃源也在举办。

4. 市场作用不强，节事绩效不显著

从根本上说，城市节事活动是一种经济现象，在实行市场化运作上，应当遵循"资金筹措多元化、业务操作社会化、经营管理专业化、活动承办契约化、成本平衡效益化、管节办节规范化"等市场经济的基本规律和原则；否则，真正的市场化运行机制，以及由此为基础而取得的节事活动绩效就无从谈起。

目前我国城市节事活动的运作与市场经济的要求有许多不相符的地方。政府在其中所起的作用过于重要，管辖的范围过于宽泛。节事活动往往由政府部门牵头主办，上指下派，按行政方式运作，较少考虑由企业承办。这样就造成节事活动成本过高，政府财政负担过重。而且一牵扯到政府指派，节事活动就容易变味，商家企业对于遵旨办事，难免会

有抵触情绪，从而极大地限制了商家企业主动性和积极性的有效发挥。

在目前的城市节事活动举办中，企业能够参加的筹资方面大都集中在广告宣传、捐赠和赞助上，由于投资回报机制尚未建立，企业的投资回报率往往较低。此外，由于政府办节往往更注重政治影响，经济意识不足，同时在活动的开幕式与闭幕式上耗资过大，也导致政府财政压力过大，但却华而不实，节事绩效不显著。

5. 节事活动的文化内涵待于挖掘

城市节事活动与社会经济发展相结合是其生命力所在。现在的节事活动几乎无一例外地以"文化搭台，经济唱戏"为宗旨。但是，在追求经济效益的同时往往忽略了文化内涵的挖掘。如传统的节事活动中加入了过多的商业炒作成分，中秋仅是月饼大战，重阳节忘记登高和赏菊。不管什么主题的节事活动，大多有一些模特大赛、演唱会、健美赛等与主题相关性不大的活动。这样的活动虽然热闹，能够吸引人，但是几乎缺乏深厚的文化内涵。城市节事活动里过多的包含相关性不大的活动，短期之内可能会增加亮点，但长远来看会有损节事活动的主题。

7.6.2 节事旅游管理的主要内容[①]

1. 确定节事活动发展战略

任何节事活动，不管其规模多大，开展时间都不是无限制的。如何克服节事活动开展时间的有限性与可持续发展要求的矛盾，发挥节事活动的长期效应，是举办节事活动的关键问题。为创造、发挥和放大节事活动长期效应，应实施标志性节事活动与节事活动系列化两个发展战略。

一是举办标志性节事活动（Hall mark FSE's）。标志性节事活动是一种重复举办的最能展示举办地特征的节事活动。对于举办地来说，标志性节事活动具有传统、吸引力（attractiveness）、形象（image）或名声（publicity）等方面的重要性。标志性节事活动使得举办节事活动的场所（the host venue）、社区（community）和目的地（destination）赢得市场竞争优势。随着时间的推移，标志性节事活动将与目的地融为一体。

判断一个节事活动是否为标志性节事活动可以从14个制约因素来进行评估（Getz D., 1997）：目的多元化、节日精神、满足基本需要、独特性、质量、真实性、传统、适应性、殷勤好客、确切性、主题性、象征性、供给能力、便利性。

二是节事活动系列化运作（FSE's Serial Operation）。节事活动系列化运作的基本策略包括节事活动类型的多样化、节事活动时间的系列化两个方面。

---

① 本节节选自戴光全博士. 城市节庆·地方品牌·城市形象：理论与案例.

节事活动的系列化运作一般按照以下四个特点，形成不同时间尺度、不同规模等级的系列节事活动（表7.3）：

（1）传统性——节事活动主题要体现地方文脉（Regional context），突出文化传统；

（2）文化性——节事安排突出展示地方文化，使节事活动成为传播文化的重要载体；

（3）综合性——节事安排体现文化性（突出文化特色）、经济性（追求经济效益）、技术性（展示相关设备和技术）的结合；

（4）动态性——时间安排上，体现节事活动的动态特点，每日、每周、每月、每季、每年有不同的主题和活动项目（Event Program）。

表7.3　节事活动的规模与等级

节事规模等级	举办周期
大型标志性节事	每年（或几年）一次
大型节事系列	每季度（或每月）一次
小型节事系列	每周（或每日）一次

2. 确定节事活动的运作策略

在标志性节事活动与节事活动系列化两大发展战略的指导下，针对我国的实际，节事活动的运作策略包括品牌化、逐步市场化与提高可信赖性三大基本策略。

（1）节事活动品牌化运作策略。把节事活动作为一个品牌来进行运作，其基本内涵包括以下三个方面：

① 产品化：把节事活动作为一个产品，打造成为地方品牌；

② 制度化：建立和完善节事活动产品开发与创新体系；

③ 产权化：特别注重节事活动品牌的注册与知识产权保护。

（2）逐步市场化的运作模式。适应市场经济的要求，建立市场化的节事活动运作模式，其基本要求包括：

① 在现有的会展机构的基础上，建立城市政府的专业节事活动管理部门；

② 政府动用节事活动专项资金，为节事活动提供公共服务（Public Service）保障；

③ 节事活动本身的运作由专业的节事活动公司操作；

④ 聘请具有国际通行的节事活动执业资格的专业人士策划节事活动；

（3）提高可信赖性。可信赖性（accountability）是把投资利益进行量化的一种衡量指标，是节事活动投资者与赞助商关心的焦点。从我国的实际来看，提高节事活动的可信赖性应抓住以下三个要点：

① 对已有节事活动的效应和文献进行评估与回顾分析；
② 进行节事活动投资的相关研究及可行性论证；
③ 获得社区群众与地方政府的双重支持。

针对我国节事活动运作的实际，应加强以下四项基础工作：

（1）市场研究。从节事活动这一特殊产品的特性出发，对其特定的市场进行研究，确定目标市场，根据市场的变化进行动态市场定位（见图7.6）。

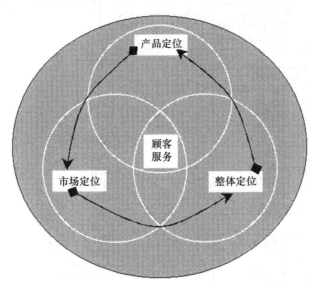

图7.6　动态定位

（2）资本运营。对节事活动运作的资金采取资本运营方式进行筹资及运营，对节事活动相关的知识产权进行资本化保护、开发与应用，鼓励建立专业的节事活动策划、运作公司。

（3）节事活动规划。由于节事活动及节事活动旅游涉及面广、因素众多，因此，在节事活动举办前对节事活动及节事活动旅游及其结果进行策划和规划（event and event tourism planning）是不可缺少的重要内容。节事活动及节事活动旅游战略规划包括规划任务、形势分析、蓝图和目标、市场研究、战略阐述、管理系统和战略优化等7个方面的内容和步骤（图7.7）。Gnoth和Anwar提出了一个实施节事活动旅游战略规划的框架（图7.8）。

（4）整体协作。针对节事活动（特别是重大节事活动）运作涉及部门、行业和企业众多的实际，需要由政府部门出面，对节事活动的运作实行整体协作，以维护节事活动期间的正常社会秩序，发挥节事活动的后续效应。

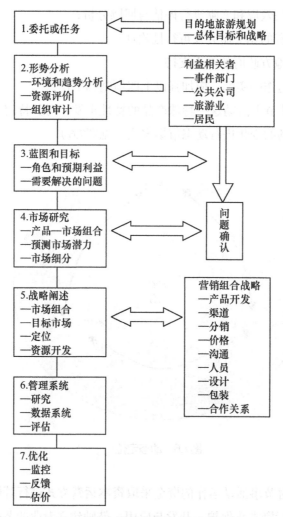

图7.7 节庆及节庆旅游战略规划的过程

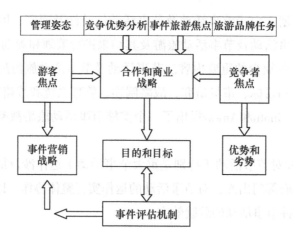

图7.8 节庆旅游战略规划的实施框架

3. 确定节事活动运作的模式

节事管理的重要任务之一，就是通过分析、研究最适宜节事旅游健康发展的运作模式。

（1）政府包办的模式

政府包办模式曾是一些城市特别是一些小城镇在举办节事活动中采用较多的运作模式。这种模式的特点是：政府在节事活动的举办过程中身兼数职，扮演着策划、导演、演员等众多角色。节事活动的主要内容由政府决定，活动场地、时间由政府选择，参加单位由政府行政指派。这种运作模式不仅给政府带来很大的财政负担，而且使节事活动给城市、社会、当地民众带来的经济效益、社会效益等大打折扣。

（2）各部委，局及协会主办或与政府、地区联合主办的模式

这种模式是目前许多专题节事活动采用较多的模式，它具有政府包办模式的一些特点，但也在不断地加入市场化运作的一些成分。如中国国际高新技术成果交易会（深圳），由对外贸易经济合作部、科学技术部、信息产业部、国家发展计划委员会、中国科学院和深圳市人民政府共同举办。它坚持"政府推动与商业运作相结合、成果交易与风险投资相结合、技术产权交易与资本市场相结合、成果交易与产品展示相结合、落幕的交易会与不落幕的交易会相结合"等原则，面向国内外科研院所、企业、高等院校、投资和中介机构，提供交易服务。

桐庐、富春江山水节，提出了"区域联动、行业联合、企业联手、产品联体"合力办节的模式，成功的商业化运作模式，突出的群众参与性，全民办节、全方位联动的方式，使山水节成为提升当地旅游业的重要部分。

（3）市场化运作模式

节事活动首先是一种经济活动，举办的重要目的之一就是要获得良好的经济效益和市场效果。因此，不论是节事活动的需求方还是供给方，都应当遵循一定的市场规律，把节事活动纳入市场经济的轨道，进行市场化运作。可以说，市场化运作模式是节事活动走向市场化的最终极模式。市场化运作模式，一是可以节约成本。在节事活动举办过程中，时间与地点选择、广告宣传方式等方面完全按照市场的需求来做，可以大大地节约成本，避免因行政力量介入时造成的不必要的浪费。二是可以做到收益最大化。这里的收益包括参加企事业的收益，包括政府的形象收益，也包括给当地带来的其他社会效益。

目前中国节事活动运作模式正在走向市场化，市场规律在节事活动举办中正在发挥着越来越强的作用。如南宁国际民歌艺术节从2002年起，实行政府办节，公司经营，社会参与的运行机制。再过两三年，民歌节将全部按商业运作，财政不再拨款。

（4）政府引导、社会参与、市场运作的模式

政府引导、社会参与、市场运作是一种比较适用于中国国情的节事活动运作模式。这种模式显现出来的优越性、带来的效益，正在越来越多地被各方面所认同。这种运作模式的特

点是：政府仍旧是重要的主办单位，政府引导作用主要体现在确定节事活动的主题及名称，并以政府名义进行召集和对外的宣传；社会参与就是充分调动社会各方面的力量来办好节事活动，社会力量主要体现在节事活动主题选择时的献计献策、节事环境氛围的营造、各项活动的积极参与等方面；而市场运作则是节事活动的举办过程交给市场来运作，比如节事活动的冠名权、赞助商、广告宣传等方面，都可以采用市场竞争的方式，激励更多的企事业单位参加，这样做一方面可以为企事业扩大知名度，另一方面还可以节省大量开支。

青岛国际啤酒节、哈尔滨冰雪节、中国潍坊风筝节、广州国际美食节、南宁国际民歌节等几个国内著名的大型节事活动就是按照"政府引导、企业参加、市场运作"的模式来运作的。

实践证明，由于我国还处在社会主义初级阶段，目前节事活动还带有一定的公益性质，完全走市场化运作的模式还行不通。节事活动采取"政府引导、社会参与、市场运作"模式，是比较适合我国国情、行之有效的模式。

7.6.3 节事旅游规律分析

节事活动往往规模不一，有特定主题，在特定空间范围内定期或不定期举行，一般延续几天到十几天的时间。由于节事活动打破了人们常规的生活模式，并伴随节事有各种活动，所以能以其独特的形象吸引游客，聚集大量的人气，并产生效果不等的轰动效应，能在较短的时间内达到宣传促销的作用，从而提高举办地知名度，促进旅游目的地社会经济的全面发展。研究节事活动的运作规律，对于搞好节事管理、提高节事活动质量具有重要意义。

1. 影响范围规律

任何节事活动对举办地都有一定的影响力，但影响范围由节事活动的性质、规模、知名度等多种因素共同决定；同时，其营销影响范围也受其举办历史长短和举办地与受众在地理距离上的远近因素的影响较大。其影响规律如下：节事活动的地域影响符合距离递减规律，即随着距举办地距离的增加，其影响力逐渐变小；节事活动的档次、规模对其影响力有决定性作用；国际性节事活动影响力明显大于地区性节事活动的影响力；综合性节事活动的影响力呈面状延展，专项节事活动的影响力呈点状分散。

2. 时间效果规律

这里的时间是指节事活动的举办年度。一般情况而言，节事活动举办的历史越长，其知名度越大。1991年首届中国青岛国际啤酒节，仅有30多万游客参加饮酒和各种娱乐活动，随着每年一次的节事活动的举办，知名度和影响力越来越大，到2002年的第十二届青岛国际啤酒节，参节者已突破200万人。但是，节事活动的影响效果不是随举办历史的延长而均匀增加的，而是符合指数函数规律的，即前几届效果增长速度较快，后来呈缓慢增长趋势。

3. 内容吸引力规律

只有精心安排节事活动项目及内容，才能获得持久注意力。节事活动项目如果总是年复一年的陈俗老套，就会渐渐失去光泽和魅力，逐渐走向枯萎和灭亡。一般来说，一项活动的吸引效应是随时间递减的。根据调查，同一项目在第二次上演时比第一次上演的吸引效应递减20%，第三次上演时又比第二次上演的吸引效应递减20%，依次类推，到第五次上演时已没有多大意义了。这就是吸引力的边际效用递减规律。一般情况下，同一项目上演三次后就必须有所突破和创新。节事活动在围绕活动主题的前提下，各种活动项目应该稳中有变，既要有保持其特色的传统项目，又要有紧跟时代潮流、追随人们意识观念转变轨迹的焦点项目。

4. 经济效益规律

节事活动的经济效益不能一概而论，资金投入与产出的比较，随节事活动的生命周期不同而不同。处于成长期的节事活动，可能需要的投入更多一些，尤其是新创办的节事活动，从无到有往往要经历经济投入大于经济产出的阶段；成熟期的节事活动处于经济效益较为可观的阶段，这个阶段的市场基础已经奠定，经济产出远远大于经济投入，并且往往会持续一段时间；随着节事活动衰退期的到来，经济产出与经济投入的差额越来越小，又会出现产出不及投入的局面。

章前案例分析

中国·成都国际桃花节依托龙泉驿的桃花资源，从最初的桃花观赏会，历经27年的发展，已经成长为一个国际性的大型旅游节事。桃花节从成行到发展的每一步，都与策划主体全面系统的策划密不可分。

1986年的一个简单的想法——"既然龙泉人都有此赏花雅兴，为啥不请城里人来此观花赏景呢？"出现之后，出于发展节事旅游的目的，政府多个部门和专家学者进行了实地考察，认为桃花沟是一个城里人休闲度假的好去处。之后，便抽调出20名精英干部组织、成立了"桃花会"办公室，这就是桃花节最初的专门策划部门。之后的每一届桃花节，都有专门的策划组、庆典组通过多次研究、反复论证，制订出严密的实施方案。这些策划者不只是做决策的领导人，还有处于方案实施的每个环节的策划人员，大家的共同策划、群策群力才是每一届桃花节华彩绽放在公众面前的根本原因。

节事旅游策划是除了具有目的性外，同时具有文化性和特色性的思维活动。从中国·成都国际桃花节的开幕式以及之后的活动内容来看，桃花节的策划组始终坚持龙泉驿特色资源，并在此基础上，以各种创意性的方式融入经济论坛、演唱会等活动，成功地达到了最大限度聚集人气、提升成都品牌形象、招商引资的多重目的。

本章小结

本章阐述了节事旅游策划的基本特征、基本要素及基本原理，分析了节事旅游策划的一般流程及方法，对节事旅游管理中的战略、策略和节事旅游的运作模式进行了深入论述。同时，还概括了节事活动的效应规律。

本章结合了若干案例，帮助理解节事旅游策划的相关理论，加深印象。在节事旅游不断发展的今天，掌握节事旅游策划的基础知识和基本本领，有利于增强学生将来就业时的竞争力。

复习思考题

一、名词解释
标志性节事　节事的定位

二、简述题
1. 节事旅游策划的基本特征有哪些？
2. 节事旅游策划的基本要素包括哪几个方面？
3. 节事旅游策划的基本原则有哪些？
4. 节事旅游管理的基本内容有哪些？

三、论述题
通过本章的学习，我们了解到节事旅游策划的一般方法。请问策划的一般方法有哪些？成功的节事旅游策划需要哪些条件？

四、案例分析
试通过以下案例，分析节事活动与各地自然环境、人文环境、经济环境和发展需求的关系。

1. 节事活动与自然环境的关系

我国东北地区冬季气候严寒、冰雪资源丰富，于是哈尔滨等地有冰雕节，牡丹江等地有冰雪节，冰雕节、冰雪节与当地的气候环境有关，在低纬度地区是很难举办这样的活动的。我国西南地区的彝族、白族、哈尼族、纳西族、阿昌族、基诺族等少数民族都有举办"火把节"的传统，"火把节"期间，村寨和田野里的火把彻夜不熄，各族青年弹唱、跳舞通宵达旦。"火把节"盛行的地区大多在高原地区，日温差大，少数民族居住在山寨之中，夜里气温低下，点燃火把，既可照亮又可驱寒。又如维吾尔族、塔吉克、乌兹别克盛行的节事活动，多数离不开草原，赛马、叼羊等比赛均是马上游戏。闻名中外的"姑娘追"是哈萨克青年最喜爱的马上游戏，许多男女青年在节事活动中结成情侣，成为眷属。这类节事活动的形成都与自然环境有关，都是特定自然环境下的产物。

2. 节事活动与人文环境的关系

寒食节和端午节是我国的传统节事活动。寒食节在清明节前三天，纪念的是春秋时期晋文公的从臣介子推。晋文公在外流亡19年，当上国君后，决定重赏从亡的大臣，但介子推秉性清高，不愿邀功图赏，背着母亲上绵山隐居，晋文公三请不就，便举火烧山，欲意迫使介子推母子下山。介子推不改初衷，竟被烧死，晋文公追悔莫及，哀痛之余，下令每年三月初三禁止举火，吃事先做好的糕团，以此纪念介子推，直到清明节，才能重新取火做饭。于是便有了寒食节冷食的习俗。端午节又名端阳节，是纪念楚国诗人屈原的。屈原在五月初五投汨罗江而死，人们先用竹筒装米投入江中纪念他，后来又改为裹粽子投江纪念他。相传扎粽子的五色丝，可以使江中蛟龙害怕，有驱禳意义，于是端午节便将五色丝系于小孩的脖项、手腕、脚踝处，称为"长命缕""健索""百岁索"。五色丝还可扎成人形戴在妇女头上，或扎成菱角方形和香袋一起挂在胸前，或绣成虎头肚兜给孩子穿戴。这一天还要喝雄黄酒（或菖蒲酒），用苍术、白芷、芸香在室内熏烟，采草药煎汤沐浴；人们还要在家中张贴钟馗画像，把艾叶、菖蒲和大蒜挂在门口，称为"水剑"，用来避鬼止瘟、驱邪禳灾。实际上，五月初，南方天气渐暖，正是疟疾流行的季节，避鬼止瘟、驱邪禳灾的活动有积极作用。再如古尔邦节是伊斯兰教的传统节事活动，节期在伊斯兰教历12月1日，在节日里穆斯林沐浴礼拜，在清真寺举行会礼，观看宰牲仪式，举行访亲会友活动。上述这些节事活动都与特定的人文环境有关，离开了特定的人文环境，这些节事活动将不复存在。

3. 节事活动与经济环境的关系

许多节事活动与当地的经济环境密切相关。例如，明清时，扬州、仪真地处京杭大运河和长江的交汇点，不仅是著名的漕运中心，而且是著名的盐运中心。扬州是二淮运盐使司衙门驻地，仪真是淮北盐场解捆地。实行纲盐法时，仪真盐包擎捆业十分发达，全县十之五、六皆以此为生计。所以每年盐船开运前，扬州仪真等擎捆引盐的城镇，便要举办临江大擎的庆典（盐船的开江仪式），进行通宵达旦的欢庆。届时，运河两岸悬灯结彩，河中船只排列如鳞，歌舞吹弹，各鸣其乐，船桅上的连珠灯有如星桥火树，岸上则搭台唱戏，施放烟火，其热闹程度超过其他年节。这种壮观的场面一直延续到盐运制度改革，可见节事活动活动深受经济环境影响。浙江长兴县举办茶文化节，也与经济环境有关。长兴县有顾渚山和金沙泉，顾渚山出的紫笋茶，曾为唐宋时期贡品，至今还是我国十大名茶之一。金沙泉也是贡泉，品紫笋茶需用金沙泉水冲泡。长兴还有我国最早的皇家茶厂——唐贡茶院，茶圣陆羽曾在此著《茶经》，长兴县为开发旅游、振兴经济，举办的茶文化节一炮打红。这些节事活动的形成、发展和盛衰无不与当地经济环境有关。

4. 节事活动与发展需求的关系

当节事活动作为发展旅游的抓手，成为旅游产品的组成时，它又与各个时期各地的发展需求发生了紧密的联系。例如，山东蓬莱市是一座海滨城市，旅游资源丰富，但旅游季节很短，经济也不够发达。蓬莱市政府出于延长旅游季节、加快发展城市经济的需要，从2000年起举办"和平颂"国际青少年艺术节，迄今已举办四届，每届都取得了成功，蓬莱也从一个知名度不高的县级市变成了在国内外颇有名气的"和平城"。这是一个通过企划而兴起的节日，或者说是一个"无中生有"的节日。它的创意典出何处呢？2000年时，联合国提出一个"2001—2010年为国际文化和平年及世界儿童非暴力十年"的计划。策划者就以响应联合国号召为由，高奏和平这一人类永恒的话题最强音，大力弘扬和平理念，并在和平、友谊的旗帜下组织了一系列青少年活动，促进国际青少年间的友好交流与合作。首届国际和平节时，来自法国、意大利、韩国、蒙古等10多个国家和地区的青少年以及国内20多个文艺团体、10多位国家级表演艺术家在会上表演了精彩节目，十里海滨观光大道展出了一万多名中外青少年以和平为主题创作的书画和文艺作品，展出了联合国秘书长和30多个国家的大使等世界政要对和平的呼唤和祈愿。3000多块展板蜿蜒成万米长龙，蔚然壮观，这一万米长卷已被载入吉尼斯世界纪录。这项人类创造的节事活动，不仅对发展蓬莱旅游业、推动蓬莱地方经济的繁荣起到了重要作用，达到了预期的目的，而且得到了联合国教科文组织和许多国际友人的赞扬。

奖励旅游策划作为策划的一种，应该在充分市场调研的基础上，准确进行市场定位，深度挖掘旅游资源，创造性地设计符合市场需求的旅游产品，也就是对旅游产品的研制、发展、优化的过程。这种策划以对未来市场变化趋势的分析、判断为前提，借助于丰富的经验和高超的创造力，将各种旅游要素进行优化组合，形成各种策划方案。

第8章
奖励旅游策划与管理

知识目标

- 掌握奖励旅游策划的基本特征；
- 理解奖励旅游策划的基本要素；
- 掌握奖励旅游策划时应注意的具体问题；
- 掌握奖励旅游策划的一般程序，了解奖励旅游管理的内容。

技能目标

- 能够运用奖励旅游策划的相关知识进行奖励旅游方案的策划。

关 键 词

- 奖励旅游策划、人力资源管理、服务质量管理、顾客管理、保健管理

第8章 奖励旅游策划与管理

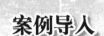

丽星邮轮奖励旅游效益百分百

2005年5月,百内尔选择丽星邮轮处女星号,进行年度海外领导人高峰会议,通过丽星邮轮高度的配合,协助百内尔完成此趟旅游与业务会议的双重目的。百内尔总经理特助叶盛萱表示,该公司每年均会择选国外知名度假休闲胜地,举办兼具旅游与业务会议功能的行程,一来透过旅游回馈经销商的辛劳,二来从会议中做检讨并释出业务利多,借此激励经销商再接再厉,更上一层楼。

为何选择丽星邮轮作为年度海外领导人高峰会议呢?叶盛萱指出,首先,领导人高峰会的天数不能太久,否则将影响组织之运作,也为了给领导人们产生不一样的新鲜感,百内尔决定举办一趟浪漫的邮轮之旅;其次,丽星邮轮处女星号具备六星级饭店的豪华设备,船上应有尽有,还有电影院及豪华歌剧院,该歌剧院更斥资千万美元制作"海上惊奇"(Sorpresa)的世界级歌剧表演,远较之前百内尔于其他地区所举办的高峰会议,本次的活动质感明显提升不少,让经销商对下次的活动充满期待及冲劲;最后,考虑到百内尔经销商年龄层分布上较广,处女星号重达76,800吨,航行内海,搭乘起来平稳又安全,且船上华人工作人员比例不少,在服务及沟通方面相当便利。处女星号上的活动空间设计相当灵活,工作人员的高度支持更让叶盛萱赞不绝口。他表示,该次船上活动均出自百内尔工作同仁之设计,由丽星邮轮工作人员做配合,无论是借用丽都歌剧院作为年度中高阶会议场地,或在池畔露天酒吧,迎着蓝天碧海开Party,船上工作人员皆能以最高效率服务经销商,让大家乘兴而来,尽兴而归,达成集休闲与业务倡导为一体的高质量旅游。该趟总计共六天五夜的行程内,其中四天三夜都是在处女星号上享受悠闲假期时光,另外两天则进行岸上的观光行程。由新加坡启航的处女星号,航经槟城、普吉岛,船上极尽奢华的六星级享受、各国美味佳肴24小时供应及陆上VIP的行程待遇等,百内尔皆以影像记录下经销商欢乐的画面,成为丽星邮轮的最佳见证人。

合理的价格、完善的设施及新鲜的旅游方式,同样让秀得美公司2003年选择搭乘丽星邮轮双子星号到日本石垣岛进行旅游行程,为绩优经销商留下百分百的欢乐回忆。目前在台湾已经营15年的秀得美公司,每年皆会为经销商举办多次国内外旅游,足迹可说已踏遍世界各地。为了给经销商惊奇难忘的旅程,秀得美活动企划部门对旅游行程规划十足用心，2003年的旅游活动在秀得美精挑细选、审慎评估下，选择丽星邮轮双子星号的冲绳石垣岛假期作为其三天两夜的旅游行程。据秀得美活动企划部经理马喜君表示，首先，来到日本的石垣岛，感觉就像到了关岛等国际知名度假胜地，这个行程感觉相当不错；其次，邮轮之旅对公司而言是个新鲜的尝试，丽星邮轮双子星号的设施十分完善，于是决定给经销商安排一个浪漫的海上之旅。"出海的那个晚上，我们被安排在船顶享用BBQ大餐，海风徐徐吹拂，经销商齐聚一堂共享美味，喝着啤酒话家常，畅谈事业与梦想，甲板上播放音乐，轻轻在耳畔流转，大伙尽情在浪漫氛围下，沉醉纷纷起舞，在工作人员的带动下，每个人都High翻天，在旅程中总是有停不了的笑声……"马喜君经理回忆、描述着当时景况。马喜君经理表示，丽星邮轮工作人员配合度极佳，且船上使用华语服务，让语言沟通更畅行无碍。另外，负责专业活动的工作人员非常会带领气氛，一会儿魔术表演，一会儿则是带动唱歌，令所有经销商皆玩得不亦乐乎。她表示，邮轮上各项设施应有尽有，多种活动可供选择，伙伴各取所需，在旅程中更能尽兴，充分达到娱乐、放松的效果。当时，秀得美公司包下双子星号上的银河星夜总会，表扬达成目标业绩的前三名TOP经销商，同时进行激励与目标设定会议，希望借由此次奖励旅游达成该年底的业绩目标。马喜君经理指出，这一次邮轮之旅，获得经销商一致的赞赏，当然，这样的活动也为年底业绩冲出漂亮的成长幅线！

8.1 奖励旅游策划的特征及要素

奖励旅游策划作为策划的一种，应该在充分市场调研的基础上，准确进行市场定位，深度挖掘旅游资源，创造性地设计符合市场需求的旅游产品，也就是对旅游产品的研制、发展、优化的过程。这种策划以对未来市场变化趋势的分析、判断为前提，借助于丰富的经验和高超的创造力，将各种旅游要素进行优化组合，形成各种策划方案。奖励旅游策划具有以下几个基本特征。[1]

1. 目的性

奖励旅游策划，首先必须明确策划的目标。对任何企业来说，没有明确的策划目标，就很容易出现策划的方向偏差，从而缺乏可行性等非正常状态。

---

[1] 资料来源：http://www.davost.com/seolm/13566150687632131434250663186094.html。

2. 系统性

奖励旅游策划的系统性，表现在对市场环境与企业自身状况系统、准确的分析、判断上。没有系统、准确的分析、判断做基础，就难以进行精准、有效的策划定位，更谈不上制订行之有效的产品组合与实施方案。

3. 指向性

奖励旅游策划必须以消费者为中心，即围绕消费者消费需求与消费行为、消费心理来做出决策、制订策划方案。奖励旅游策划的指向主体是现在和潜在的消费群体（顾客），除此而外还有政府、社区、供应商、股东、内部员工等。能否充分体现消费者的利益，是奖励旅游策划是否成功的关键。

4. 可操作性

不能操作的方案，创意再奇特、再巧妙也无任何价值；不易操作的方案，则必然耗费大量的人力、物力和财力，而且也使管理复杂化、成效不高甚至毫无成效。所以，奖励旅游策划必须结合企业的环境，面对企业的现实，设计出务实且可操作的营销方案。

5. 可调适性

奖励旅游策划从本质来说是一种超前行为，它不可能预见未来市场的一切因素，不可避免地会在一些特定情形下出现某些策划方案与现实脱节的情形。因此，任何策划方案都需要在实施过程中根据实际情况加以调整和补充。可见，奖励旅游策划方案必须具有可调适性的"弹性"，能因地制宜。

6. 创新性

奖励旅游策划的创新性是指在观察分析的基础上，从创意开始，经构想变成概念，生发出主题，然后再由主题繁衍出各类行动方案、计划，并加以推行和实施的一系列过程，离不开创新。

7. 程序性

奖励旅游策划是围绕市场目标而进行的一系列活动，是一根由无数个无形链环组成的链条，即奖励旅游策划是按一定的程序进行的，这种策划要在科学理论的指导下，依照严格的逻辑推理程序进行。虽然这种程序有时要耗费很多的时间和精力，似乎过于"麻烦"，但它却能有效地减少失误，保障策划的合理性和高成功率。因此，奖励旅游策划应该充分考虑和设计实现目标的具体程序和行动步骤，使之环环相扣，落到实处。缺乏程序性和阶段特征的奖励旅游策划不可能是一个完整的、合理的旅游策划。

8.2 奖励旅游策划的基本要素

奖励旅游策划是针对奖励旅游市场而言的,所以它在策划方面又具有某些特殊性。一般来说,奖励旅游策划包含四个基本要素[①]。

1. 奖励旅游策划的主题

奖励旅游策划主题的提炼和遴选需要从文学、历史、哲学、地理、社会学、文化学等多方面考虑。

2. 功能定位

功能定位来源于充分的资源分析、市场分析和预测,以及对旅游市场全面而准确的把握。

3. 项目设计

项目设计包括项目创意、整合、包装等。所谓项目,就是奖励旅游产品构成吸引力的亮点。

4. 意境的营造

意境的营造是对奖励旅游策划的较高要求。意境的营造能增强旅游产品的文化魅力,让旅游者感动、终身难忘。

图8.1 为奖励旅游团安排的特色活动

图8.2 为杰出贡献者安排的豪华游轮游

---

① 谭小芳.策动旅游:旅游企业行销实战圣经[M].北京:中国经济出版社,2010.

旅行社如何做好奖励旅游的营销[①]

1. 提高企业、旅游公司对奖励旅游的认识。目前国内的一些企业认为奖励旅游仅是企业给予员工、客户的一种福利，他们没有看到在奖励旅游上花钱的"附加值"，即能增强员工、客户对企业的忠诚度和企业的凝聚力、向心力；一些企业和个人认为奖励旅游就是一种公费旅游，而没有看到奖励旅游的资金来源就是受奖者在实现企业的经营目标中创造出来的利润，同时也是受奖者的努力才争取到的；目前国内一些企业在资金投放、产品组织策划的层面上，还没有真正认识到奖励旅游的重要性，他们往往只是单纯地组织员工、客户参加普通的旅行社，游玩的档次较低不说，而且还只是一种"填鸭式"的游览，使得受奖者只是一味地观赏风景，而没有达到奖励旅游的真正目的。这些观念和做法在很大程度上阻碍了我国奖励旅游的发展。

所以，旅行社在营销奖励旅游时必须让企业对奖励旅游的概念有一个完整的认识。所谓奖励旅游的奖励，表面是企业对受奖个人的奖励，实则不然。奖励的本质是对个人的奖励，更重要是对企业本身的奖励，是企业的一种现代化管理手段。首先，奖励旅游的激励作用可以提高企业业绩，增强员工的荣誉感和向心力，加强团队建设，塑造企业文化，是达到企业管理目标、增强企业实力、促进企业良性、健康发展的重要手段。其次，大规模的奖励旅游应视为企业的一项重要的市场宣传活动。对于较大规模的奖励旅游，会有包机、包车、包场等现象，相应都会打出醒目的企业标识。此方式的采用对企业产生着积极作用，可树立企业良好形象、扩大企业知名度，倘若有媒体进行相关报道，则效果更佳。最后，奖励旅游的资金来源并不是企业自掏腰包，而是在实现了其特定目标后所创造出来超额利润的一部分，企业不赔反赚。现在的研究一般认为，奖励旅游费用约为企业超额利润的30%左右。

2. 积极参加国际性大型专业旅游展，争取现场能签到单。参加国际上的一些大型专业旅游展，不但是推广本国奖励旅游市场的一次大好时机，而且还能达到扩大本国旅游业影响力、提升知名度的目的。现今在国际上最有影响力的大型奖励旅游的专业

---

① 资料来源：http://blog.sina.com.cn/s/blog_6485a7b10100gklu.html。

交易展有：

① 欧洲会议奖励旅游展（EIBTM）。是世界上最重要、专业水平高、交易实效最好的会议、奖励和公务旅游展之一。每年5月举办一次，且只对专业人士开放，采取买家、卖家、展商预约的方式进行。1999年，EIBTM邀请买家3250个买家团预约洽谈数多达1400个，参展单位2500家，覆盖112个国家和地区，业内参观者5250人。② 美国"芝加哥会议奖励旅游展（IT&ME）。也是世界上较为重要的会议与奖励旅游展。每年9月举办一次，展场面积为3.5万平方米，1999年IT&ME吸引2500个参展商，参加人数超过4万人次。自1990年代以来，我国国家旅游局已连续参加了上述两个展会，这在很大程度上推广了我国的奖励旅游市场。但我们还得从注重参展的持续性和提高参展质量方面多加考虑，结合国际专业旅游市场的动态、变化，相应地调整我们的市场战略。

3. 人员销售、广告、邀请实地考察一起抓。① 人员销售是指企业的推销人员直接帮助或劝说消费者或买方购买旅游产品的过程。它以买者和卖者的直接接触为特点，推销的针对性强，与奖励旅游以一对一营销观念为指导、定制化为手段的营销原则具有很强的内在切合性。个人销售在奖励旅游促销过程中所起的作用比平常的休闲旅游产品营销更为重要，电话销售和面对面的洽谈往往起着决定作用。② 常规休闲旅游产品的广告主要刊登在各地主流报刊的旅游专栏，但由于奖励旅游的促销对象是企业，更易被企业决策者接触到的是各种行业期刊，因此选择行业期刊刊登广告是奖励旅游的一个重要的促销武器。行业期刊包括奖励旅游行业的期刊和主要奖励旅游客户所在的行业的主流期刊。其中，奖励旅游行业的期刊中比较著名的是2000年9月份创刊、发行的《亚太会展与奖励旅游》，该期刊锁定亚太地区刊登有关奖励旅游行业的最新动态、评论以及来自公司购买者的观点，具体内容包括会议、展览、奖励旅游等方面。③ 有关奖励旅游产品的决策可能会涉及数百万的高额支出，因此购买者很少仅仅通过看宣传手册、录像资料和广告宣传就做出购买决定。实践证明，邀请奖励旅游的购买决策者前往旅游目的地亲身体验旅游产品的方式能有效推动购买者做出最后决定。同时，在考察行程中，旅行社可以与主办方一起就产品策划、奖励旅游主题的表现形式、住宿餐饮设施等进行细致的考察与磋商。实地考察在奖励旅游的促销中至关重要，而这一工具在传统休闲产品促销中则较少使用。

8.3 奖励旅游策划的基本原则

奖励旅游作为一种现代的管理手段，不同于传统的团队旅游，是企业对企业内部的优秀员工或是外部的重要客户进行奖励的一种重要方式。奖励旅游强调旅游的"附加值"，即通过旅游活动本身，可以增强员工、客户对企业的忠诚度和企业的凝聚力。为了协助企业达到目标，在进行奖励旅游策划时，应遵循以下原则，让参与者能够感受"无限惊喜"，最终达到促进团队建设、塑造企业文化、提高企业业绩的目的。

奖励旅游策划应遵循以下四个基本原则[①]。

8.3.1 主题原则

奖励旅游的旅游主体具有双重性，既包括被奖励的员工或企业客户，也包括组织奖励旅游的企业本身。因此，旅行社在策划奖励旅游产品时，除了针对受奖员工或客户这类"普通旅游者"开发个性化的旅游项目外，还必须针对企业这一"特殊旅游者"的特定需要进行主题活动策划，以实现增强企业凝聚力、塑造企业文化、激励员工与客户的旅游目的。与公司领导层的座谈会、紧扣企业文化主题的晚会、别具一格的颁奖典礼与主题晚宴等活动的策划是奖励旅游产品开发的核心。

2004年ING安泰人寿年度盛事——杰出业务同仁表扬大会在悉尼歌剧院隆重举行，2000位绩优员工在现场接受公司嘉奖。这场商业活动并不比艺术颁奖礼逊色：素有寿险界"奥斯卡"之称的ING安泰，由重量级高管ING集团亚太区总裁、ING安泰总裁及ING安泰人寿总经理挂帅。有澳洲著名管风琴家现场弹奏世界上最大的管风琴；有特别邀请的台湾两大主持担任司仪；更有澳洲航空俱乐部驾驶员以特技飞行的方式在悉尼歌剧院的上空"写"下ING 3个字母，将这场商业秀推向一个群声沸腾的艺术高峰……

8.3.2 个性化原则

常规的观光与购物已无法满足这些游客的需求，他们要求通过不同经历的体验和心灵的触动，使每天的生活过得更充实、更完美，其中与众不同的每个细节都应是令参与者一生难忘、值得回味的经历。为了让企业员工获得这些与众不同的享受，奖励旅游行程中会加入许多参与性很强的活动：一方面是类似典礼、主题晚宴这样的企业行为；另

---

① http://blog.sina.com.cn/s/blog_6485a7b10100gklu.html。

一方面则是类似潜水、越野车、野外拓展等旅游项目。

曾有国内公司为一国外奖励团设计过一个探宝活动。活动要求参与者先到前台去找一个穿红色衣服的人，得到一张纸条，然后再按着纸条上的提示去找线索。纸条上面写的全是中文，参与者首先得把纸条上的意思弄明白，当上面写着"你的节目单在你房间内"时，他就要回房间找到节目单。拿到节目单后再到某某站去坐地铁，然后到另一个站下，再找下一个地方。整个探宝活动持续了一整天，所有的路线都是用中文写的，这就需要参与者不断向四周的中国人请教，对于许多不懂中文和初次到中国来的外国客人来说，真是充满了挑战。

而在国外，一些极富创意的挑战性活动在设计上更是到了挖空心思的地步。比如，曾有一个奖励活动是：当客人们来到一个村子时，背后突然钻出了一帮警察，说他们违法了，要把他们带到局子里面去。整个活动俨然就像一部自导自演的好莱坞大片，游客们在短暂的旅行中获得了一种前所未有的"惊险"体验。

8.3.3 文化原则

一般直客团更强调主要服务内容，而奖励旅游大到行程设计，小到宣传标语的悬挂都需要非常讲究贯穿整个旅程的企业文化，因为这个旅程从某种意义上来讲也是对这个企业的一次整体宣传。

某旅行社一直承接日本大金空调公司每年的奖励旅游项目，他们要求从接待地的布景、导游的水平，到每一次典礼、晚宴的主题，每一个细节都需要体现出这是一次特殊的"大金之旅"。再如，某旅行社曾接了一个奖励旅游的案子，为此特地租了一架飞机，飞机上无论是座椅还是靠枕上，都有这家企业的标识；在目的地机场，有该企业的旗帜和横幅，还有专门的迎宾人员负责接待。

8.3.4 家属参与原则

考虑带家属出游，一方面由于受奖励员工取得的成绩与家庭的支持分不开，因此奖励时要对此予以充分肯定；另一方面，受奖励员工也愿意与家人一起被作为奖励对象。美国一项调查显示，受奖励职员大部分为已婚男性，他们在外出旅游时90%以上携带夫人，25%的人携带孩子。采用此种奖励旅游方式，可使受奖励员工得到更多来自家庭的支持；又可以使受奖励员工更加热爱自己的公司，对工作投入更多的热情；也可以增加未受奖员工对受奖的渴望，从而越发努力工作。

花旗银行在新加坡开奖励年会的时候，为了给有突出贡献的销售人员一个惊喜，工作人员秘密邀请了销售人员的家人来到新加坡，让他们参加这次特殊的奖励游。据当事人回忆，当主持人邀请坐在台下的员工家属走上台与自己的亲人同享荣誉的一刻，员工与亲人抱成一团，泣不成声。这个特别设计的环节令受到奖励的员工倍感骄傲。

8.4 奖励旅游策划的一般程序

8.4.1 奖励旅游策划前的准备

如第四章所述，奖励旅游在我国有很大的发展潜力，为了进一步推动我国境内及出入境奖励旅游的健康发展，策划好每一次奖励旅游是非常重要的。在对某个奖励旅游项目进行具体策划之前，必须做好充分的准备工作，如奖励旅游客源地及目的地选择等。这样，在针对某一特定奖励旅游需求者做奖励旅游策划时才能做到游刃有余。

1. 奖励旅游的客源市场选择

（1）国际奖励旅游客源市场的行业分布

国际奖励旅游客源市场主要集中于北美、欧洲和亚太地区，由于时间安排、目的地吸引力、文化相容性和成本费用等因素的影响，这些地区尤其是北美和欧洲的奖励旅游大部分集中在洲内，或者在北美与欧洲各国之间互相流动。真正有能力、有规律、较大规模地实施国际长途奖励旅游的部门和企业，一般都是实力较为雄厚的大中型企业，特别是跨国公司，而且主要集中于高利润行业，如保险、汽车、计算机、高科技、金融、传媒、食品、医药、餐具/炊具、保健、办公设备等行业。无疑，这些行业的企业是我国国际奖励旅游市场开拓的主要目标，选择部分行业中具有代表性的奖励旅游活动如企业年会等做重点开发，努力树立良好的形象，进而扩大国际奖励旅游市场份额，是我国开拓国际奖励旅游市场比较适宜的选择。

（2）国内奖励旅游客源市场选择

我国的奖励旅游是从外资企业及跨国公司或集团发展而来的，奖励旅游的理念和作用在国内还没有得到充分的认知，这为我国奖励旅游市场的开发造成了一定的困难。这种情况下，选择相对成熟的奖励旅游目标市场进行开发，是比较合理的选择。

从奖励旅游的实施主体来看，我国目前的奖励旅游客源市场主要集中在外资企业、合资企业和民营企业中。而近年来事业单位，尤其是科研、教育、新闻、出版行业的奖励旅游则呈现出增长趋势，至于国有企业的奖励旅游活动由于受国家规定等因素的影响，一定时期内隐性操作的痕迹还比较明显，但相信这块"坚冰"逐渐会被打破。

从实施奖励旅游的行业或部门分布来看，我国目前的奖励旅游客源市场主要集中在IT

行业、学校及研究所、电信与通讯部门、房地产和建筑行业、医疗机构与医药生产销售部门、家用电器制造部门、汽车销售、金融与食品等行业（见表8.1）。

奖励旅游市场构成情况因地而异，不能千篇一律，所以奖励旅游经营商应该明确地对本国、本地区的客源市场做好调查、研究和分析。

表8.1 国内奖励旅游前10位使用者所占份额百分比（%）

名次	行业	1998—2004年	
1	计算机/网络设计	36.47	
2	学校/研究所	12.94	
3	电信/通信	7.06	
4	房地产/建筑	7.06	奖励旅游在国内的前10位使用者占整个我国奖励旅游市场的85.90%
5	医疗/医药	5.88	
6	家用电器	4.17	
7	汽车	3.35	
8	街道办事处	3.35	
9	金融	2.35	
10	食品	2.35	

资料来源：根据沛达公司相关数据整理而成。

2. 奖励旅游目的地选择

奖励旅游策划者考虑到最终使用者的需求和奖励旅游的目的，在选择奖励旅游目的地时所考虑的重要因素，与一般的公司会议不同（见表8.2）。

世界上主要的奖励旅游目的地一般具有环境优美、或文化深厚、或服务水平高、或接待设施完善等特点，大都分布在风光优美的沿海地区、交通便利的山区、历史悠久的名城古镇、现代气息浓郁的大都市。例如地中海沿岸、北欧地区、南部非洲、东南亚地区、加勒比海地区、南美洲沿海和山区，以及北美、欧洲等国的首都或著名城市。就中国周边国家来说，奖励旅游一般选择在新加坡、马来西亚、泰国、印度、韩国、日本等地。国内能成为奖励旅游目的地的除香港、澳门外，还有优秀旅游城市及著名旅游风景区，如北京、上海、西安、桂林、杭州、昆明等城市和九寨沟、黄山、庐山、黄龙、泰山等世界文化或自然遗产区。

表8.2 奖励旅游策划者选择地点所考虑的因素

考虑因素	所占百分比（%）
是否有像高尔夫、游泳池、网球场等这样的娱乐设施	72
气候	67

续表

观光游览文化和其他娱乐消遣景点	62
位置的魅力和大众形象	60
是否有适合举行会议的设施	49
交通费用	47
赴/离目的地交通难易程度	44
奖励旅游者到目的地的距离	22

资料来源：美国《会议杂志》（Meeting & Conventions）进行的会议市场研究。

从基本条件来看，旅游吸引物、旅游服务、旅游设施以及旅游可进入性构成了奖励旅游目的地的四个基本要素。在此，就不具体赘述了。

当然，旅游目的地形象最终要落实到定位和具体的宣传口号上，如泰国为"远东旅游天堂"（Tourism heaven of Far East），德国柏林为"新欧洲之都"（Capital of the new Europe），美国加州则为"加利弗尼亚"（The Californians）。为了进一步加深旅游者对我国奖励旅游目的地的认知（见表8.3），应该尽快加大对奖励旅游目的地形象的塑造。

表8.3 国内外奖励旅游目的地分布

区域	省（市、自治区、特区）	奖励旅游目的地
国内	北京市	十渡、青龙峡、神堂峪、慕田峪、西御园会议度假中心、金海湖、司马台长城、黑龙潭、淮北国际滑雪场、响水湖、鹅和鸭农庄、雾灵山庄、龙庆峡、九华山庄、雪世界、珍珠湖、乡村高尔夫俱乐部、灵山
	河北省	北戴河、秦皇岛、野三坡、南戴河、西柏坡、避暑山庄、顺平王氏庄园、太行山、丰宁坝上
	山西省	太原、五台山、大同、平遥、乔家大院、绵山、悬空寺、应县木塔
	云南省	昆明、大理、丽江、西双版纳、香格里拉、泸沽湖
	山东省	青岛、烟台、威海、长岛、蓬莱
	广西省	桂林、阳朔
	河南省	郑州、洛阳、少林寺
	海南省	海口、三亚
	辽宁省	大连、兴城、笔架山、葫芦岛
	吉林省	北大湖滑雪场
	福建省	厦门、武夷山
	新疆	乌鲁木齐、吐鲁番
	内蒙古	呼和浩特
	香港、澳门	香港、澳门

续表

区域	省（市、自治区、特区）	奖励旅游目的地
国外	亚洲国家	韩国的济洲、釜山、汉城，泰国的曼谷、普吉、巴提亚；马来西亚，新加坡
	其他国家	美国的东西海岸、澳大利亚、新西兰、俄罗斯的圣彼得堡

资料来源：根据沛达公司相关数据整理而成。

3. 奖励旅游策划应注意的具体问题

奖励旅游策划不只是安排、组织旅行，而是从策划、制定激励目标就开始了，所以国际上那些专业奖励旅游公司非常注重帮助使用奖励旅游的公司进行奖励旅游的完整策划，从而使所服务的公司能通过整个活动达到激励员工并产生经济效益的预期目的。不管由谁来策划和组织奖励旅游活动，都应注意下列问题：

（1）充足预算

没有充足的资金分配给奖励旅游活动的前期宣传工作和所要组织的奖励旅游活动，那结果可能非常令人失望。

（2）制定目标

策划奖励旅游首先要为雇员、经销商和客户制定一个奋斗目标，只有达标的人才有资格参加奖励旅游。这个需设定的目标应该让奖励旅游的使用单位来设立，它应该既富有挑战性，又让雇员、经销商和客户能够达到或超过，如增加一定百分比的生产量或销售额。奖励旅游使用者要通过增加生产和销售或降低成本来产生足够的额外利润，以支付奖励旅游活动的所有费用，所以这个目标既要量化，还要有时间限制。例如，一个电器公司以到5月1日为止，家用空调要增加1000万元人民币的销售额作为举行奖励旅游的目标。

（3）责任到人

奖励旅游使用公司要落实专人负责活动，奖励旅游公司也应该指定专门的财务管理人员，同奖励旅游使用公司专门负责奖励旅游的工作人员一起工作。

（4）建立定额

建立生产和销售定额制度会让奖励旅游的做法更具有激励性。制定定额的奖励旅游活动容许每个人只要完成规定的定额都有资格接受奖励旅游，所以它的奖励面和受益面会更宽、更广。

（5）期限要短

奖励旅游活动的持续期限不是指从旅行的开始到结束，而是指从奖励旅游活动的宣布开始，包括雇员、经销商或客户为争取参加奖励旅游所需要的达标时间。一般地讲，短期奖励旅游活动最为有效，这种活动如果持续时间长，则人们容易遗忘，失去兴趣，或者变得心烦意乱。策划安排时，对大多数奖励旅游活动一般在3—6个月之间，几乎没有什么奖励活动会长达1年甚至更长时间。

（6）计划沟通

奖励计划的专业沟通和销售促销至关重要。如果公司无人意识到这个奖励旅游活动或者无人为之而兴奋激动，那么，提供这样的奖励旅游活动是毫无价值的。活动的成功取决于经常的沟通、仔细的选择时机、刺激性的激励技术，以及管理和销售部门全体成员的支持与热情。

（7）正确选时

奖励旅游应该安排在一年的某一个时间，在这个时间里的安排不应该使开展奖励旅游的公司的正常经营活动感到过分紧张。此外，实际的选择既要利用淡季价格低，又要安排在参与者想旅游的时间。可是，这样的要求有时会有冲突，所以必须有灵活性并能做出妥协。

（8）精心选择

要精心选择吸引人的并且与众不同的目的地。旅游目的地必须迎合参与者的口味，在选址前，有必要在参与者中间进行一次调研。

（9）贵宾待遇

奖励旅游应该让员工、经销商或客户在旅游时，享受到温馨的服务和贵宾的礼遇。航班上要有为奖励旅游团特制的菜单，饭店客房桌上要放着印有烫金的客人名字的信封和信纸，这些都会让他们激动万分，感受到"奖励"的温暖。

（10）难忘经历

要注意通过主题活动的巧妙策划和各项活动的精心安排，使奖励旅游给参与者留下特有的、难忘的经历。不管是主题宴会还是专题研讨会，不管是欢迎宴会还是惜别晚宴，都要使参与者永不忘却。

（11）强参与性

过去的旅游者常常满足于观赏，而今天新一代的旅游者是体验性的，他们更希望亲身经历不同文化和不同生活来丰富人生的阅历。这就使奖励旅游产生了一个新的概念，即高度的参与性，也就是说，强调在奖励旅游中通过组织参与性强的活动而给参与者留下难忘的经历。

8.4.2　奖励旅游的策划过程

奖励旅游一度只由公司进行策划，但奖励旅游区别于一般常规旅游的特征，使得奖励旅游的运作变得更加复杂。为了适应奖励旅游的迅猛发展，国外专业的奖励旅游机构纷纷建立。这些机构不仅包括具有政府职能的奖励旅游局，同时还包括企业性质的专业机构。在美国，这些机构被称为"动力所"（Motivational House）。这些机构不仅策划奖励旅游活动，而且还为需要购买奖励旅游的公司组织、安排奖励旅游。在国际上，从事奖励旅游业务的机构基本分为三类，即全方位服务奖励旅游公司（full-service Incentive Company）、完成型奖励旅游公司（fulfillment type of Incentive Company）和奖励旅游部（Incentive travel department）。

★ 全方位服务奖励旅游公司。这类专业公司在奖励旅游活动的各个阶段向客户提供全方位的服务和帮助。从策划到管理这次奖励活动，从开展公司内部的沟通、召开鼓舞士气的销售动员会到销售定额的制定，同时还要组织并指导奖励旅行。这类服务相当全面，持续的时间很长，还要访问不同厂商与销售办事处，所以此类公司获得的报酬是按专业服务费加上旅游服务销售的通常佣金来收取的。

★ 完成型奖励旅游公司。实际上是单纯安排旅游的奖励旅游公司，通常规模较小，多数是全方位服务奖励旅游公司原来的管理人员创办的。其业务专门集中于整个奖励活动的旅游销售上，而不提供奖励活动中需要付费的策划帮助，他们的收益来自通常的旅游佣金。

★ 奖励旅游部。是设在一些旅行社里从事奖励旅游的专门业务部门，其中部分奖励旅游部有能力为客户提供奖励旅游策划类的专业性服务。

奖励旅游的策划是指从奖励旅游策划公司接受企业委托开始到本次旅游活动结束后的效果评估阶段。经营奖励旅游的客户，较一般传统的旅游团体更为复杂，需花更多的心思及更长的时间做好活动前了解、规划、安排、设计等工作。因此，要办好一个成功的奖励旅游，需要充分且完善的规划，并且谨慎安排每一个细节，然后按计划认真执行。奖励旅游具体执行流程如图8.3所示。

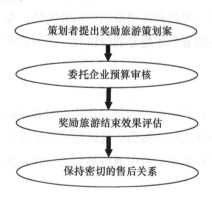

图8.3 奖励旅游策划具体执行流程

1. 策划者提出奖励旅游企划案

（1）组建奖励旅游策划小组

无论是专门的策划公司还是活动的组织者（概指活动主办者或承办者等具体组织奖励

旅游活动开展的机构或单位主体），在进行奖励旅游策划活动之前必须首先做的工作，都是组建一支强有力的策划工作小组。这个小组成员必须能够清楚组织者内部各个部门职能分工，并能依此统筹策划出各个部门在本次奖励旅游活动中的分工与协作——因为他们策划出来的方案将是整个活动在实施阶段的依据和蓝本，每个部门的工作职责、每项工作的预期目标等只有事先明确列出，才能保证没有无事可做的部门，也没有无人去做的工作，从而使活动得以顺利开展。要达到这样的目标，对策划小组的人员组成就有了一定的要求，很多情况下，一次奖励旅游活动的策划工作小组是由活动组织者高层领导人直接领导或者监督，由各个部门派出一个至两个了解本部门工作的人共同组成。

（2）确立目标

就策划而言，目标就是策划所希望达到的预期效果，也就是问题的圆满解决。这就使得目标既成为策划的起点，又成为策划所要达到的终点。目标对策划便具有了如下作用与意义：① 规定策划涉及范围的定向作用。策划如果没有明确的目标，就如盲目行船一样毫无意义，任何策划方案也无法产生，因为策划范围茫茫无边，策划者缺乏特定的方向也就无所适从。② 集中策划灵感的凝聚作用。策划需要灵感，而灵感却是信息组合成的。那么，"目标"所负载的信息就成了选择、组合其他信息的核心，犹如一个磁场，对相应的灵感起着一种凝聚作用。也正是围绕着目标凝聚、集中了一定的灵感，成功的策划才得以产生。③ 激励人们行动的动力作用。目标是一种未实现的理想，总是美好的、令人向往的。因此，它激励着人们为此精心策划、务实行动。也就是说，目标与人们的各种需求相组合而成为一种具体的动机，推动着人们为目标的实现而努力奋斗。④ 控制策划实施的标准作用。这个标准就是目标。策划方案形成后付诸实施，总会产生各种各样的反应与阶段性的结果。而这些反应与结果是否合理、正确，总应与特定的标准相对照，这个标准也就是预期的目标。符合标准，策划、实施就可继续下去直至实现；反之，则需要予以调节、控制。

（3）信息分析

一般而言，奖励旅游策划者需要分析的信息主要有以下几类。

① 知己——实施策划的主体自身信息。知己就是要对己方的种种信息有个自知之明的分析把握，过高地估价己方或过低地看待自己，都不利于成功策划。就具体一次策划而言，包括实施策划的主体自身的性质、规模实力、组织形象以及有无开展奖励旅游的相关经验等方面的信息。通过认真分析自身信息，策划小组才能明确开展本次奖励旅游活动的优势和机会所在，找出其劣势和面临的威胁，从而在策划中扬长避短，确定具体目标，进行有针对性的策划。通常可采用问卷调查、典型访查、实地观察、信息筛选等方法。

② 知彼——了解奖励旅游使用者的需要。了解、分析奖励旅游使用者的需要是策划奖励旅游的重要步骤，包括的内容有：一是办理奖励旅游的目的。不同企业购买奖励旅游

的目的是不同的，应遵循企业的目的来进行策划，并在此基础上依企业的奖励目标来计量明确的人数，并协助企业进行内部宣传及配额的选定，以更好地树立正确的观念，提供更好的产品与服务。二是企业特性与背景。了解企业特性与背景，是提供令企业满意产品与服务的基础。三是企业的特殊要求。不同的企业，会因其自身特殊情况，往往对奖励旅游的行程提出特殊要求，策划奖励旅游最忌讳千篇一律。这就迫使策划人员必须注意企业的特殊要求，如人数众多的团体、特殊的饮食要求、主题晚会或惊喜派对的安排等，均需事前与企业做充分沟通。

③ 知市场环境。分析目前国内外的旅游市场情况，如旅游产品的供给和需求、政府对特定旅游产品的相关政策规定、现行流行的旅游方式等，对旅游线路的设计与最佳选择有重要的指导作用。还要分析市场信息、政府决策信息、活动的协作伙伴信息、传播媒介信息等，这些是成功策划会展旅游活动之前非常重要却经常被忽视的信息。

（4）资金预算安排

奖励旅游与其他旅游项目的不同之一即表现在预算上，区别于普通的包价旅游向旅行社购买现成的产品，奖励旅游是一种很特殊的旅游，类似于企业的定价旅游。它要求策划者依企业所能承担并愿意承担的费用，根据企业的特殊需求，设计出令其满意的奖励旅游产品。而这些企业用于该次奖励旅游的经费，一般不会有较大的实质性变动。策划者要发挥自己的主观能动性，依企业经费多寡，在奖励旅游活动次数、主题活动、出游时间上做相应调整，并据此进行适当的财务分配以及有效掌控，特别注意处理好旅行社利润与奖励旅游活动花费上的关系。预算做得好，本次奖励旅游也就有了一个良好开端。

（5）行程设计与规划

本步骤其实就相当于旅游线路的设计。旅游线路是构成旅游产品的主体，包括旅游景点、参观项目、饭店、餐饮、购物、娱乐活动等多种要素。奖励旅游线路设计与一般旅游路线设计不同，它要根据特定企业的特点和要求，结合旅游资源和接待服务的实际情况，专门为企业量身定做，所以"创意"一词在此十分重要。

奖励旅游并不是简单地在普通旅游基础上提高接待标准的豪华旅游，旅游公司必须能够针对企业的特定需要设计一些创意性节目，帮助企业将其文化理念渗透到参团的员工中去，使整个旅游过程能够"形散而神不散"。其中，奖励旅游产品的打造应该遵循如下基本原则：第一，独一无二、非比寻常的原则，尽量提升奖励旅游产品的吸引力；第二，注意文化差异、配合奖励旅游理念的原则，针对不同文化、不同奖励旅游理念打造更具有针对性的奖励旅游产品；第三，消费层次性原则，满足不同消费层次奖励旅游者的需求；第四，参与性原则，充分调动奖励旅游者的兴趣；第五，成本控制原则，满足企业对奖励旅游成本控制的要求。

（6）检查食宿、交通、设备安排

根据行程设计与规划的要求，检查饮食、住宿、交通以及其他相关设备的质量及准备情况，看其是否符合本次奖励旅游的要求，将直接关系到本次任务是否顺利完成以及质量水平。

① 安排饮食的要求

★ 安全卫生。饮食安排，卫生第一。只有清洁卫生的饮食才能使会展旅游者吃得好、吃得满意、吃得放心。因此，要按照有关食品卫生的要求和规定，在采购、运输、制作各个环节都采取得力措施，确保饮食安全。

★ 规格适中。奖励旅游与一般旅游活动不同，其饮食一般要根据经费预算确定就餐标准来安排，饮食标准应当由奖励旅游活动的领导机构确定。

★ 照顾特殊。如有不同饮食习惯的少数民族或其他有特殊饮食要求的参加者，要特别予以照顾，尽可能满足他们的需要。

② 安排住宿的要求

★ 住处相对集中。一是有助于旅游活动期间的领导和管理；二是有助于休息时参加者之间的沟通和交流。

★ 距离旅游地较近。使旅行者在第二天的旅行中时间安排比较充足，而且也能感受到旅游地的风景、文化等，还要考虑到住宿地与旅游景点的距离。

★ 设施齐备、确保安全。参加者住宿的宾馆、饭店除应具备基本的生活设施外，还必须具备良好的消防和安全设施，配备专门的保安人员，确保参加者住地的安全。

★ 合理分配、特殊照顾。房间的分配有时是一个比较敏感的问题，因此，职务和身份相同的参加者，其住房标准要大体一致，以免产生误解。一般参加奖励旅游的人员想要得到很高档的享受，所以住房条件要舒适、华丽。

③ 安排交通的要求

★ 安全。安全是人类的基本需要之一。尽管外出旅游不是为了求得安全的需要，但求安全的心理却是每一位旅游者出门远游时的共同心理特征。对旅途中不可预测因素的担忧，使人们对旅游交通安全的关注度更高。虽然现代交通的安全性日益提高，交通事故日益减少，但仍有伤亡事故发生。当旅游安全受到威胁时，旅游者可能会考虑改变行程。所以，交通安全是旅游者对旅游交通的基本要求，也是最重要的要求。各从事旅游交通工作的部门和个人都要明确意识到安全工作的重要性，确保旅游者的安全。

★ 快捷。一般来说，旅游的时间都是非常有限的。在有限的时间中，旅游者无不希望能快捷地到达目的地，从而游览到更多的景点，乘兴而来，尽兴而归。可以说交通状况在很大程度上决定了旅游目的地和景点的可进入性。交通行业在其自身发展中应充分考虑到对旅游业的影响，尤其是注意对旅游者心理需求的满足。

（7）专案执行方式与条件

专案是本次活动全部行程除去行程设计与规划之外的部分。其中，行程部分是每次奖励旅游活动必不可少的；而专案则不是每个企业都有需要，而是根据企业的不同需求定做的。后者主要由两方面组成：一是企业要求的特殊行程；二是特殊的活动安排，而且又以第二方面为主。会议、培训、主题宴会等都属于专案的范畴。

会议：奖励旅游期间如需安排会议，旅行社可负责联络及执行各项会议的工作，如会议场地租凭、大型活动或会议所需各种设备（如灯光、音响、特效等）。

培训：把工作与奖励旅游活动联系在一起，成为奖励旅游发展的一种新的趋势。利用奖励旅游期间对员工进行培训，现国外已有许多企业采用。

主题宴会：是最常使用在奖励旅游行程中的特殊安排。通过主办企业、旅行社、当地业者及酒店（或其他相关场地）共同研究策划，可设计出风格独特的主题晚会，但仍需以企业需求为主。主题晚会设计重点是让参与者感到惊喜、备受宠爱。

其他活动：如竞赛活动、惊喜派对、文艺招待等。

知识链接8.2

安排文艺招待的步骤

1. 选好节目和影片

选好节目和影片要注意以下几点：

（1）配合奖励旅游的主题。文艺招待的节目和影片分为两类：一类是教育性，另一类是娱乐性。一般情况下，都是以娱乐性为主，而且应当配合奖励旅游活动的主题。

（2）照顾旅游者的兴趣。文艺招待在某种意义上说，是对参加者的慰劳，适当照顾他们的兴趣和要求也是理所当然的。

（3）尊重参加者的宗教信仰和风俗习惯。要特别注意审查节目和影片的内容，避免因政治内容或宗教信仰、风俗习惯等问题而引起参加者的不愉快。

（4）体现民族特色和传统文化。国际性奖励旅游活动的文艺招待要尽可能选择能够体现奖励旅游者民族特色的节目，使他们产生一种亲切感和舒适感。

2. 安排好时间

时间安排也很重要，如果旅客白天进行了很多运动，则可利用晚上时间观看文艺演出或电影，让他们得到放松的机会。

3. 安排好接送

组织观看文艺演出或电影，应当集体行动，因此要事先统计好人数，安排好来回接送的车辆，并注意上车后清点人数，避免漏接、漏送。

4. 组织好专场演出的入席与退席

专场演出即为专为欢迎奖励旅游的客人而安排的文艺演出。演出前，安排普通观众先入席。主宾在开幕前由主人陪同入场。此时，全场起立鼓掌表示欢迎。演出进行中，观众不得退场。演出结束后，全场起立向演员献花并合影，观众不应立即散去，应在主人和主宾与演员合影结束离去后方能退出演出剧场。

（8）决定奖励旅游主题

每次的奖励旅游都会有一个主题，主题是一次活动内容的高度概括，是目标的概念化。它是围绕本次奖励旅游活动目标，对整个奖励旅游策划与操作起指导和规范作用的中心思想。一次奖励旅游活动在具体执行时多由若干项目组成，主题能连接所有具体项目，统率整个活动，使之成为一个有机整体。

主题对于策划的重要性，决定了策划者在分析目标公众之后，必须精心设计活动的主题。可以说这是整个奖励旅游策划最富创造性的一个步骤，是找出本次活动最大"卖点"的步骤。这个步骤里，策划者需要重点考虑几个因素，包括活动目标、信息个性、地方特色和公众需求等。尤其是在旅游目的地有众多的观光胜地、文化景点、观光园及活动可供选择时，表现更为突出。此种状况下，旅行社应建议企业选择数个景点以符合奖励旅游主题。以香港为目的地为例，有美食文化之旅、流行风尚之旅、安逸悠闲之旅、活力运动之旅等主题旅程可供选择。倘若目的地景点较少，可选择该地较具有代表性、特色的行程，以目的地名称为主题，更具纪念性。本步骤在奖励旅游行程设计与规划时就应酝酿，待行程活动、专案等成形以后，就可予以确定。

（9）突发事件的处理

奖励旅游进行过程当中，有一些预先无法预知的意外发生而打乱规划的行程是在所难免的，如意外天气、交通事故、时间路线变更、旅游者意外事件等。这就要求临时对行程做一定修改，以保证本次任务能圆满完成。因此，在奖励旅游的策划中要包含旅游的危机管理，当发生意外事故时，应具备一些应急机制予以化解，并争取达到或超过预期的效果。这不但要求旅行社的组织人员应具有较高的随机应变能力、较高的专业素质、相当丰富的经验，而且也是考查其策划项目的周密性和全面性。

（10）旅游企业内部审定所拟方案

前一个步骤拟订出来的初步方案在创意、形式和内容等不少方面、不少环节必然还存在不完善之处，需要予以改进、升华才能更具科学性和可行性，所以，方案拟订之后就客观需要审定方案这一重要步骤。

① 汇报方案。汇报内容主要包括策划的背景资料、策划的主题思想、市场环境分析，以及策划的方案、实施步骤和预期结果等。

② 咨询答辩。汇报后，可请相关领导、专家和实际工作人员就策划的内容进行询问甚至提出质疑，策划者对这些问题做出比较明确的答复，并认真记下各个方面的意见和建议。当出现意见不一致时，策划者应虚心听取意见，体现对领导、专家等的尊重，而不能感情用事，甚至顶撞对立。

③ 修改完善。从各方面反馈回来的意见和建议有合理的，也有不太合理的，策划者通过对这些意见和建议进行整理，保留其中正确的，通过多次不断的修改工作将保留下来的意见和建议融入计划之中，使计划趋于完善。这项工作不可忽视——意见不多时当然只需要小的改动即可；但如果意见较多，则需要大动手术，甚至可能得从头再来。所以，在分析相关信息时，要尽可能做到全面、详细；在设计活动主题时，要与领导和相关部门尽量多沟通、多交流。

2. 委托企业预算审核

在奖励旅游形成规划之前，对企业进行准确、细致的评估与分析，然后依据企业的特性而个别设计最具特性的旅游行程，乃是成功的法则。奖励旅游的最高指导原则就是独一无一的行程安排。

不同行业和企业对奖励旅游的行程安排、主题设定、时间安排都有差异。对企业评估与分析包括对企业财力、经营背景、先前奖励旅游状况、市场竞争对手以及企业特性都要调查清楚。另外，企业本次旅游人数多寡、出游日期选定等，也要明了。如果企业数据库建设得好，在本步骤，旅行社将感觉容易许多。旅行社对企业评估与分析得准确与否，将直接影响到奖励旅游行程活动规划的基础。

虽然策划者的行程活动规划是在对企业进行了评估与分析，了解了企业奖励旅游方案、意愿的基础上进行的，且一些相关行程活动规划是在与企业有一定的沟通基础上而做出的，但当策划者拟好行程活动规划后，应充分与企业相关人员协商，以按企业要求做适当修改，并最后在双方满意的基础上定稿确认。

3. 奖励旅游结束后的效果评估

奖励旅游的特点之一是其持续性与稳定性，即具有奖励旅游需求的企业在形成一定惯例后，每年都会开展若干次的奖励旅游活动，它将产生持续消费。

（1）征询企业意见

奖励旅游对企业而言，是一种有目的的旅游，效果评估对企业是非常重要的，评估结果直接影响到二者合作关系的持续问题。在奖励旅游活动结束后，征询企业意见是一个必要举措。

（2）策划者自身总结

在充分征询企业意见的基础上，结合自身内部看法，对本次任务进行总结，找出成功经验、失败教训，提出改进的方案。当总结完毕后，将其纳入案例库，以备后用。

4. 保持密切的售后关系

我国旅行社行业竞争日益激烈，保持和争取客源迫在眉睫，旅游企业只有搞好售后服务，才能巩固与扩大客源，奖励旅游则更是如此。如一般是一家旅行社与若干家企业建立常年的合作关系。而企业与旅行社这种良好关系的确定基础为：旅行社能提供令企业满意的奖励旅游产品和售后服务。一旦旅行社不能在这两方面令企业满意，企业就会另觅他处。尤要指明的是，这种合作关系的破裂，对旅行社来说是极难或根本不能弥补的。旅行社从事奖励旅游的"口碑"，其实就是一个活招牌，是旅行社开发奖励旅游成功的保障。具体售后服务应从两方面着手：一是针对企业，主要对象是奖励旅游决策者；一是针对个人，主要对象是受奖励员工。

（1）针对企业

① 举行企业招待会、联谊会等活动。旅游公司可在社内或社外举办企业招待会和企业奖励旅游决策者进行面对面的接触，同时介绍本公司有关奖励旅游行程、路线、活动设计、服务、经典案例，让企业决策者了解本旅游公司能为企业提供哪些细致、独特、完美的服务，并与其共同座谈奖励旅游的经历，促进二者之间的联系，提高旅行社知名度。另外，旅行社举办野餐会、联谊会、舞会、赞助当地重要节日庆典、举办旅游摄影比赛等，既可扩大自己的影响，又可通过新闻媒体，扩大自己的奖励旅游知名度。

② 举行旅行社开放日。西方一些国家的旅行社每年举办一次旅行社开放日活动，很值得我们借鉴。其活动时邀请一些顾客到旅行社参观，并邀请一些有名望的游客、旅游专家、新闻工作者等与他们见面交流。其中，可安排一个奖励旅游说明会，使企业决策者相信这家旅行社有足够的实力来为他们提供优质的服务，扩大旅行社影响。

（2）针对个人

① 赠送纪念品。旅游公司可编制一些精美的印刷品，主要是有关公司产品介绍等内容，还要印上醒目的社徽、通信地址及方法。同时，这些印刷品要有一定的使用价值，如挂历、台历、画册、书签等，让旅游者能较长时间保存。旅游公司还可邮寄给旅游者一些其他纪念品，如有公司标志的玩偶、钢笔、记事本、雨伞等，给个人一个意外的惊喜，加

深对旅行社印象。

② 寄生日贺卡和假日贺卡。当节日尤其是旅游者生日时，旅游公司对受奖励个人表示祝贺，可以加强彼此间的联系，因此公司应搜集有关受奖励个人资料，建立档案。同时，企业有重大节日时，如周年庆典等，旅游公司有所表示不失为一步高棋。

③ 特殊奖品。旅游公司应为每次企业受奖励个人建立档案，尤其是其受奖励次数，当达到一定次数时，旅游公司应有适当表示，如赠送特殊奖品、做特殊声明等，这不仅对其个人是一种激励，也会令他人有所期待。

以上这些针对个人的奖励，能给受奖励者一个纪念、一份鼓励、一种期待。一方面，其所达到的持续鼓励之效，正是企业所希望的，会令企业满意，促进二者合作；另一方面，会产生另一种意想不到之效果，受奖励个人会对旅行社产生好感，促进奖励旅游之外旅游产品的销售，对旅游公司来说可谓一箭双雕。

知识链接8.3

康柏公司阿拉伯探险的奖励旅游活动

2000年2月，康柏公司在迪科举办了每半年一次、为期5天的35人奖励旅游，其题目为"阿拉伯探险"。这一主题源于该公司1988年举办的、题为"探险精神"、并为公司赢得三项旅游业大奖的奖励旅游活动所取得的成功。

"阿拉伯探险"活动的优点在于：

（1）活动由两家专业机构——旅游影响公司和旅游奖励管理公司——联袂策划；

（2）活动目的明确，即促使销售业绩提高和公司内部良好合作关系的建立；

（3）精心挑选参与者，从1万人的潜在市场中挑选出35人参加奖励旅游；

（4）向潜在的参与者讲解如何被选中参加奖励旅游；

（5）迪科有良好的基础设施，不需要签证，并且与英国之间有便利的航运交通；

（6）聘用当地的目的地管理公司；

（7）由五星级饭店提供食宿；

（8）休闲活动种类繁多，包括驾驶高性能汽车与乘坐直升飞机。

8.5 奖励旅游策划的一般方法

8.5.1 市场需求分析法

奖励旅游与其他旅游产品一样，需要进行市场营销，需要从受众入手，询问旅游者对奖励旅游的需求；要与奖励旅游的参与者进行密切沟通，发掘他们的需求和旅游动机，开发满足他们需求的多元化旅游产品。举办奖励旅游活动的旅游企业或相关组织，一般都会进行市场调查，以旅游者的需要为出发点，充分考虑旅游者消费的各种影响因素，并在此基础上，进行准确的定量分析，最后根据旅游者需求和市场价值进行奖励旅游主题的创意。这样才能有效保证所开发的奖励旅游产品可以迅速获得广泛的市场响应，避免脱离市场需要的资源开发和无谓的市场资源的闲置与浪费，有助于奖励旅游市场规范化发展和供求平衡。

全国首个会奖旅游协会在杭成立[①]

浙江在线2011年5月26日讯：杭州市会议与奖励旅游促进大会暨杭州市会议与奖励旅游业协会成立大会于2011年5月26日在杭州隆重召开。杭州市副市长×××，杭州市旅游委员会主任××，杭州市西博办副主任×××，杭州市民政局民间组织管理局局长×××，及杭州十三个区、县（市）分管领导出席了本次大会。此外，还有160多位事业单位、旅行社、宾馆饭店、景区景点等代表也应邀出席。

据悉，杭州市会议与奖励旅游业协会由在杭符合会议奖励旅游市场需求的酒店、会议场所、旅行社、专业会奖企业、航空公司、车船公司、重点景区、餐饮企业及部分会奖旅游资源丰富的企事业机构、社会团体组成，目前拥有会员100多家。

8.5.2 头脑风暴法

头脑风暴法（brainstorming）是由现代创造学的创始人、美国学者阿历克斯·奥斯本

---

① http://hnnews.zjol.com.cn/hnnews/system/2011/05/27/013791681.shtml 作者有删节。

于 1938 年首次提出的。这种方法主要是通过小型会议的形式，召开专家座谈会，把专家的意见和分析有条理地汇总起来，形成统一的结论，最后在此基础上，找出各种问题的症结，提出有针对性的旅游节庆策划创意。采用头脑风暴法时，要明确活动讨论的内容和程序，进行有计划的组织和准备，提供一个畅所欲言的平台，让各位专家的各种设想在相互碰撞中激起脑海的创造性风暴。为了避免发生权威效应，影响另一部分专家创造性思维的发挥，讨论小组理想的人数为 6～12 人，成员要能代表各个方面。这种策划方法要求策划者具备很强的组织协调能力，能够抓住策划活动的主题展开讨论，善于挖掘专家潜在的创造性思维。

8.6 奖励旅游的管理

奖励旅游活动的成功，管理在其中扮演了很重要的角色。旅游管理有很多内容，鉴于奖励旅游的特点和目前我国奖励旅游发展的状况，我们主要从人力资源的管理、服务质量的管理、奖励旅游的顾客管理和奖励旅游活动中的保健管理这四个方面来阐述奖励旅游管理。

8.6.1 奖励旅游的人力资源管理

根据世界旅游组织的预测，到 2020 年，我国将成为世界第一大国际旅游接待国、第四大国际旅游客源国。面对如此乐观的前景，我国是否能够有充足的准备来迎接？目前，我国旅游人才建设存在着严重的总量不足、分布不合理、结构不理想、急需人才缺乏、人才外流严重等问题。而奖励旅游是高级旅游市场的重要组成部分，奖励旅游从业人员的素质要求要高于常规旅游的从业人员，他们必须具有很高的团队合作能力及统筹运作能力，能真正、深入地考虑到客户的需求。但我国这方面的专业人才非常缺乏，这成为制约我国奖励旅游发展的一大瓶颈。

因此，在人力资源管理中对奖励旅游人才的培训和发展尤为迫切。培训活动的具体组织与企业的规模和结构关系很大。一般来说，培训活动的实施可采用以下方式。

1. 企业培训

大型奖励旅游企业往往设置专门的教育与培训职能机构与人员，从个别或少数负责培训工作的职员或经理，到专门的科、处，有的还建有专门的培训中心或大学乃至职工大学，配有整套专职教师与教学行政管理人员。当然，这一种培训活动的实施在奖励旅游领域中还比较少。

2. 企校合作

这种培训活动是旅游领域中普遍采用的方式,特别是在我国,旅游人员大部分都是由各种旅游院校培训的。根据国家有关资料显示,我国现有专业培养旅游人才的旅游院校、系和专业的大学近百所,旅游中等职业学校约几十所,每年旅游专业大、中专毕业生近20万人。奖励旅游企业可以与相关旅游院校合作,进行职工的培训学习。我国目前的奖励旅游大部分是由大型旅行社来承担,但由于奖励旅游有其自身的特点,使得以前从事一般旅游接待的工作人员,不管是管理者、策划者乃至导游等各方面人员都缺乏对奖励旅游的系统认识,这给发展奖励旅游带来很大的"瓶颈效应"。所以,可以通过企校挂钩进行培训合作,与专科学校或高等学校达成培训承包协议,在学校或由学校派老师来企业进行各类职工培训,其内容可以是通用的,也可以是针对合作企业具体的特殊要求而专门设计的。

3. 专业培训机构[①]

近年来,我国各地出现了大量的专业培训机构,以满足企业日益膨胀和日新月异的培训需要。这些机构常常注册为××培训中心或××管理顾问公司,通常只有固定的办公地点,但没有正规学校所常具备的教学场所和教学设施。它们通常只有少数固定的工作人员,并无专职的教学培训人员,仅以合同方式聘请为数不少的兼职专业培训师。专业培训机构为企业提供的培训项目主要有两大类:① 操作技能培训,如沟通技能、领导技术、团队建设等;② 知识和新理念培训,如WTO影响、知识经济、成功哲学等。

除了培训以外,由于旅游行业的特点,其人员的管理有着不同于一般企业的地方。奖励旅游企业的人才管理,具体来说要做好以下工作:

(1)留住优秀员工。人员是企业的代表,服务人员是直接与顾客接触的,他的行为素质将反映顾客对整个企业的印象。要为顾客提供优质服务,企业应尽力吸引、招聘、培养、留住优秀的员工,并将优秀的员工作为企业最宝贵的资产。这就关系到企业在进行选聘时的标准和观点,旅游服务业是一项需要综合性知识的行业,员工要有专业知识,更要有服务意识、服务态度和服务能力。因此,优秀员工是企业不可或缺的资源,如何利用好,使其发挥示范作用,成为新员工的表率和目标就显得尤为重要。当然,企业的激励机制、薪酬和福利制度是留住优秀员工的必要条件,但许多管理人员愿意花费巨资改善硬件设施,提高服务设施的档次,却不愿用少得多的钱来改善员工的工作条件,降低员工的工作强度,提高员工的经济收入。如果最优秀的员工跳槽,就必然给企业造成不可估量的损失。

(2)重视员工服务思想的培训。这里主要强调的是非正式的思想培训,指新员工在

---

① 陈维政,余凯文,程文文.人力资源管理[M].北京:高等教育出版社,2004.

非正式场合中接受的思想灌输。旅游企业的新员工在企业里听到的、看到的一切情况都会对他们的服务意识和服务态度产生极大的影响。如果新员工发现管理人员在培训工作中并不强调优质服务，基层管理人员只强调服务工作效率而不关心顾客的满意程度，老员工并不尊重顾客，那他们就必然会认为服务质量无关紧要。因此，企业要高度重视非正式场合中接受的信息对新员工的影响。

（3）增强员工的归属感。归属感指员工接受企业的价值观念，赞成企业的商业目的，觉得自己是企业的一员。员工的归属感越强，工作积极性就越高，工作满意感就越强，跳槽可能性就越小。要形成员工对本企业的归属感，管理人员必须招聘符合本企业需要的员工，然后通过企业内部沟通活动，使全体员工了解本企业的商业目的和价值观念。旅游企业中管理人员还可通过采取一系列措施进一步增强员工的归属感，如发动全体员工参加一个新的旅游线路设计、宣传工作，在旅游广告中增加优秀员工的介绍，向消费者推荐优秀员工。此外，制服、胸牌等也有助于员工形成归属感。可以说没有员工的归属感，就不会有顾客对企业的忠诚感。

（4）灵活调整规章制度。如果企业一味要求服务人员严格执行规章制度和服务操作程序，用一厚本规章制度来控制服务工作，必然无法提高企业的服务质量。而且旅游消费者有不同的需要和愿望，他们希望服务人员按照自己的特殊要求，灵活地提供优质服务。如果企业的规章制度不允许服务人员根据顾客的具体要求做出各种决策，最终会失去顾客。企业如果只重视通过规章制度提高内部效率，不重视外部效率，忽视员工思想工作和企业文化建设，不仅会使顾客不满，而且会使员工不满；不仅无法与顾客保持长期合作关系，而且无法留住优秀员工。

（5）建立良好的内部人际关系。旅游企业管理人员不仅要做好外部人际关系（员工与顾客之间的关系）管理工作，而且要做好内部人际关系管理工作。要求服务人员必须首先尊重服务人员，在内部和外部人际关系管理工作中采用截然不同的行为准则，是无法在企业内部形成服务文化的。企业管理人员应采取帮助、商量、指导、咨询式的领导方式，鼓励、支持并指导服务人员为顾客着想，提高顾客的满意程度。

（6）收集市场信息。旅游企业在复杂多变的市场环境中，除了收集、处理、分析各种市场信息，及时做出经营管理决策外，还要向顾客搜集信息。但这项工作往往花费大量金钱和时间。实际上客户信息最重要，最可靠而又方便的来源是直接与顾客接触的服务人员。一线服务人员能从成千上万顾客那里收集信息，他们了解本企业的服务工作存在哪些问题会引起顾客不满、为什么顾客不再购买和消费本企业的服务、竞争对手采取哪些措施来争夺本企业市场等等。可见，企业管理人员应主动向服务人员收集市场信息，了解服务人员的意见，以便改进服务工作，提高顾客满意度。

8.6.2 奖励旅游的服务质量管理

1. 旅游服务要素组合

虽然旅游服务产品由许多服务要素组成，但基本服务组合主要包含三个方面的内容：核心服务（Core Service）、便利服务（Facilitating Service）和辅助服务（Supporting Service）。核心服务揭示出产品可以进入市场的原因，它体现了旅游企业最基本的功能，如一家旅行社为旅游消费者提供食、住、游、行、娱、购一条龙服务。当然，旅游企业可以有多个核心服务，如为游客代办出境、入境和签证手续。

为了让顾客能够获得核心服务，其他一些服务也是必须的。比如为团体旅游者提供专门的接送服务、旅行社通常设有专门的票务中心等。这些服务通常称为便利服务，因为它们将方便核心服务的使用，离开了这些服务，消费者就无法使用核心服务。

辅助服务的作用并不是便利核心服务的使用，而是增加服务的价值或者使旅游企业的服务同其他竞争者的服务区分开来。所以，辅助服务是被旅游企业作为差异化战略而使用的。例如，企业为每位游客赠送有标识的旅行包、旅行帽或小纪念品；在为游客提供游览行程的同时附上旅游目的介绍或是旅游健康手册等。便利服务同辅助服务之间的区别有时并非十分明显。一些服务在某种场合是便利服务，在另外的场合可能是辅助服务。不过，对二者加以区分还是十分重要的，因为便利服务往往是义务性的、不可或缺的，没有这些服务，企业的基本服务组合就完全破裂；而如果缺少了辅助服务，最多使企业的服务产品缺乏吸引力和竞争力。

2. 影响服务过程质量的五个因素

在面对面的旅游服务过程中，最容易出现服务差错，质量问题最多、最复杂，具有复杂性、随机性、脆弱性以及难于控制等特点。究其原因，影响服务过程质量的因素主要有以下五个方面。

（1）旅游者参与服务过程

旅游者高度参与服务过程极大地影响着他们对服务质量的感知。旅游者在旅游服务的生产、消费及评价中起到了十分重要的作用。一些著名的营销学家通过大量的研究提出："消费者认为质量是什么就是什么"。我们常常会发现这样的情况，游客在酒店用餐时一桌美味佳肴很可能会因为纯属游客个人的原因而被全盘否定。从某种程度上说，旅游服务质量的优劣与否，与旅游者的个性特点、知识水平、对旅行社的期望，以及当时的心理状态、身体状况、行为方式等高度相关。

（2）其他旅游者参与服务过程

旅游服务过程中，旅游者之间的相互影响也是影响服务质量的一个不容忽视的重要因素。我们可以把旅游过程中的旅游者暂且分为"中心游客"与"背景游客"。在服务过程的某一时刻，相对于其他任何游客而言，某一游客既可以是中心游客也可以是背景游客。显然，在旅游中，背景游客的行为方式以及他们对服务质量的评价等，对中心游客感觉中的服务质量产生很大的影响；反之亦然。

（3）旅游服务人员

旅游服务人员是服务的"生产者"，对服务过程的质量乃至旅游者感觉中的整体服务质量影响极大。在旅游过程中，由于服务人员与游客的"接触度"高，使得来自服务人员方面、影响服务质量的因素变得十分复杂。服务过程的质量不仅与服务人员的行业意识、行业知识、行业技术等有关，而且与服务人员当时的仪表仪态、心理状态、身体状况，甚至交际能力等都高度相关。

（4）旅游企业

旅游者高度参与服务过程扩大了他们与旅游企业的接触面，涉及的服务环节越多，游客与企业接触的面就越广，服务的失败点就越多。因此，在旅游企业中，服务环境、设施设备、服务信息的可靠性、服务体系设计的合理性等因素，都将不可避免地对服务过程的质量乃至游客感觉中的整体服务质量产生极大的影响。

（5）真实瞬间（the Moments of Truth）

旅游服务过程中，由于旅游者、企业、服务人员的相互作用或服务接触，演绎出一系列的质量问题。服务营销学家把这种客企间的每个"相互作用或服务接触"形象地比作"真实瞬间"。实质上，在服务过程中旅游者实际经历的服务质量是由一系列的真实瞬间构成的。显然，真实瞬间极大地影响着服务过程的质量乃至游客感觉中的整体服务质量。

上述影响服务过程质量的五个因素中，旅游服务人员、旅游企业是企业可以控制的因素，而游客参与服务过程、其他游客参与服务过程和真实瞬间却是旅游企业难于控制的因素。因此，对旅游者的行为管理和"真实瞬间"的把握是服务过程质量管理中的难点。

3. 提高服务人员的服务能力

服务人员的工作态度和行为方式会对顾客感觉中的服务质量产生极大的影响。对旅游企业的调查研究表明：旅游业服务人员的自信心、工作满意感和适应能力可提高服务人员的服务能力，进而提高顾客感觉中的服务质量。

（1）服务人员的自信心

服务人员的自信心是指服务人员相信自己能做好服务工作。在服务工作中，服务人员不断地积累经验，提高服务能力，增强自信心。服务人员相信自己的能力，就会更努力地工作，克服服务工作中的困难，尽力为顾客提供优质服务。许多实证研究结果表明，服务人员的自信心会对服务效果产生极大的影响。

在旅行过程面对面的服务中，导游人员需要根据游客的需要，决定服务方法，满足游客的特殊要求，处理服务过程中出现的各种问题。自信的导游人员会更努力做好服务工作，满足游客的各种需要，提高游客感觉中的服务质量。在不利条件下，他们也更能克服困难，完成艰难的工作任务。因此，与缺乏自信心的员工相比较，自信心较强的员工更能为顾客提供优质服务。

（2）服务人员的工作满意感

工作满意感是指员工觉得自己的工作可实现或有助于自己的工作价值观而产生的愉快情感。工作满意感这个概念的内容非常丰富。员工的职务和工作环境中的一切特点都会影响员工的工作满意感，包括对管理人员、同事、顾客、工作、工资、晋升机会等方面的满意感。美国营销学家丘吉尔等人认为，在销售工作中，销售人员的工作满意感与他们的行为方式有密切的联系。在服务工作中，服务人员的工作满意感也必然会影响服务人员的行为方式。满意的服务人员更可能乐于帮助顾客，以良好的服务态度，为顾客提供优质的服务。

（3）服务人员的适应能力

服务人员的适应能力是指服务人员根据顾客的要求，调整自己行为方式的能力。适应能力一方面是服务人员按事先确定的服务"剧本"，为所有顾客提供完全相同的服务；另一方面是服务人员根据顾客的具体要求，灵活地为顾客提供个性化服务。盲目地按照服务剧本为顾客服务，服务人员更可能出错，更可能无法满足顾客的特殊需要。适应能力强的服务人员根据顾客的特殊要求，灵活地为顾客服务，可提高顾客感觉中的服务质量。

因此，要提高服务质量，管理人员必须采取授权和行为评估等措施，增加员工的自信心，提高员工工作满意感，激励员工采取顾客导向的行为方式，提高员工的适应能力，使优质服务成为全体员工的共同目标。

旅游企业经营的最高目标是让顾客满意、使企业获利。而顾客的满意度源于他们对服务质量的评价。服务人员是营销中一个重要因素，同样，服务过程即服务人员是如何提供服务的，对顾客感觉中的整体服务质量有极大的影响。

4. 服务过程管理与控制的重要意义

首先，加强旅游服务过程的管理有利于增强旅游企业的竞争力。在旅游服务人员对旅游者面对面的服务过程中，旅游者不仅会关心他们所得到的服务，而且还会关心这些服务。他们是"怎样获得"的尤其是同档次的旅游企业（如都是国际旅行社）提供的服务大同小异的时候（如相同的旅游线路、预订的同一家酒店和餐厅），怎样提供服务将成为顾客选择旅游企业的重要标准。一位已有出游打算的消费者先后走进两家国际旅行社，对同一条旅游线路进行咨询，咨询过程都在半小时左右。消费者的目的是获取更多的信息，包括旅游目的地，旅行社的硬件、软件环境，等等。最终，他的抉择取决于两家旅行社接待人员以何种方式为他提供他所需要的信息和他对这个信息咨询服务过程的满意度有多高。显然，此时"怎样提供服务"为旅游企业提供了广阔的竞争空间。在激烈的竞争中，"怎样提供服务"将帮助旅游企业与其他同类型、同档次的对手区别开来，树立起鲜明的企业形象，从而使企业在激烈的竞争中脱颖而出。在旅游服务中，服务的生产和消费同时进行，在服务过程中，消费者和生产者必然发生联系，顾客只有而且必须参与到服务的生产过程中去，才能最终享用到服务的使用价值。顾客高度参与服务过程给旅游企业的质量控制带来了很多难以预料的随机因素。更为严重的是，根据研究，在面对面服务过程中，顾客一旦对服务的某一方面不满，可能会导致他们对整个企业的全盘否定。显然，加强服务过程管理，能够尽可能地减少服务差错，做到防微杜渐，为顾客提供更多的消费利益和更大的消费价值，进而极大地提高顾客的满意度。

其次，加强服务过程管理有助于旅游企业树立良好的市场形象，增加顾客"认牌"购买的心理倾向。就旅游消费而言，消费者必须是先购买，然后是服务的表现与消费同时发生，消费者普遍认为风险很大。为了降低风险他们往往对自己认可的旅行社或市场形象好的旅行社有较高的忠诚度。从某种意义上说，服务质量与企业形象是相辅相成的。一方面，加强服务过程的管理，可以大大提高顾客感觉中的整体服务质量，帮助旅游企业树立良好的市场形象，培养顾客的品牌忠诚度；另一方面，旅游企业的市场形象又会对顾客实际经历的服务质量产生重大影响。如果企业有良好的市场形象，顾客往往会原谅服务过程中出现的次要的质量问题；反之，则会出现截然相反的后果。

5. 在改进奖励旅游企业的服务质量时必须要注意的问题

（1）注重"以顾客为中心"的原则

奖励旅游者大量的需求是预期和潜在的，在服务流程的各个环节中均有所体现。比如，在餐饮消费中，客人点菜后希望等候多长时间，在宾馆住宿时，客人是否需要安静的休息环境，等等，都属于顾客预期的要求。只有坚持"以顾客为中心"的管理原则，奖励旅游企业才能随时发现奖励旅游者的需求，改善服务质量，从而使顾客满意。

（2）注重"持续改进"原则

奖励旅游者的需求随着时代的改进和环境的改变会发生变化，这种需求的微妙性、复杂性、多变性更需要奖励旅游企业以"持续改进"为原则来改进奖励旅游服务项目。

（3）注重旅游服务的过程质量检测

由于奖励旅游企业的产品和过程较难分开，需要对奖励旅游服务的每一个细微末节确定规范标准，才能保证最终服务的一致性。因而过程的细化、过程的控制规范和标准的制定显得尤为重要。

（4）注重基层员工的服务管理培训

奖励旅游企业要确保奖励旅游服务一次做好，必须加强对基层员工的服务管理培训，包括对员工进行服务技能培训、质量意识培训、服务意识培训和工作能力培养。另外，在服务过程中要加强对基层员工的激励和控制管理，避免对企业产生不良影响。

（5）注重提供个性化服务

奖励旅游服务必须要随着奖励旅游者需要的变化而随机应变，即服务必须有针对性地满足不同旅游者的个别需求。向奖励旅游者提供个性化服务是提高奖励旅游者满意度的重要途径，也是提高奖励旅游企业服务质量的根本要求。个性化服务的内容很广泛，归纳起来，可以分为以下四个方面。

① 灵活服务。不管是否有相应的规范，奖励旅游企业都要尽可能地满足奖励旅游者提出的合理的要求。

② 癖好服务。奖励旅游者的需求千差万别，有些需求更是独特，这就需要奖励旅游企业做好记录存储起来，建立规范化的需求档案，满足奖励旅游者个性需求。

③ 意外服务。在奖励旅游过程中难免会发生意外，在这种情况下，奖励旅游企业急奖励旅游者所急，在其最需要帮助的时候，服务及时到位，旅游者将永志难忘，取得意想不到的效果。

④ 心理服务。主动揣摩奖励旅游者的心理，满足奖励旅游者提出或者是没有提出但肯定存在的心理需求的个性化服务，将为奖励旅游者带来额外惊喜。

8.6.3 奖励旅游的顾客管理

在多变的市场环境中，企业要长期保持竞争优势，不断地提高经济效益，必须强调整体观念、协作精神、不断改进、顾客导向等原则。顾客导向已被许多服务企业提到最重要的位置，通常人们认为，顾客导向即是企业尽力提供满足顾客需要的产品和服务。特别是对于奖励旅游而言，顾客是一个长期的、持续的、稳定的奖励旅游需求者，企业更应该把握好与顾客之间长期的相互依存关系。这就要求企业与顾客直接接触，向顾客收集信息，深入了解顾客的需要，并使用顾客提供的信息，设计、提供顾客需要的产品和服务。此外，企业还应采取一系列措施，充分发挥顾客的作用，与顾客一起创造竞争优势。

1. 顾客重要角色分析

通过分析顾客的作用，采取有效措施发挥顾客作用，是提高企业竞争实力的有效途径之一。顾客所扮演的不仅仅是"购买者"和"使用者"的角色，还会扮演其他角色。

（1）顾客是资源供应者

企业生产过程中使用的资源包括实物资源、信息资源和无形资源。美国学者巴尼（J. Barney）认为，企业拥有宝贵的、稀有的、无法完全仿造或取代的资源，就能长期保持竞争优势。如果顾客能提供宝贵的、稀有的、无法完全仿造或取代的资源，也能为企业做出重大贡献。美国学者施奈德（Benjamin Schneider）指出，与那些全面发挥顾客作用，与顾客加强合作关系的企业相比较,只把顾客当作产品和服务最终使用者的企业必然会处于竞争劣势。企业应与顾客建立相互依存关系,以便增强顾客的忠诚感。充分利用顾客供应的资源,是企业提高竞争实力的重要途径。

顾客提供的资源既包括资本和点子,也包括顾客在企业生产过程中做出的各类有形和无形的贡献。对旅游业而言,顾客必须参与服务过程,才能接受服务。顾客是旅游企业必需的生产资料。此外,顾客必须为旅游企业员工提供精确、完整的信息,并从员工那里接受各种信息。提高顾客的沟通能力,应该是企业对顾客资源投资的一个重要目的。顾客必须知道企业需要哪些重要信息,如何使用这些信息。如果顾客能明确说明自己的需要与自己将如何使用产品和服务,企业就可以提高工作效率。

(2)顾客是合作生产者

如果企业把员工当作"内部顾客",尽力为员工提供优质内部服务,满足员工的需要,员工就更能满足顾客的需要;把顾客当作"兼职员工",指导、激励顾客参与生产过程,提高顾客的生产技能,顾客就可能为企业做出更大的贡献。

顾客越发挥"兼职员工"作用,顾客对产品和服务质量的影响就越大。在旅游服务工作中,顾客必然会在一定程度上参与服务过程。要有效地发挥顾客的"合作生产者"作用,就要教育和指导顾客:① 必须明确自己的工作任务,如果顾客了解企业希望他们完成哪些工作任务、如何完成这些工作任务,就更可能扮演好"合作生产者"角色。例如,旅行前向游客介绍整个游览行程安排以及当地气候、游客须具备的体能状况、适宜的着装及必备药品,这样在旅途中,游客才能配合服务人员的工作完成愉快旅行。② 有能力完成这些任务。"合作生产者"越有能力完成工作任务,就越可能提高产品和服务的质量。做好顾客培训工作,使顾客了解企业的主要服务活动,提高顾客的交际能力和合作能力,"合作生产者"才能有效地提高服务质量。③ 愿意积极地做好这些工作。顾客完成一部分工作任务,有助于企业提高服务效率;顾客参与生产过程,可增强控制感,进而提高自尊心。

(3)顾客是购买者

研究"购买者"角色的主要目的,是研究企业应如何将潜在的顾客转变为实际购买者。顾客感觉中的质量和顾客与企业之间的关系,是影响顾客购买意向的两个重要因素。如果潜在顾客认为某种服务的确能满足自己的需要,使自己获得良好的投资收益,他们就更可能购买这种服务,并更可能成为企业的忠诚者。由于顾客无法获得与该服务属性有关的所有信息,因此顾客往往会根据企业的市场声誉、市场形象等"感觉中的质量"属性,做出购买决策。管理人员可通过市场沟通活动、企业的市场声誉或市场形象、差异化竞争策略,间接地影响顾客感觉中的质量。

企业与顾客之间的关系会极大地影响顾客的购买决策。企业与顾客建立合作关系,不仅可提高顾客感觉中的质量，而且可降低企业的成本。顾客感觉中的质量会随顾客的需要、可选择的产品和服务、环境的变化而变化。企业与顾客建立合作关系，才能增强竞争实力，而企业与顾客双方之间的信任感、熟悉程度、友谊都有助于双方建立合作关系。买卖双方之间正式、反复、多种多样的交易可增强双方的合作关系。另外，企业与顾客之间的关系会直接（如通过顾客的口头宣传）或间接（如通过企业的市场声誉）地影响企业与潜在顾客之间的关系。企业也可在潜在的顾客选购之前，设法与他们建立关系。

（4）顾客是使用者

顾客是产品和服务的使用者，许多企业管理人员都非常重视"使用者"这一极关键的角色。作为"使用者"，顾客会根据他们的期望与消费经历之间的差异，判断自己的满意程度，即在消费过程中或消费之后，顾客会对他们的期望和实际消费经历主动比较。如果他们的实际消费经历符合或超过他们的期望，顾客就会满意。

通过市场沟通活动，使顾客形成现实的期望，是企业提高顾客满意程度的一项必要措施。企业在市场沟通活动中为顾客提供的精确的、可靠的信息，一方面有助于顾客了解他们可从产品和服务获得的各种利益；另一方面有助于顾客做出正确的选购决策。

要提高顾客满意程度，企业应做好以下一系列工作：① 与顾客保持双向沟通；② 满足顾客的需要，而不只是满足顾客的期望；③ 预先向顾客介绍实际服务情况；④ 始终保证顾客重视的服务属性的质量；⑤ 保证服务的实际使用价值与预定的使用价值相符。

顾客在旅游服务业中扮演着多个举足轻重的角色，与顾客建立更亲近、更长久的合作关系已成为旅游企业的竞争法宝，这也是我们将顾客服务作为旅游管理的一个独立元素的原因。

2. 顾客持久接触计划

要想与顾客建立长久的合作关系，首先要了解顾客，成立专门的顾客服务机构，以持续的方案与顾客保持长期接触。

（1）顾客分类及建档

这是顾客持久接触计划的第一步。我们可以按以下标准和模式将某个旅游企业的顾客分类：

① VVIP型，这类顾客购买本企业服务次数大于等于5，对服务的评价是非常满意或满意，对企业很信任，忠诚度高。

② VIP型，这类顾客购买本企业服务次数大于等于2而小于5，对服务的评价是非常满意或满意，已逐渐建立对企业的信任感，成为忠诚顾客的可能性很大。

③ IP型，这类顾客购买本企业服务次数为1，对服务的评价是非常满意或满意，与企业有了初步的、成功的接触，重复购买的可能性较大。

④ P型，这类顾客购买本企业服务的次数为1，对服务的评价是一般或不满意，与企

业有了初步接触,"跳槽"的可能性较大。

⑤ Po型,这类顾客购买本企业服务的次数为0,虽然交易未成功,但与企业及业内销售人员有过1次或多次接触,下次有合作的可能,是企业重要的潜在顾客。

在此分类基础上进一步建立顾客档案。由于旅游行业的特殊性,顾客出游前必须与旅游企业签订一份详尽的合同,合同又是双方通过多次往来接触、顾客多方权衡后签订的。彼此有较多的了解,尤其是企业对自己的目标顾客,否则在竞争如此激烈的市场上难以获胜。另外,旅游企业要为每位游客办理旅游人身意外保险。顾客需向旅游企业提供身份证等详细资料,这些都为顾客建档提供了方便,我们可用表格的形式为顾客建档。顾客管理要有专人负责,因为随着企业的发展,市场占有率扩大,顾客购买次数变化,顾客类型也会变化。对于团体客户而言可以一个月更新一次,而散客则需要每周进行增补,为新顾客建档。

(2)忠诚顾客与"跳槽"顾客

通过上述分类管理工作,企业对顾客状况有了基本了解,下一步就是针对不同类型的顾客培育他们对企业的忠诚感,建立持久合作关系。

要提高经济效益,增强企业竞争能力,企业必须培育顾客忠诚感。美国学者雷奇汉(Reichheld Frederick F.)和赛塞(Sasser W. Earl Jr.)曾做过这样的研究:顾客流失率下降5%,企业的利润可增加25%~85%。他们深入分析了顾客忠诚感对企业经济收益的影响:服务性企业能从忠诚顾客那里获得最高的利润。企业的忠诚者会长期、大量地购买本企业的服务,他们愿意为本企业的优质服务支付较高的价格,给企业带来更多的营业收入。然而,如果企业的顾客不断变化。服务性企业则必须花费大量营销费用,劝说那些不太了解本企业的新顾客购买自己的服务,并不断地为新顾客提供启动性服务,而有大批忠诚顾客的企业通常可节省这些营销费用和经营费用。此外,忠诚顾客的口头宣传可极大地降低企业的广告费用。

营销学家A.佩恩也十分强调顾客的忠诚,他曾用这样一个关系营销梯子来说明这一点(见图8.4)。很显然,多数企业把重点放在低梯级上,即识别可能的顾客,并企图把其变成顾客,而不是放在更高关系和最终更多回报的梯级——使顾客变成固定的委托人,然后是强大的支持者,最后是公司和产品的积极拥护者。

按前面旅游企业顾客分类模式(见图8.5),我们的重点是将P类、IP类顾客转化为VIP、VVIP类顾客,培育他们的忠诚感,建立持久的合作关系。这并不是说Po(潜在顾客)和P(新顾客)不重要,他们对于企业的未来确实很重要。然而,需要努力地在现有顾客和新顾客之间达到一种平衡。如果企业花费大量的经费吸引来的顾客,过不了多久就"跳槽",企业再去招来新顾客,取代"跳槽"的老顾客,企业的经济收益必然下降。

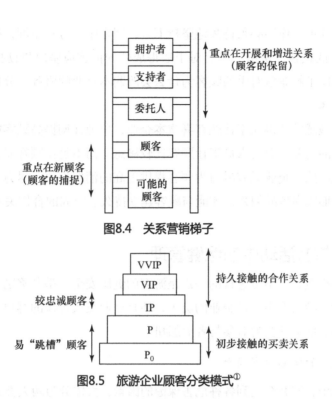

图8.4 关系营销梯子

图8.5 旅游企业顾客分类模式[1]

培育顾客的忠诚感，企业必须与顾客建立学习关系。无论是团体客户还是散客，他们对于旅游产品和服务并不需要更多的选择，而是希望在自己选定的时间和地点，按照自己需要的方式，获得自己需要的产品和服务。高新科技飞速发展，为企业充分满足顾客的需要创造了极为有利的条件。采用数据库和交互技术，企业可积累大量数据资料，深入了解每一位顾客的需要和爱好。交互媒介、交互电话服务、电传反应系统的飞速发展，使企业可以较低成本与顾客进行双向沟通；而员工与顾客面对面的接触，使企业能更直接了解顾客，为每一位顾客提供定制化的服务。这也是一种一对一营销方式，企业与每一位顾客过行双向沟通，利用日益详尽的信息为每一位顾客提供最好的产品和服务。通过这种方式，企业可与顾客建立起相互学习关系。企业向每一位顾客学习，不断深入了解他们的需要和爱好，可明显地增强竞争实力。学得越多，企业就越能为顾客提供优质的产品和服务，竞争对手就越难"挖走"其顾客，企业就几乎可以永久与顾客保持合作关系。

顾客满意感是一种很难测量的、暂时的、不稳定的状态。就IP型顾客而言，他们对企业的服务是"满意"或"比较满意"的，但他们"跳槽"的可能性仍就很大。企业管理人员要深入了解顾客"跳槽"的原因，发现经营管理工作中的失误，采取必要的措施，防止其他顾客"跳槽"，有时还要促进已经"跳槽"的顾客重新购买企业的服务。可以通过亲自与"跳槽"顾客交谈，虚心听取他们的意见，从"跳槽"的顾客那里获得大量信息，

---

[1] 资料来源：何谨然.旅游企业的文化营销研究［D］.武汉理工大学硕士学位论文，2001.

改进管理工作。这项工作还必须持久地坚持下去，制定跟踪考核制度，检查各类改进措施是否能有效地降低顾客"跳槽"率。对于取得成效的措施应坚决贯彻执行下去。除此之外，管理人员还应了解竞争对手的顾客为什么会改购本企业的服务，分析这些新顾客是否能转化为忠诚顾客。

培育顾客忠诚感的关键在于让顾客喜欢本企业，单纯强调提高顾客的再次购买率，而不注意适应顾客的需要，只要求员工让顾客比较满意，而不是让顾客非常满意，就不能真正形成顾客的忠诚感。企业只有尽力为顾客提供更高的消费价值，尽力让顾客完全满意，使顾客对本企业形成强烈的偏爱，才能与顾客建立持久、牢固的合作关系。

8.6.4 奖励旅游活动中的保健管理

旅游活动中很重要、不可忽视的一点是游客的健康安全。举办奖励旅游的目的是为了嘉奖这些参与者，参与者不管是企业的员工，还是企业长久合作的客户，都应该处理好健康安全问题。不要把奖励变为对参与者的惩罚。

1. 旅游活动中的保健危害因素

在旅游活动中，游客会遇到各种危害保健的因素，大体分为两大类：

（1）旅游健康危害因素

按照专家的意见，旅游健康危害是指游客在旅游环境中（包括来回途中和旅游目的地）可能遇到的地理环境的、生物的、社会的乃至本身潜在的一切危害因素。因此，旅游健康危害因素可分为地理环境危害因素、生物危害因素、社会危害因素和游客个体潜在的健康危害因素。地理环境危害因素主要是指地理地貌、海拔高度、气候等方面的健康危害因素，其中海拔高度是旅游地永久性危害因素；生物危害因素主要包括各种传染病、性传播疾病、寄生虫病、虫媒传染病的危害，以及大小动物的叮咬伤害；游客个体存在的危害因素主要是指游客个体存在的潜在危害，包括各种慢性疾病和其他疾病（如精神病）等。游客个体存在的慢性疾病或其他疾病，如糖尿病、肝炎、高血压、精神障碍等，将严重威胁游客本身在旅游活动中的健康。旅游的过度疲劳将加重某些疾病，并导致脏器受损甚至衰竭，如肝炎、糖尿病；过度的兴奋、刺激，易导致高血压患者血管疾病的发生，甚至突发死亡；患有传染病的游客，同时还威胁着其他游客的健康安全。

（2）旅游伤害因素

旅游伤害是指在旅游过程中所发生的与旅游相关的伤害。这种伤害影响了正常的旅游，并且需要医治或看护，例如空难、海难、火灾、跌伤、碰伤、车祸等都属于此范畴，如印度洋海啸的发生。当然，这是不可抗拒的因素，但如果事前对各种知识有所了解和适当准备，当事故来临时将会更好地处理。

2. 游客保健服务管理

旅游保健服务管理是根据过程管理和预防管理的思想，从旅游产品的设计、销售到提供全程接待服务的全过程中，围绕着旅游活动的三个阶段把保健因素贯穿于其中，对旅游活动实施的全过程进行综合保障，实现全过程的游客保健服务管理。

游客的旅游活动一般包括三个阶段：准备阶段、进行阶段和后续阶段。游客在进行具体的旅游活动前，要进行旅游决策（旅游产品购买或线路选择等的决策）和做出游前的相应准备，这个阶段称为准备阶段。当然，对于奖励旅游的参与者来说，在准备阶段，不可能进行旅游产品的线路选择的决策，只能是对线路设计提出必要的建议。但是，无论如何，当奖励旅游的参与者被告知参与旅游活动后，他们都会对特定的旅游地做相应的准备，如根据旅游地的气候准备衣物等。游客以居住地做参照物发生了空间位移，参与到了具体的旅游活动中去，获得了旅游体验，这个过程称为进行阶段。游客完成具体的旅游活动，回到居住地，对旅游经历进行反馈，影响新的旅游需求和决策，这个阶段称为后续阶段。

与三个阶段相适应，游客保健服务管理的管理模式如下所示。

（1）旅游活动准备阶段的游客保健服务管理

新闻媒体向全社会做广泛的宣传引导，形成全社会都来关心游客保健的舆论氛围，并大力宣传在旅游活动中的游客保健知识。游客要做个人预防准备，注意旅游时机和旅游线路的选择，尽量避免地理地貌、海拔高度、气候等地理环境危害因素；根据旅游目的地情况，接种各类传染病疫苗，预防生物危害因素的危害；根据自己身体状况（特别是慢性病患者），采取一定措施控制疾病在旅游活动中的突发。旅游企业在组团、受理报名时利用对身体健康状况的要求进行控制，把游客个体的危害因素降到最低。保险公司通过向游客提供保险服务来应对疾病和意外事故的发生。

（2）旅游活动进行阶段游客保健的预防控制和服务、引导

旅游主管部门对旅行社、交通客运部门、宾馆饭店、旅游景区和购物娱乐场所贯彻落实游客保健政策进行指导、监督和管理。卫生部门要对饮水卫生、食品卫生和环境卫生进行有效的监督，防止这类社会危害因素危害游客的身体健康；当在旅游活动中游客保健发生意外时，卫生部门要能提供快速、及时的急救服务。公安部门要搞好社会治安，严格对旅游交通车和各类场所的消防管理，预防一些伤害的发生；而且，一旦发生事故，各类应急功能要充分发挥其作用。游客本身要注意自我保健，要注意预防地理环境因素和一些社会因素的危害。上述旅游业各接待单位在旅游活动中要采取各种措施为游客提供全方位的保健服务。

（3）旅游活动后续阶段的游客保健服务管理

若是游客在旅游活动中发生疾病或意外，回到居住地后，旅行社要帮助游客处理一些

相关事宜；游客要到卫生机构去检查、诊治；游客要及时向保险公司申请理赔。若游客与旅行社因此发生纠纷，旅游主管部门要积极处理投诉。若游客与这些机构发生司法诉讼，人民法院要进行调解、判处。

章前案例分析

奖励旅游既是对优秀员工和为企业产品销售作出突出贡献的经销商的回馈，同时也是展现企业美好前景、展现企业文化魅力的极佳机会。奖励旅游规格高、花费大，因而专业奖励旅游公司的经营利润也较大。但是，奖励旅游不同于一般的观光旅游，需要尽心策划，要达到奖励旅游委托方的要求，让参与奖励旅游的优秀员工和为企业产品销售作出突出贡献的经销商产生强烈的震撼，让其持久不忘，并产生效忠企业、继续努力工作的心理冲动。

本章小结

本章根据国内外有关奖励旅游策划的研究文献，深入分析了奖励旅游策划的基本特征、基本要素、基本原则、一般程序和一般方法，并从人力资源管理、服务质量管理、顾客管理和保健管理四个方面阐述了奖励旅游管理的基本内容。

复习思考题

一、名词解释

奖励旅游策划　头脑风暴法

二、简述题

1. 奖励旅游策划的基本特征有哪些？
2. 奖励旅游策划的基本原则有哪些？

3. 欲要提高奖励旅游委托方的满意程度，奖励旅游企业应做好哪些工作？
4. 奖励旅游策划者选择地点时要考虑哪些重要因素？

三、论述题

试述奖励旅游策划应注意的具体问题。

四、技能训练

请为本学校本年度的优秀教师设计一个奖励旅游策划方案。

参考文献

[1] 刘士军. 西欧奖励旅游市场研究 [J]. 旅游科学，1997（2）：34-38.

[2] 谢礼珊. 会议旅游市场促销 [J]. 桂林旅游高等专科学校学报，1999（2）：29-33.

[3] 胡斌，朱海森，孙柯. 我国发展奖励旅游初探 [J]. 桂林旅游高等专科学校学报，2002（3）：70-73.

[4] 何彤. 奖励旅游——现代企业管理的新招 [J]. 管理科学文摘，2001（6）：55-56.

[5] 苏琳. 奖励旅游——提供新型管理工具拓展特种旅游方式 [J]. 管理科学文摘，2001（9）：40.

[6] 武魏巍. 奖励旅游——现代企业管理的新策略 [J]. 计划与市场探索，2003（7）：56-57.

[7] 郑建瑜. 上海会展业现状及发展趋势分析 [J]. 旅游学刊，2006（6）：40-44.

[8] 程璐，王雪涛. 奖励旅游能"游"多远 [J]. 北京工商管理，2002（5）：11-13.

[9] 刘少湃，蓝星. 奖励旅游生命周期模型的构建 [J]. 商业研究，2007（11）：155-158.

[10] 练红宇. 关于我国奖励旅游产品设计的探讨 [J]. 成都大学学报（社会科学版），2008（5）：64-66.

[11] 周文丽. 我国奖励旅游发展途径——供给引导需求 [J]. 2006（12）：144-145.

[12] 高静，刘春济. 试论我国奖励旅游市场开发——从奖励旅游的内部特征出发 [J]. 桂林旅游.

[13] 高等专科学校学报，2006（1）：68-71.

[14] 熊继红. 关于我国发展奖励旅游的几点思考 [J]. 江汉大学学报（社会科学版），2008（2）：51-53.

[15] 杨星. 我国奖励旅游存在的问题及解决对策 [J]. 科技信息，2009（8）：670.

[16] 秦艳萍. 中国奖励旅游研究综述 [J]. 经济研究导刊，2009（17）：165-206.

[17] 李晓莉. 中国奖励旅游经营的特征、问题与思考——基于旅行社的访谈分析 [J]. 旅游学刊，2011（11）：46-51.

[18] 蔡梅良，张玲霞. 奖励旅游市场需求行为分异及发展策略研究 [J]. 湖南商学院学报，2012（4）：71-77.

［19］郭鲁芳，何玲.旅游目的地发展奖励旅游探讨——以浙江淳安千岛湖为例［J］.江苏商论，2007（1）：75-77.

［20］洪秋艳.关于推动国内奖励旅游发展的若干思考［J］.桂林航天工业高等专科学校学报，2010（3）：348-350.

［21］孙中伟，索扬.旅行社成功策划奖励旅游业务流程之研究［J］.石家庄师范专科学校学报，2004（6）：62-66.

［22］邵莉莉.国内外奖励旅行研究综述［A］.旅游学研究（第五辑）［C］.2010.

［23］高静.国内外奖励旅游发展比较研究［D］.上海师范大学，2004.

［24］〔美〕卡林·韦伯，〔韩〕田桂成主编，杨洋等译.会展旅游管理与案例分析［M］.沈阳：辽宁科学技术出版社，2005.

［25］傅广海.会展与节事旅游管理概论［M］.北京：北京大学出版社，2007.

［26］谭小芳.策动旅游：旅游企业行销实战圣经［M］.北京：中国经济出版社，2010.

［27］陈扬乐.旅游策划：原理、方法与实践（第1版）［M］.武汉：华中科技大学出版社，2009.7.

［28］陈维政，余凯文，程文文.人力资源管理［M］.北京：高等教育出版社，2004.

［29］陈放.策划学［M］.北京：中国商业出版社，2000.9.

［30］吴灿.策划学：基本原理及高级技巧［M］.成都：四川人民出版社，2001.

［31］曾兴.策划学概论［M］.北京：广播电视出版社，2008.

［32］沈俊，徐云望，赵承宗.策划学［M］.上海：上海远东出版社，2005.

［33］陈火金.策划方法学［M］.北京：中国经济出版社，1999.

［34］陈放.策划学（修订本）［M］.北京：蓝天出版社，2005.